# 新时代博物馆发展创新与文物保护研究

## 主编

彭　涛　许昌市博物馆

彭足群　吉安县文物保护服务中心（吉安县博物馆、

　　　　吉州窑博物馆）

李向军　包头博物馆（包头市文物保护中心）

山西出版传媒集团

三晋出版社

图书在版编目（CIP）数据

新时代博物馆发展创新与文物保护研究 / 彭涛，彭
足群，李向军主编 .-- 太原：三晋出版社，2024.1

ISBN 978-7-5457-2903-0

Ⅰ.①新… Ⅱ.①彭… ②彭… ③李… Ⅲ.①博物馆
事业—研究②文物保护—研究 Ⅳ.① G26

中国国家版本馆 CIP 数据核字（2024）第 031342 号

新时代博物馆发展创新与文物保护研究

| | | |
|---|---|---|
| 编　著： | 彭　涛　彭足群　李向军 | |
| 责任编辑： | 张　路 | |
| 出 版 者： | 山西出版传媒集团·三晋出版社 | |
| 地　址： | 太原市建设南路 21 号 | |
| 电　话： | 0351-4956036（总编室） | |
| | 0351-4922203（印刷部） | |
| 网　址： | http://www.sjcbs.cn | |
| 经 销 者： | 新华书店 | |
| 承 印 者： | 山西基因包装印刷科技股份有限公司 | |
| 开　本： | 720mm×1020mm　　1/16 | |
| 印　张： | 14 | |
| 字　数： | 200 千字 | |
| 版　次： | 2024 年 3 月 第 1 版 | |
| 印　次： | 2024 年 3 月 第 1 次印刷 | |
| 书　号： | ISBN 978-7-5457-2903-0 | |
| 定　价： | 76.00 元 | |

如有印装质量问题，请与本社发行部联系　电话：0351-4922268

# 前　言

　　我国文化发展历史悠久，在千年的历史沉淀中留下了大量的历史文物，具有极强的观赏性以及审美价值，同时也值得人们进行研究。文物展示了先辈的思想智慧，凝结了我国优秀文明成果，是传承优秀传统文化的关键载体，在新的时代环境下具有极强的应用价值。博物馆是负责文物保护的组织机构，应当结合新技术和新理念对文物保护以及传承发展的策略进行改进和创新，遵循保护工作的开展原则，合理利用数字化技术完成文物保护，修复破损文物，对我国的民族记忆实施全面保护，让文物能够在现代社会也熠熠生辉，为其他组织机构文物保护工作的开展提供有效参考。

　　博物馆文物保护与传承工作是极其重要的，对我国整体社会文明建设有积极影响。首先，帮助人们了解历史的发展情况。以史为鉴才能够让人们吸收历史经验，感受在长期历史发展过程中所形成的文化底蕴以及内涵，而通过文物则可以直观地展示某段历史的发展过程，有利于加强人们对于历史的认知。中华民族具有 5000 多年的发展历史，人们对历史有详细认知后能够认识到中华民族具有的特质，即生生不息、源远流长，有利于促使人们形成文化自信，更好地感受中华民族文化所传递的内涵，对于增强民族凝聚力有积极影响。

　　其次，强化文化传播能力。通过开展文物保护与传承工作，能够使人们和文物面对面接触，从而更加直观地做好文化传播工作，吸取文物所传递的文化价值，为文化传播提供重要的载体。在新时代，针对文化传承模式进行创新，文物可以以数字化的方式展示给人们，有利于模拟更加真实的情境，也能够方便人们在数字博物馆中观看文物，进一步提高博物馆的文化教育作用。

　　本书共分为七章，第一章为博物馆理论的发展与应用，介绍了博物馆理论的重要性、博物馆理论的完善、博物馆理论的应用；第二章为博物馆文化的传播与创新，介绍了博物馆文化传播的方式、博物馆文化传播的现状与创新；第三章为智慧博物馆建设，介绍了博物馆类型的演变、智慧博物馆建设现状、智慧博物馆发展趋势、数字技术在智慧博物馆建设中的应用；第四章为博物馆公共文化服务发展，介绍了博物馆公共文化服务概述、国外博物馆公共文化服务体系发展经验、博物馆公共文化服务发展现状与策略；第五章为博物馆免费开放与安全管理，介绍了博物馆免费开放政策的发展、博物馆免费开放的改革历程、博物馆对外开放的安全管理、博物馆夜间开放管理；第六章为文旅融合背景下博物馆的研学活动创新发展，介绍了文旅融合与研学活动情况、博物馆开展研学活动的现状、文旅融合下博物馆研学活动的创新发展；第七章为文物保护与传承的创新，介绍了博物馆文物保护与传承发展创新、考古发掘现场的文物保护方法、文物保护技术应用创新。

本书由彭涛、彭足群、李向军担任主编，具体承担编写任务安排如下：

彭涛负责第一章至第四章内容编写，共计 10 万字；

彭足群负责第五章、第六章内容编写，共计 6 万字；

李向军负责第七章内容编写，共计 4 万字。

由于时间有限，书中难免存在不妥及疏漏之处，敬请读者批评指正。

编者

2023 年 7 月

# 目 录

# 第一章　博物馆理论的发展与应用

## 第一节　博物馆理论的重要性

当前博物馆文创开发领域中存在不少问题，包括设计和制作水平不高、产品类型单一、经营意识与能力不强以及相关专业人才缺乏等。纵观我国各地的博物馆，内部工作人员的背景相对复杂，大约有四成是专科学历，五成是本科学历，研究生学历则不足 5%。博物馆中的大部分职员并非文博专业毕业，专业覆盖面相对广泛，诸如管理、教育、设计等，而博物馆亦没有结合他们的实际状况安排适当的工作岗位。另外，许多博物馆在进行内部人员的岗前、在职培训时，几乎完全流于形式，认定只要不出现大的差错即可。在这样的条件下，几乎很少有人想到配合文博理论知识的传授来提升馆员的业务实力、综合素养。

随着民众生活水平和文化素质的大幅度提升，文物收藏开始成为人们的投资项目，但在此过程中，投资者基本上没有兼顾到对传统文化的传承和弘扬，而是习惯于进行把玩或是转售来实现经济目标，这和国家提倡的科学保护文物的宗旨大相径庭。博物馆工作人员应该扮演好传统文化传播者角色，积极学习文博理论知识，透过现实，运用妥善的思考方式来领悟文物的深层含义和现实意义，不断增强个人的责任和担当意识，进一步给予各类文物应有的关注、保护。通过他们的努力，使投资者也能主动弘扬传统文化。

学习文博理论知识有助于推进博物馆人员的日常工作。在博物馆日常工作中，经常会面对一些专注于史实、社会发展史、生态系统研究的人员，或是一些对科技、历史传统有浓厚兴趣的不同人士，再或是以传承、弘扬历史文化为己任的部门人员等，而这些人通常都会以团体的方式入馆参观。优秀的博物馆馆员理当依照各类参观者的具体需要，分别制定富有针对性的讲解和引导方案。比如面对一些需要进行历史文化传播的参观团队时，馆员就应该筛选一些具有代表性的内容来开展讲解和推荐活动，这就需要完善的文博理论知识作为支撑。

学习文博理论知识有利于促进博物馆馆员的职业发展。在博物馆发展的过程中，馆员具备完善的文博知识有不可小觑的助推作用。尤其是在当下科技水平大幅度提升的背景之下，博物馆开始朝着信息化与智能化方向持续发展，工作模式也变得比较现代化和专业化。改革的重心便在于凸显博物馆的个性化特征，呈现出馆员丰富的专业理论储备和高尚的职业素养，这样才可以确保和博物馆的发展趋势相契合。这就需要博物馆领导树立起更加积极向上的态度和强烈的责任意识，时刻督促馆员参与各类培训，不断丰富其自身的理论知识，从而提高工作质量。

学习文博理论知识有益于改善博物馆馆员的气质修养。在日常工作当中，若馆员能够做到实时学习文博知识，便可在不断保障其岗位工作质量的基础上，将自身的专业素养提升至更高的层次。须知如今我国经济发展水平持续提升，民众的生产和生活节奏也不断加快，他们的内心相对变得更为急躁一些，若不能及时进行疏导调节，便会日积月累而产生严重的心理疾病。选择持续学习文博知识，不仅仅能够辅助民众强化思考能力，更可以拓宽他们的视野，令他们塑造出更加健康合理的价值理念。特别是那些对历史和文物比较偏爱的群众，经过馆员的文博理论知识传播之后，他们会在各个方面获得更加具有积极性的发展。

# 第二节　博物馆理论的完善

## 一、新博物馆理论的发展

新博物馆理论又称新博物馆学，是一种相对于传统博物馆学的概念。这个理论产生于人们对博物馆普遍不满的 20 世纪 70、80 年代，人们认为当时的博物馆仍然是"精英的专享"，没有给大众带来实际的价值。在这种背景下，有学者开始对传统的博物馆学产生反思，并提出了新博物馆学。与传统博物馆学相比，新博物馆学在理论上更注重对博物馆的目的、功能的研究，在实践中的重点也不再是博物馆中的物质展品，而是置身于社会中的人。

### （一）发展历程

新博物馆学诞生于 20 世纪 70、80 年代，那个年代，随着工业化的逐渐加快，自然环境不断恶化，全球气候问题日渐严重。同时，各国出现了一系列社会危机，犯罪率居高不下，种族歧视问题严重，甚至战争也没有停息。这一时期的自然和道德方面的乱象使人类对自己的行为进行了反思，作为社会教育的重要组成部分的博物馆，也开始反思自己应该承担的对民众进行环保、道德教育的责任，这种反思也是新博物馆学诞生的催化剂。1928 年，有英国学者提出博物馆的功能应该从收藏研究转向教育。其认为博物馆的主要功能不应该只是收藏，而应该是面对社会全体成员的教育，这也被称为博物馆的第一次革命。但直到 20 世纪 70 年代，博物馆的受众依然是精英阶层的小众群体，并没有给大众带来实际的价值。而在较为动荡的 70 年代，随着社会矛盾的不断加剧，博物馆的不作为受到了人们的猛烈批判，博物馆工作者开始努力打破自身的局限性，逐步进行新的尝试。

1972 年，国际博物馆协会和联合国教科文组织在圣地亚哥举行了圆桌会议。这次会议强调博物馆是为社会、社区发展服务的公共机构，博物馆要为社区中的人服务，要随着社会的发展而变革，博物馆专家要具有多学科的知识。这次会议被许多学者认为是博物馆思想史上的重大转变，被称为博物馆理论的第二次革命。在这次会议之后，出现了一些带有实验性质的新型博物馆，比如美国的邻里博物馆，墨西哥的整体博物馆，加拿大魁北克的生态博物馆等。到了 20 世纪 80 年代初，一群博物馆工作者成立了"新博物馆学国际运动"组织，汇集了一批为探讨社会和社区（尤其是特定地域）发展服务的新博物馆学理念的博物馆学家。著名学者巴龙阐述了新博物馆理论的核心理念："新博物馆理论将坚决质疑作为机构的博物馆，质疑藏品管理人的权力和博识，质疑历史的持久性，质疑精英的价值，转而强调地球资源、地球居民的创造性和地球上的文明。"

1984年，魁北克举办的"生物博物馆和新博物馆学"研讨会发布了著名的《魁北克宣言》，这份宣言提到："当我们保存过去文明的遗存以及保护今日之渴望与科学成就时，新博物馆学主要关注于社区发展，反映社会进步的旺盛力量，并将其与未来计划相连接。"由此，"新博物馆学"这一概念正式提出。1989年，彼得·弗格出版的论文集将名字定为《新博物馆学》，并在序言中对新博物馆学下了一段经典的定义：新博物馆学是一种对旧博物馆学、博物馆内部与外部专业普遍而广泛的不满的陈述，旧博物馆学的疏失在于太过于重视博物馆的方法（Methods），而忽略了它的目的（Purposes）。

**（二）新博物馆学与传统博物馆学的对比**

新博物馆学虽诞生于对传统博物馆学的反思和不满，但事实上也是传统博物馆学的革新与延续，与传统博物馆学有着千丝万缕的关系。不过由于产生时代的不同，新博物馆学相对于传统博物馆学来说融入了更多新的元素，由此也导致了新博物馆学拥有新的特点，比如"以人为本""整体保护"等。相对于传统博物馆学来说，新博物馆学更强调人的作用，强调社会关系的重要性，希望通过与教育学、社会学的知识相结合，让博物馆给人带来更多的正面作用。同时，新博物馆学学者也反对传统博物馆的精英思路，他们认为只有让博物馆走入社区，对社区内的人产生正面作用，博物馆才能真正融入社会，才有促进社会变革的能力。里维埃认为，理想的新博物馆应"没有建筑的屏障，没有学科的障碍，没有公众利用的限制"。美国学者珍妮特·马斯汀在《新博物馆理论与实践导论》一书中说："生活即博物馆。"认为新博物馆不应该拘泥于形式，而应该关注每个载体背后所承载的历史痕迹和社会价值。另外一位美国博物馆学家哈里森也在他的著作里提到："新博物馆学不再一味地强调博物馆的典藏、陈列等功能，而是更为关注当地社区和居民的需求，这也成为博物馆经营的最高指导原则。"

**二、新博物馆理论的内容**

自新博物馆理论被提出以来，一直在强调与人和社区的联系，具有强烈的社会参与意识。在新博物馆学派看来，博物馆不仅应让社区内的居民参与博物馆的建设和经营，还应对其具有教育作用，从而为社会的变革积蓄力量，正如《魁北克宣言》里强调的："对我们来说，博物馆史，或应该是社会拥有的准备和完成社会改革的最佳工具。"相对于传统博物馆学来说，新博物馆学更关注博物馆带给人和当地社区的作用。正是在这种观念之下，新博物馆理论在工作目标、基本原则、组织与结构、核心理念方面都和社区以及社区中的人紧密相连。

### （一）核心理念

强调教育功能。在上述的新博物馆学和传统博物馆学的对比中，可以看出新博物馆学比传统博物馆学多了继续教育和评估两项任务。德国学者安德烈亚·豪恩席尔德认为，要使民众成为博物馆工作的参与者，新博物馆要使用继续教育的方法，让民众胜任博物馆的工作，从而不断地学习到知识，这不仅是民众的权利，也是将社区和新博物馆之间紧密结合的有效方法。与传统博物馆机械地传授知识不同，新博物馆学希望人们在学习到知识的同时能够运用知识、创新知识，为自己和社区创造更多的价值。

主张整体保护，关注社区集体记忆。新博物馆学注重"整体保护"的理念，即将该地区所拥有的一切文化遗产结合自然环境、人文环境进行整体保护，并保存在社区原生环境中，包括与社区民众生活联系在一起的各类历史文物，物质文化遗产和非物质文化遗产，能够保留集体记忆的文化场所，涵盖构成社区人居环境的文化景观和文化空间，关注该社区的过去、现在和未来。这种方式不仅能够尽可能保存文化遗产的原真性，还能够让社区居民更好地参与博物馆的建设，发挥其主观能动性。

陈列要有明确的主题。新博物馆理论认为，博物馆中藏品的陈列需要有非常明确的主题，且要认真地贯彻到底，陈列的一切内容都是为了突出主题。但博物馆的主题不应该由精英人士来定，而是要根据地区的发展、人民的需求，经过大量的调研和讨论最后共同确定。这个主题不仅要考虑社会效益，还要结合市场情况，给博物馆带来经济效益。同时，博物馆的陈列要充分发挥个性，根据不同的地区特点、不同的主题来规划展出的方式。

运用高科技传播手段。新博物馆学强调博物馆应和社会的发展联系起来，在陈列和教育活动中，要结合最新的科技成果，特别是互联网技术，让新博物馆的各项服务能够更加丰富，满足不同观众的需求，实现新博物馆的可持续发展。

### （二）基本原则

新博物馆存在的基本原则是要关怀当地社区的公众需求，与由文化和自然边界所决定的特定地域和人口相联系。传统博物馆是让观众被动地接受博物馆给予他们的知识和服务，而新博物馆学要求博物馆必须要服务于当地社区，不仅要展现当地社区的过去和现在，也要对这个特定区域的未来起促进作用，因此新博物馆提供的知识与服务一定也是由当地社区的居民主动参与决策的。让社区居民和专家共同决定新博物馆的性质、规模、藏品、展览等，让博物馆能真满足当地社区居民的实际需求。

**（三）工作目标**

新博物馆理论强调以人为本是区别于传统博物馆的主要方面，在新博物馆学诞生前，博物馆界普遍的共识是"先有博物后有馆""收藏是博物馆的核心"，而新博物馆的主要工作目标就是"要尽可能帮助当地人民认识自身的特点，增强人们对发展的信心"，"对人们在日常生活中所遇到的问题要提供切实的帮助"，简单来说，新博物馆的工作目标就是要让公众能通过博物馆解决实际的问题。安德烈亚·豪恩席尔德提出，新博物馆如同公众的大学，"这个地方必须要能映射出个人及社群向他们自己提出的问题，不是给出答案，而是提供选择，提供材料和信息，帮助民众意识到并决定采取什么样的态度"。不过，新博物馆学并未否定藏品的重要性，仍然认为藏品是博物馆不可缺少的一部分，但是在新的时代背景下，新博物馆学也认为博物馆不应该成为收藏品的仓库，而应该以服务当地社区里的人为中心，不是为了保护藏品而保护，而是要根据社区里的人的需求而去进行保护，进而对这些人发挥教育等作用。

**（四）组织与结构**

新博物馆理论强调，新博物馆的组织与结构应以"适合于最大可能地包容社区和使社区参与"为目的，减少精英式的管理，并允许公众参与博物馆工作。博物馆的工作团队中应该包括当地的社区居民，居民经过博物馆的培训，掌握相关的工作技能，就可以参与到博物馆的相关工作中。社区居民参与博物馆的工作完全改变了传统博物馆的工作模式，因为本身社区居民也是新博物馆的观众，这些观众不仅是新博物馆的参观者，也是新博物馆的工作者，这样就很好地成了新博物馆的有机组成部分。同时，新博物馆理论也主张博物馆需要包罗万象，在未来新博物馆将和更多学科交叉，只要是博物馆的工作人员，都要加强培训，提高个人素质和学术素养，从而更好地为博物馆的发展服务。

### 三、博物馆文博理论的完善

一名优秀的博物馆馆员理当学习好文博理论知识并将这些知识传递给观众，在确保实时性补充既有的陈列展览内容并加深文物研究的同时，重点服务走进博物馆的观众。即用更加专业的文博理论知识和热情的态度讲解馆内的文物。此外，还应该定期外出开展社教活动，学校、军营、社区、乡村、企业等都可作为博物馆宣教工作的场所，这样才能够增强博物馆整体的社会影响力，从而更好地为民众提供文化指导服务。归根结底，与时俱进、开拓进取是新时代对博物馆工作的全新要求。而博物馆工作还应该遵循其自身的规律，至于究竟如何做好新时代的博物馆工作，更好地利用文博理论知识展开服务，这是摆在博物馆人面前的重大难题，需要领导、基层人员的持续努力和探索。

调整馆员传统的认知理念。想要全面增强博物馆馆员学习文博理论知识的主观能动性，最为重要的就是调整他们一直以来对该类知识内容的错误认知。若大家始终将文博理论知识的研究和学习视为一种压力或是形式，那么将很难达到预期的效果，严重情况下更会打击馆员的上进心，产生恶性循环。因此，博物馆领导要积极引导馆员调整传统理念，加深对文博理论知识积极作用的认识，从而调动出更强的学习激情和动力，实现自主学习和持续进步。

定期开展科学有效的集体培训活动。博物馆还应该定期安排馆员进行文博理论知识培训，借此巩固他们的专业理论基础。为了彻底改变一直以来博物馆馆员培训过程的落后性和形式性问题，应该在正式组织培训活动前建立起更加科学健全的监管机制，并且设立适当的奖惩机制，从而引导馆员自主树立起长远的学习目标，并为之不懈奋斗，提升文博理论知识培训的效率和质量。

将文博理论知识融入博物馆工作的方方面面。在博物馆发展期间，实时性地将文博理论知识融入所有工作项目中，将有助于营造出更加健康积极的文化、工作氛围。处于这样的环境下，一些资深职员丰富的知识储备和较高的专业素养都会全面呈现，进一步为基层人员做好榜样示范，令他们懂得通过多个层面获取实用的文博理论知识。维持新进员工教育培训的有序性和实效性，令他们能够在短期内很快胜任本职工作。

加快数字化建设的进度。数字信息技术和互联网全面推广之后，我国顺利迎来了数字信息时代，带动了文物资源的数字化和传播的网络化发展，这可以说是文博事业改革发展的必然途径。博物馆馆员应该大力使用高端的数字化技术，第一时间共享最新的文博理论知识，促使大众彼此间深入性地进行文化交流，从而陶冶民众的精神和情操。另外，馆员在进行文物陈列时，还应该注意突破传统方式、革新陈列内容，并配合数字化和多媒体等新技术，令民众能够清晰完整地掌握有关文博理论知识，或考虑直接开发创建专业化的博物馆网站，并和其他机构加深合作，挖掘一系列可以利用的资源，要及时更新网站内容，加强文博知识的传播和社会教育。久而久之，将最新的文物资源信息及时传递给人民群众，令所有人都可以平等地享受到人类文化遗产。

## 第三节　博物馆理论的应用

### 一、新博物馆理论的实践

#### （一）生态博物馆

1. 基本概念

生态博物馆这一概念诞生于 1971 年，法国博物馆学家里维埃和戴瓦兰在向法国环境部介绍博物馆发展新方向时首次提出这一概念，表达出了人、文化与自然环境三者紧密结合的新思维。在此之后，里维埃曾三次修改关于生态博物馆的概念，其中第三次修改形成的概念被人们广泛接受。里维埃认为："生态博物馆是由公共权力机构和当地人民共同设想、共同修建、共同经营管理的一种工具……生态博物馆是一面镜子，是一面当地人用来向参观者展示以便能更好地被人了解，使其行业、风俗习惯和特性能够被人尊重的镜子。"国际博物馆协会对于生态博物馆的定义也是基于里维埃的理论，他们认为："生态博物馆，是一个致力于社区发展的博物馆化机构，它融合了该社区所拥有的文化和自然遗产的保存、展现和阐释功能，并反映特定区域内一种活态和运转之中的人文和自然环境。"

2. 西方生态博物馆的实践

生态博物馆的首次实践出现在法国，在 20 世纪 60 年代，法国政府给地方提供一定资金，建设了一些"地区自然公园"，目的为保护当地的自然和人文环境，并鼓励当地社区居民了解人与自然之间的关系，之后里维埃将瑞典斯堪森露天博物馆的相关理念引入这些地区自然公园，这些公园形成的公园系统也成了之后法国的第一代生态博物馆。20 世纪 70 年代初期也是生态博物馆发展最快的时期，除了法国之外，美国、英国、德国都出现了第二代生态博物馆的实践。这一代的生态博物馆，相比于自然环境更注重于人文环境，出现了一些以工业遗产等社会环境为中心，由地域的生活者主导建设并服务于公众的都市生态博物馆。其中最具有代表性的就是与工业遗产相结合的克勒索—蒙特梭煤矿社区生态博物馆，这一时期也出现了一批与工业遗产相结合的工业遗产博物馆。第三代生态博物馆形成于 20 世纪 70 年代后半段，这一阶段的生态博物馆更注重对城市内的经济、文化、生活等多样的集体记忆的搜集和保护。在 1977 年之后，这类型的生态博物馆大量涌现。值得注意的是，小型生态博物馆在其中占据了不小的比例，说明生态博物馆的细分程度相比之前有所提高。

3. 中国生态博物馆的实践

中国生态博物馆的实践比西方晚，但也已经走了 20 年。根据苏东海先生的总结，我国的生态博物馆实践可以分为四个阶段：第一个阶段特指在中挪合作项目下，1995 年到 2004 年在贵州建立的生态博物馆群，这一阶段的中国生态博物馆依旧是政府主导，村民参与度不高；第二阶段中国的生态博物馆包括内蒙古的敖伦苏木生态博物馆和广西的生态博物馆群，这一阶段的实践一方面加强了专家学者和当地村民的沟通合作，建立了相应的互助体系，另一方面也更加强调生态博物馆的文化展示功能；第三阶段中国的生态博物馆比较有代表性的是云南西双版纳的布朗族生态博物馆，这一阶段的实践已经基本实现村民自治的理念，村民真正开始从生态博物馆的建立中受益；第四阶段中国的生态博物馆已经从边远地区的农村开始走向城市，历史街区、工业遗产开始和生态博物馆相结合。无论是在西方还是在中国，生态博物馆的实践一直具有非常强的变化性，这也是新博物馆学区别于传统博物馆学的一个重要特点，从对传统自然生态的保护到对包括工业遗产、非物质文化遗产等人文生态的整体保护，都体现出了生态博物馆具有很强的拓展性。

（二）社区博物馆

1. 基本概念

社区博物馆最早出现于 20 世纪 60 年代末期，和生态博物馆一样，社区博物馆也是新博物馆理论的重要实践类型之一，与生态博物馆的基本理念有着很多相似之处。因此很多人会将生态博物馆和社区博物馆相混淆，但实际上，与生态博物馆相比，社区博物馆对于自然环境和自然遗产方面不太关注，而是着力于解决人与社会的问题。安来顺在他的文章中谈到："社区博物馆是从底层产生的，而不是由上面强加的。"因此，社区博物馆的关注范围更小，更关注社区居民和社区的共同利益。

2. 西方社区博物馆的实践

第一个社区博物馆出现在美国华盛顿特区的黑人聚居区。在 1967 年，为解决社区内的教育、居住、吸毒、失业、犯罪等五大问题，由史密森学会资助的安纳考斯提亚社区博物馆在一个电影院内成立。在成立之初，史密森学会虽给予了资金支持，但社区成员在博物馆的各项决策上起了至关重要的作用。此外，博物馆也会给予社区成员在实行决策前的咨询帮助，以策划各种展览活动，反映出了当时社区的各种问题。其中最为轰动的展览就是"老鼠：给人们带来的苦恼"，该展览反映了社区内的孩童因环境问题，时常被老鼠困扰，甚至遭受到伤害的问题。这个展览经过电视播出，震惊全美，让许多人看到了以安纳考斯提亚社区为代表的黑人贫民区的问题。安纳考斯提亚社区博物馆的办馆理念随着首任馆长科纳德所撰写的关于该博物馆的著作而传播开来，引起了博物馆界的强烈反响，博物馆与社区之间的关系也成了博物馆界的重要课题。20世纪70年代后，西方出现了各种类型的社区博物馆，包括摩洛哥阿斯拉斯高社区博物馆、乌拉圭文化与艺术数字博物馆等。

3. 中国社区博物馆的实践

中国的社区博物馆实践始于2008年前后，当时有一批新型的社区博物馆陆续开放。例如北京市的北京花市社区博物馆，天津市和平区崇仁里社区的社区居委会博物馆等。而中国最有代表性的社区博物馆当属福建省的福州三坊七巷社区博物馆。该博物馆始建于2011年，共由中心展馆、37个专题馆和24个展示点组成，这些专题馆和展示点的内容各不相同，反映出了当地社区文化的多样性，不仅使日渐凋零的当地民俗、戏剧艺术等各种非物质文化遗产有了再次展现的舞台，还融入了当地居民的日常生活，使整个社区博物馆更有生命力。自福州三坊七巷社区博物馆开办之后，中国社区博物馆在数量和质量上都有了很大的提升，这一方面是由于新博物馆理论在中国社会实践的发展，另一方面也和国家的政治经济文化的发展和变革有紧密联系，例如非物质文化运动的展开和城镇化的新形势。作为新博物馆理论实践的一种形式，和生态博物馆一样，社区博物馆也强调变化性和拓展性。不仅要保存好这个社区过去存在的宝贵的文化遗产，也要注重现在和未来，随着社会和社区的变迁不断改变，随着居民和观众的需求不断创新。

## 二、文博理论的应用

应用于陈列展览。提升博物馆在文化继承和发扬方面的功效，在实际工作过程之中应用基础理论知识。博物馆的核心功能就是向访客展示藏品，以及吸引人们前来博物馆参观，丰富人们的精神世界，对传统文化进行继承和发扬，培养人们的文化自信，提高国家文化软实力。总之，博物馆发展的核心理念是如何为访客提供更优质的服务，站在公众的角度思考问题，坚持"以人为本"的发展理念，将文博理论知识应用在实际工作过程之中，提高博物馆运营效率。在对藏品进行陈列展览前，应当严格按照文博理论知识对藏品进行分类摆放，按照藏品出自时代的不同、种类的不同、颜色的不同、物品大小的不同，对展览场所进行有针对性的布置和设计，紧扣藏品蕴含的研究价值设计更好的展览方式，提供更好更优质的服务。

应用于讲解工作。在博物馆的日常工作过程之中，除了安排藏品的陈列展览活动之外，就是进行藏品讲解的工作了。想要进行全面周到的讲解，就需要工作人员深入学习相关文博理论知识，并且充分、熟练地掌握相关知识，深入了解所在单位收藏的藏品。在讲解的过程中，负责讲解的工作人员应当全心全意地投入其中，引导观众逐步深入了解藏品，并综合运用文博理论知识，清楚明确地讲解出藏品所蕴含的研究价值。

此外，工作人员在讲解的过程之中输出文博理论知识的同时，也获得了很多实践经验，是提升自身的过程。在工作人员对藏品进行讲解的时候，观众除了吸收工作人员讲解的理论知识，还会向工作人员提出一些问题，有些时候这些问题会涉及工作人员的知识盲区，工作人员为了回答观众的问题，就需要对文博理论知识进一步学习。同样，工作人员通过观众提出的问题，就可以进一步了解观众对藏品的关注点，针对访客感兴趣的地方进一步学习文博理论知识，不断提高服务水平。在讲解过程中，工作人员需要为观众进行详细周到的讲解，满足观众的求知欲，为观众提供优质服务，为观众提供良好的参观体验，提高博物馆在人们心里的评价，这些都需要工作人员不断学习文博理论知识，并将其在实践的过程之中应用。

# 第二章　博物馆文化的传播与创新

# 第一节　博物馆文化传播的方式

## 一、博物馆的文化传播概述

### （一）博物馆文化传播的内涵及特点

#### 1. 内涵：构建文化共同体

杜威在《经验与自然》一书中提出一个似乎有些异想天开的观点："在所有的事物中，传播是最为奇妙的。"杜威这句话表达出传播与社会密不可分的关系，社会不仅因为传播而存在，更确切地说，社会就存在于传播之中。在杜威眼中，传播与文化共同体关系紧密，"与我们创造并生活在其中的社区所产生的问题有关"。对民众来说，传播是一系列的日常行为：交谈、传达、享受、讨论、获取信息。我们能感受到的生活质量就是由这些活动以及它们在社区中所表现的方式所决定的。凯瑞在杜威思想的基础上进一步提出"传播仪式观"的思想："传播起源及最高境界并不是指智力信息的传递，而是建构并维系一个有秩序、有意义、能够用来支配和容纳人类行为的文化世界。"由此开启了传播的文化研究方向。随着社会的进步、文化生活的需要，博物馆作为重要的文化传播媒介进入大众生活。博物馆包含着历史、宗教、美学、文学、教育等文化内涵，是人类文化的殿堂和各地区文化发展的象征，博物馆在各个地区通过传播相应的文化，春风化雨，凝聚人心，使处于同一文化区域的人在无形中形成群体意识，强化了地区的文化认同。

马歇尔·麦克卢汉说过："就像鱼没有意识到水的存在，媒介构成了我们生活的环境，并维系着这种环境的存在。"同样，博物馆文化传播通过文物等符号，构成了人类的生存环境。凯瑞认为，我们生活中所说的"传播"，以及惯常的思想和研究，实质上都是与传播的传递观紧密联系在一起的，比如当我们审视报纸时，媒介是一个发布新闻、知识和提供娱乐的工具。而传播的仪式规则着眼于不同的范畴，当我们通过报纸了解世界的时候，我们就已经投身于这个世界，并且产生了对于世界的观点，所以，传播并不在于信息的流动，而在于构建读者的生活，媒介为生活提供了一个整体的形式和调子，最终构建一个群体共有的文化共同体。博物馆文化传播正是遵循这样的规则，在观众中建构起特定的文化空间，根本目标是通过文化氛围塑造同一文化共同体。

　　2. 特点：互动性和建构性

　　早期的博物馆传播模式沿袭拉斯韦尔的大众传播模式，整个传播过程分为传者、受者、讯息、媒介、反馈五个要素。这一阶段博物馆主要强调自身的收藏、保存和研究功能，因而整个传播过程就是信息的传递过程，博物馆馆体及其全部工作人员处于传播者身份，通过陈列、展览等媒介形式传递文物藏品信息，参观者作为接收者属于被动的一方，反馈在这个传播模式中作用甚微。在新传播技术的赋权下，互动性成为博物馆文化传播的新特征和吸引点。众多的博物馆都设置多媒体展厅，利用各种先进的电子设备全方位呈现文物，让文物"活起来"，与此同时设计一些有趣的小游戏，加强与观众之间的互动，增强了观众对于展出意图及其背后文化的理解。博物馆文化传播体现的趋势是互动性，当然这是技术支撑之下的互动性，博物馆文化传播更深层次的要求应当是文化取向的互动。福柯在《词与物》中提出，现代人是作为"知识的主体和知识的对象"而被建构出来的，本尼特在福柯观点的基础上认为博物馆等文化机构"是大众民主制度下一系列能动地塑造公民文化能力的新的文化与权力关系的一部分"。承载文化记忆是博物馆天然的属性，文化记忆是伴随当下环境所进行的再现与重构。

　　在数字技术的帮助下，博物馆文化传播方式从实体转换为在线数字的虚拟形式，文物的展现方式、观众的互动方式和与现实环境联结的形式均发生较大变化，新的文化记忆在与观众的动态互动中被建构。文化是流动的、柔性的，但力量却是最强大的。博物馆文化传播在当下被赋予更高的使命，即建构文化共同体，这就体现出了博物馆文化传播具有建构性。大到国家，小到社区，本质上都是一个整体的存在，共有的文化维系着群体的团结。即使一个临时组建的团队，也需要共同认可的信仰和目标来维持整体内部稳定。分布广泛的博物馆成为每个国家、每个地区，甚至每个行业、企业凝聚文化力量的选择，博物馆成为所属集体的必要中介，通过文化传播建构所属群体的文化信仰，增强共同体的凝聚力。

　　（二）博物馆的文化传播功能与教育特性

　　1. 文化传播功能

　　博物馆的文化传播从本质上可以理解为以馆藏文物为载体，通过典藏、展示、陈列等手段对文化起到传递作用。它强调在人类文化起源地向着广域范围进行辐射，实现一个群体向另一个群体的文化传播与散布。博物馆以藏品为独特载体向社会实现着传播文化信息的作用。国际博物馆协会将博物馆定义为公开开放美术、科学、工艺、历史以及考古学藏品的机构。博物馆不追求营利性，强调为社会和发展服务，向公众提供永久性的免费开放的专业场所。博物馆以研究教育和欣赏为目的对人类社会进行见证物的学术研究。博物馆是教育场所，可以向社会广博地传递文化知识。

2. 教育特性

博物馆的首要属性是教育性，强调以最恰当的方式向观众展示博物馆的馆藏价值并加以拓展，以保证被观众正确地接受，从而达到思想教育的目标。其次，博物馆具有开放的属性，强调以包容开放的姿态迎接参观者，参观者可以自由地获取信息、接收信息。博物馆应当从各个方面影响参观者，并且成为观众终身教育体系的重要组成部分。第三，博物馆应当具有专业属性，博物馆是专业化和专门化的机构，它在馆藏文物信息占有量方面、文化传播功能上以及人文遗产与自然遗产的收集方面有无可比拟的优势。博物馆应当具有综合古今的特点，是具有专门领域绝对优势的信息综合体，更具有其他机构不具备的丰富的信息优势。

## 二、博物馆文化传播方式

### （一）"观众—文物实体—文物信息"文化传播方式

比较博物馆的传播方式，作为最传统的方式，观众通过实地参观的方式，能够直观地看到参观的物品，因此能够比较真实、直接地感受到文化。这种面对面的传播，最大的优势就是能够通过细微之处对文化进行体味。来到博物馆进行参观游览的观众，都是对文化感兴趣的，或者是对历史感兴趣，或者是对文物感兴趣，这些游览观众能够通过导游的讲解，文物的展览，将自己感兴趣的信息进行存储。但是这一方式的缺点就是必须进行实地参观，具有空间的局限性。

在我国现阶段的发展情况下，尽管到博物馆进行游览的人数不断增多，但是相对于偌大的人口基数，还是少数。特别是很多游客外出旅游，很少是为了某个博物馆而出发的。在国内，除非有名的博物馆能够吸引观众参观，大部分博物馆还是没有这种吸引力的。因此通过文化实体进行文化传播的方式，在我国而言是弱势，制约着我国博物馆文化传播的效果。除了受到我国现阶段发展状况的影响以外，还有两个重要的影响因素，就是博物馆陈列和讲解水平的影响。通过国际上的一些展览会来看，博物馆展览陈列藏品时越具有科学性，越详尽，信息点安排得越合理，就越能够同观众进行更加有效的沟通，也能够让观众参观游览的过程更加合理。另外，除了博物馆的陈列因素外，通过光源的设置来营造展厅参观氛围也是一个影响因素，要让观众感到能够在适合的光线下进行观赏也是一种莫大的享受。

对于讲解水平的要求更高。讲解能力的高低，决定着文物信息的传达方式是否适合听众且容易被接受，传达的信息量是否适宜于听众的知识结构。因此，展览讲解也是文化传播最直接的传播手段。我国目前博物馆讲解员讲解的手段主要是对讲解词的背诵，这种背诵式的讲解在国际上已经被淘汰，讲解更多是参观者同讲解员的互动，需要讲解员有广博的知识，对整个博物馆的展览有深刻认识的基础上进行解说，通过通俗易懂的语言表达出来，让观众能够更好地接受博物馆所传播的文化知识。除了传统的人工讲解之外，国内外更多的博物馆越来越重视借助新的信息手段和讲解设备来满足不同观众的需求。例如，在北京故宫博物院出现了一种电子讲解器，能够通过 GPS 定位，按照观众游览的位置进行讲解，讲解的方式也有很多种，包括精华版、故事版、少年版、对话版，语种包括粤语、闽南话、藏语、维吾尔语，可以让游览者根据自己的兴趣和实际情况进行选择。考虑到来故宫博物院游览的群众的多样性，还设有外宾型的讲解器，适用各种语言。这就是讲解方式的巨大进步。

### （二）"观众—媒介—文物信息"文化传播方式

"观众—媒介—文物信息"是目前文化传播方式的主流发展方向，这种传播方式的特点就是不受时间、空间、地域以及其他外在因素的影响，是通过间接的方式，经过媒体将信息进行加工后，传递给观众，观众如此收到信息同直接面对面地获得信息相比显得有点被动，媒体的主动性得到了展现，观众感受的信息则受到个人文化素质水平的影响。

#### 1.观众—平面媒体—文物信息

平面媒体的传播方式具有悠久的历史，且这种传播方式必定会经久不衰，因为无论时代怎么变迁，书籍文字是不会被淘汰的。观众可以通过对文字的理解，来了解所感兴趣的文化。这种方式有两个决定因素：一方面是博物馆进行文字描述的文化功底，文字表达是否能够展现出博物馆的文化底蕴，是否能够清晰准确；另一方面观众文化水平的高低也影响着这种传播方式的效果。在这种传播方式中，纸张的质量和印刷效果越来越得到重视，因为博物馆的文化传播多数是以图画的形式进行编辑的。在国际上，平面媒体是博物馆文化传播的重要手段，而且这种手段在国际上已经很成熟，运用得也很广泛。但是在我国，博物馆利用平面媒体进行文化传播的潜力还需要挖掘，表达上还不是很完美，无论是在文字编辑上，还是图片拍摄上都需要加强学习，增强表达能力，让观众能够更加清楚明了地了解博物馆的藏品，增强文化传播的效果。

2. 观众—电视媒体—文物信息

电视媒体和博物馆是互相需要的对象：一方面电视媒体通过博物馆提供的信息不断充实自己的电视内容，设置专门的频道和节目，通过介绍博物馆的文化知识，把历史或者文化利用视频的方式传播给观众，增强自身节目的文化内涵；另一方面能够让博物馆通过电视这一普及化的媒体，进行文化传播，这种传播方式最容易被群众接受，既有画面又有解说，这种立体直观的方式，效果比平面媒体更加容易理解。国内的电视媒体在近些年已经有很大的进步，在一些省的电视节目中，博物馆类的文化专业性频道被单独地设立出来，这样让文化传播更加主动，让观众能够更加方便地选择自己所需要的那一部分文化信息。但是同国外的电视媒体相比较，这方面还是有一定差距，尤其是电视节目制作的精准程度上和吸引力上，需要多下功夫，吸引不同的人群来观赏。

3. 观众—网络媒体—文物信息

网络是目前文化传播最具有冲击力的传播方式，加上手机的普及，这一传播方式更加方便、快捷、有力。网络的传播方式不受时间、地点的限制，在网络上信息流量很大，检索也很方便，覆盖面更加广泛。博物馆能够通过网络同观众进行互动，不管是网站还是微博、微信，都能够和观众实现一对多的无障碍交流。网络还能够通过电脑的三维技术，设计不同的观赏路线，使得文化通过网络传播变得更加立体化。

实物的传播方式和媒介的传播方式都是文化传播方式，这两种方式进行互补，形成了立体式的宣传方式。目前我国在博物馆的文化传播方面同国际上比较还有一定的不足，但是通过比较可以找到不足，进一步完善博物馆文化传播的方式。比如：在实物传播中增加现场陈列的形式，提高讲解的水平和扩展讲解模式；在媒介传播中，不断提高平面媒体的写作水平，增强图片的质感，加强同电视媒体的合作，不断加强网络宣传等。通过多元化的文化传播策略，增强博物馆文化传播的效果，提升全民族的文化修养，增强我国博物馆文化传播在国际上的影响力。

### 三、博物馆文化传播的治理功能

## （一）博物馆文化传播对主体的塑造

本尼特多次强调：博物馆是改造人的行为、塑造主体的文化技术机构。博物馆从内部塑造公民一系列新的权利、新的知识与权利之间的关系，即通过"文化治理"来实现博物馆自身价值，首先体现在它对于公民主体性的塑造。工业革命时期的英国出现这样的社会现象：工人阶级收入匮乏，生活贫困，但大量工人将赚到的钱用于买醉乱性，这种粗俗且缺乏责任感的生活方式一度成为威胁国家经济和社会稳定的因素，更令人感到惊奇的是，法律机制和管理监督不但没有解决这个野蛮的问题，反而形成了工人阶级对管制的反抗。根本上来讲，这些强制规范只是分散工人的注意力，并没有提供给工人践行自我规范道德的能力。

直到19世纪，工人阶级的生活方式问题引起政治经济危机，为了避免人口过剩引发的贫困、人口素质低下、战争等问题，欧洲各国开始将艺术和文化知识的作用引入到改变工人阶级的生活方式之中，目的是通过艺术的教化和智性的作用使工人阶级成为谨慎的主体。"免费开放博物馆"被验证为有效改变工人生活方式和规范自我的措施，推行此次文化改革的主导人科尔认为："艺术可以帮助工人培养自我道德和审美能力，过一种慎思和自我克制的生活。"博物馆成为塑造主体的场所是通过改进自身组织和公众关系实现的。博物馆将珍贵的文化"知识化"，由此诞生一系列具有审美和教化功能的学科，如考古学、人类学和艺术史等，这些学科打开了新的视野和话语体系，它们被有序嵌入博物馆空间，成为思想和秩序的表征，博物馆为这些知识的出现和传播提供了条件，引导参观者以新的方式认识自己、处理事情和塑造事情，使个人进入新的秩序之中，这里代表着自由、民主和审美。公众自由免费进出博物馆使其觉得自己成为权利的主体，通过参观主动塑造自我、管理自我，成为具有良好道德、规范行为方式和现代文明理念的主体。

## （二）博物馆文化传播对共同体的培养

20世纪中叶开始，博物馆"社区化"成为美国、日本等国博物馆业发展较为成熟地区的新趋向。这一概念中的"社区"范畴既涵盖行政区划意义上的物理空间，更涉及以共同自然、人文、历史等认知为前提的"共同体"概念。博物馆文化传播普遍围绕共同体问题，致力于通过艺术文化项目实现以共同体为中心、深度人文关怀以及构建区域秩序等目标，解决共同体塑造问题，增强集体意识和集体凝聚力。

在以"共同体"为中心的理念引领下，博物馆文化传播不再被限定于收藏、展示文物的传统范畴，文化传播的内容可以根据实际需求灵活转变，通过实施文化行为引导解决共同体问题，形成服务于共同体的全新机制。日本走在了利用博物馆文化传播培养共同体的前列，大力发展地方博物馆是日本博物馆文化传播理念的核心内容。日本博物馆的多次实践使其成为引领和解决共同体课题的先锋，散发出博物馆文化传播顺应时代变化且与时俱进的气质。其中最著名的项目之一是琵琶湖博物馆的"大家的萤火虫调查计划"，为了配合政府的环境综合治理行动，滋贺县成立琵琶湖博物馆，组织居民参与萤火虫调查计划，作为共同体的社区成员走入周边的田野、工厂等，采集植物、制作标本、观察记录数据，成员之间相互交流并与专家不断探讨，同时将调查成果在博物馆内进行展示，琵琶湖博物馆文化传播的方式融入文化治理的实际措施，引导居民对自身所处环境有更多的关注和责任。在这个过程中博物馆文化传播不再是单向的传递，参观者化身成员参与到博物馆文化生产和传播的环节中，博物馆的角色也发生了转换，由"呈现者""传播者"转向"同行者""引导者"和"治理者"，博物馆文化传播不仅是发掘馆内文物，传播有限的知识和观念，"共同体"成为博物馆文化传播的全新导向，内涵还涉及与政府职能部门、专业机构的配合，共同探讨同一区域下环境、人文等问题的解决方案，围绕共同体设计文化与教育项目来实现对个体兴趣的激发，满足共同体文化需求的同时，也完成了通过文化解决公共问题的目标。

## 四、"互联网+"给博物馆文化传播带来的影响

"互联网+"时代，市场竞争环境改变的同时，以互联网为代表的网络媒介及应用不断涌现，革新了传播的生态环境，实现了信息的即时互动、媒介的泛在化和传播的去中心化。从传统的传播模式到传播过程的复杂化、多元化，尽管博物馆文化传播过程中的各个要素性格各异、分工不同，但始终是相互影响相互作用的整体，"互联网+"的到来给博物馆整个文化传播过程以及各要素都带来了影响，这些传播要素状态的改变让"互联网+"视域下的博物馆文化传播有了特殊意义。

### （一）传播主体：从刻板印象到多元形象

传播主体是指传播行为的引发者，包括个人、群体或组织。在博物馆文化传播的过程中，其传播的主体是博物馆馆体本身以及博物馆的工作人员。随着互联网环境的改变与新兴媒介的衍生，信息的传播者与接收者有了新的转化关系，传播主体数量呈几何级数增长。以互联网为核心，以数字化为表达的新一轮信息技

术革新改变了信息的传递方式，而人工智能、虚拟现实等技术也给传播主体的状态带来新的冲击，传播者的思维模式随着与信息接收者的关系模式的改变而改变，并借助网络传播工具及"互联网＋文化"的战略突破其传统刻板的形象开始朝多元形象发展。

众多博物馆及其文物资源打破围墙的限制从"固定"馆体走出来，树立起更加开放多元的鲜活形象，具体体现在以下三个方面：一是借助互联网平台与社会共享文物资源，如大力打造数字博物馆、开发官方 App、官方网站等，让更多的受众通过虚拟的方式参与到博物馆文化传播的过程中；二是利用数字技术手段让受众与文物近距离接触，如西安临潼的 3D 兵马俑、甘肃敦煌的数字壁画、首都博物馆的虚拟墓室空间等一系列通过 3D 数字动画技术、VR、AR 虚拟现实技术进行数字化复刻与展现的文物，为受众提供更多样生动的学习交流方式的同时极大程度地促使博物馆文化得到更广泛、快捷的传播；三是利用全媒体平台活化文博形象，如微博、微信萌化表情包、文化综艺节目《国家宝藏》《如果国宝会说话》"王者荣耀"游戏皮肤、抖音爆款"第一届文物戏精大会"、故宫淘宝，等等，通过新旧媒体相结合的传播方式使得博物馆文化得到了更为全面、形象的展示。无论是网络平台还是信息技术，都是"互联网＋"给博物馆文化传播主体带来的深刻影响，多元化的主体形象是公众感知、享受中华传统文化的重要来源，是促进受众传承中华文明的重要动力。

### （二）传授关系：从单向被动到双向互动

在信息化社会来临之前，传播的渠道与方式较为单一，而在传统线性的传播过程中，传播者与信息接收者的关系是单向的，传播者不受约束地选择讯息发布的内容及渠道，接收者则是被动接收且难以在短时间内对传播的信息进行体验与反馈，二者之间的沟通单向且滞后。随着互联网程度的加深，互联网基础设施建设不断优化升级，构建起新的传播生态环境，通过网络获取信息已成为公众最为重要的生活方式之一，移动互联网更是渗透到国民生活的方方面面。而大数据、多媒体、虚拟技术的发展，促进互联网环境愈发智能包容，一方面为受众提供了即时、高效的信息交流平台；另一方面也充分尊重受众的意见给予他们实时的体验反馈通道。在博物馆文化传播的过程中，博物馆及其管理者通过官网、App 应用、微博、微信等平台发布文物信息、展览、社交活动等相关的信息，受众则通过因特网、移动互联网自主选择他们接收该类信息的频率及内容，同时还可评论、转发甚至二次创造讯息成为信息的发布者，释放受众内心的声音。如在"故宫社区"

这一 App 里，受众可以根据自己的喜好建造自己的"宫殿"，创造自己的数字生活，一改往日消极被动的文化消费者的形象，成为积极主动的文化建设者。如此，传播者发布信息，受众反馈信息，传播者再通过收集这些"声音"而对讯息进行监测与调整，如此形成双向的沟通过程，促进传播内容的优化，建立起良好的互动对话关系。

### （三）传播形式：从静态平面到动态立体

博物馆受其特殊性质的限制，在过去很长一段时间里，主要采取的文化传播方式是以报刊、书籍、传单、海报、橱窗等媒介为主，电视、广播等为辅。这些方式被普遍认为是传统的、静态的、平面的。"互联网＋"时代的到来促进了传播方式的数字化转型，一系列数字化传播手段、新媒体平台应运而生，用户驱动型的数字技术应用趋势带动博物馆文化传播的内容向"创意＋技术"转变。从原先单一静态形式的"文字＋图片"转化成有声能动的图、文、声、像，并通过不同组合的呈现方式对传播内容进行收集、编辑、制作和生成，最终在网页、视频、动图等应用平台进行投放，让受众能够在身临其境的环境下对博物馆文化进行动态、立体、全面的感知体验，如在故宫官网中，分为故宫图书馆、视听馆、故宫旗舰店、全景故宫以及故宫游戏等单元，访问者可以根据自己的兴趣进入到不同单元，通过音乐、图片、VR、全景图的组合来获得更加生动的体验。以此提升受众对博物馆这一传统形象的好感度，刷新受众认知，引导受众更加主动地传播与传承中华民族传统文化。

### （四）传播媒介：从单一传统到多维整合

互联网环境下人们获取信息途径更加宽广，这要求博物馆不仅要充分考虑受众在传播内容上对准确性、趣味性及体验性的现实需求，更要对受众的媒介使用习惯进行准确把握，做到把"合适的信息"在"正确的时间"通过"有效的渠道"传播给"精准的受众"。自 2016 年 11 月启动《互联网＋中华文明三年行动计划》以来，从国家、文博单位、媒体到互联网企业，越来越多的单位参与到用"互联网＋"复活文物遗产的行列中，为博物馆文化传播带来新的活力与生机，形成了多部门合作、多措并举、多领域融合、多模式共进的良好生态，积极推动传播媒介从单一传统到多维整合，为实现使互联网的创新成果与中华优秀传统文化的传承、创新与发展深度融合助力。

一方面，传统媒体创新传播内容引导文物热潮，一系列如《国家宝藏》《如果国宝会说话》《我在故宫修文物》等文博探索类、文博综艺类节目、文艺纪实类电影，融合新媒体进行全网传播，掀起文物热，引发受众对博物馆文化的关注；另一方面，充分利用移动端媒介，如微博、微信、头条号、抖音等社交媒体庞大的用户群体、强大的渠道优势来提高传播覆盖面。从线下到线上，从传统到新兴媒体，从现实到虚拟，趋向一致、不断延伸、多维整合的传播媒介资源已成为文博单位多元化传播战略的主要组成部分。

### （五）传播目标：从保护收藏到文化传播

悠远绵长的博物馆文化是人类文明底蕴的重要一脉，是中华文化的集大成者。受众通过进入博物馆观察文物并体会过去，获得自信的同时形成对身份的认同。在国家大力提升文化软实力的背景下，公众在自我认知、文化认同等层次的精神需求进一步提高，博物馆成为促进社会文化交流，丰富公众生活，增进群体之间的交流、理解、合作，乃至实现社会和谐的重要机构。由此可见，从最初作为收藏保护研究文物及公众教育场所的存在到新的时代背景下的文化传播，博物馆行业更深层次的社会价值得到进一步释放。如今，博物馆体系已经渐渐形成一个完整的文化传播系统，其严肃的形象、厚重的历史感、深刻的"匠人精神"与大力弘扬"文化自信"的时代背景相呼应，与年轻化的传播环境相平衡，为社会公众服务教育、引导社会价值、文化传播及传承提供了更多可能。

# 第二节　博物馆文化传播的现状与创新

## 一、国内外博物馆文化传播现状

### （一）国外博物馆文化传播现状

1. 机构健全的美国博物馆文化传播方式

美国的文化政策提倡全球人类共享，以史密森学会（成立于 1846 年）为例，其原来是史密森先生在 170 多年前首倡成立的文化事业，宗旨在于"增进及传播知识"。史密森学会除了"增进及传播知识"这项观念以外，还在不断完善组织机构，它先后成立 16 所国立博物馆，20 余个研究单位，目前还在积极增加中。目前最为庞大的博物馆组织——美国博物馆协会，有会员 15800 人，每年定期在美国地区讨论博物馆事业的营运，这种博物馆文化已经带动全球人类的知识再生，以及相应的文化交流。美国博物馆协会积极提供各种资讯，完善教育的功能，积极主动协助其他国家进行人才培养。美国对文化传播做出的努力很强势，不仅仅有各项经验的交流，而且也将美国的文化传播到世界各地，因此其文化的影响力也比较大。

2. 形式多样的法国博物馆文化传播方式

法国政府于 1990 年以后，由文化部与外交部共同推出一项文化输出计划，此项活动也是文化传播的实例之一。文化输出计划的重点在于输出法国文化，同时也包括各民族的优质文化。法国政府为了让世人了解法国的文化本质，将其搜集数百年的艺术品或其他相关的文化资产，与国际民众共享。有计划地在专题博物馆的丰富展品中选出代表作，在国际文化活动中使用，这种传播方式，确实有巩固法国文化与国家地位的双重作用。

法国卢浮宫，在博物馆的文化传播与发展上，给人的印象较深。首先，卢浮宫在文化传播方面，推出主题参观线路，提高接待质量。为了避免来访者只重视三大"镇宫之宝"，更加有效地开发博物馆的众多资源，卢浮宫推出了七八条"主题参观路线"，为"老顾客"提供有针对性的服务。每一条线路都有一本印刷精美的小册子，比如"神话情侣的爱情战略"游览路线就是卢浮宫最近推出的一个主题参观路线，汇集了不同时代的 11 件有关神话情侣的绘画和雕塑作品。小册子除了用图文并茂的方式对每件作品及其作者进行简要介绍外，还在地图中注明了它们所在的具体位置。第二点，多项优惠措施服务社会，卢浮宫免费向未成年人敞开大门，显示了西方艺术宝库在传承人类文明上的远见卓识。在博物馆的票价上，卢浮宫在全球而言，都是较低的。卢浮宫还重视同教师的联系，同许多学校建立了广泛的合作关系。培养青少年对艺术的爱好，教师的重要作用不容置疑。现在每年有 50 万中小学生在教师带领下免费参观卢浮宫。卢浮宫这种长远的战略眼光以及强烈的社会责任感，才是博物馆文化能够得到长足发展的关键所在，只有这样才能使艺术精神得到传播。

3. 氛围十足的德国博物馆文化传播方式

德国由战后的百废待举，发展到今天成为全世界博物馆密度较高的国家之一，其文化传播亦有独到之处，为了降低德国二次大战的军事色彩，从军警的训练到其服饰的色彩，大都以自然色为主调，如警察机构一律以不具强烈色彩的绿蓝色为主。其次，是德国博物馆的兴建与整理，通过各联邦的预算，强化其组织功能，并大力推向国际，以介绍德国的各项文化设施，其中以歌德文化组织最为突出，在国际间开展文化工作，邀请学者互访，并提供咨询，达到文化传播的目的。近年来，德国文化中心更大力行销其统一后的德国文化，如在德北的现代雕塑创作营，十年来积极频繁地举行国内国际的文化活动。德国人在这种文化感召下也形成了哲学思考，形成了深度且精确的德国精神。

4. 具备特色的荷兰博物馆文化传播方式

荷兰是当今世界上很会进行文化传播的国家之一，举办花季、文化之旅、凡·高画展、林布兰大展，似乎在无痕无迹之中，达到文化行销的目的。

此外还有比利时、以色列等国家，也都各尽所能展现它们的文化事业。如以色列的圣城摄影展、比利时的保罗·德尔沃的超现实主义展等，都是在文化行销的观念下完成的。

**（二）国内博物馆文化传播现状**

近年来国内的博物馆的游览人数日益增多，尤其是免费的博物馆人员都较多。由于民众近年来文化水平和素质都在提高，加上家庭儿童教育意识的提高，很多家庭在休假旅游的时候，都会到旅游地博物馆参观游览。一般中等博物馆的日接待人数为 5000 人，按照这个人数计算，每年的观众数量可以达到 150 万人次。博物馆在一些大型临展过程中基本都处于饱和状态。作为收费的博物馆，人流量比较大的主要是建筑类、遗址类的博物馆，比如故宫博物院，秦始皇陵兵马俑博物馆等，这些博物馆的面积都比较大，接待游览人员的能力比较强。在 2014 年"五一"期间，故宫博物院的游览人数是 24 万人，秦始皇陵兵马俑的游览人数是 11 万人。游客数量相当庞大。这些数据充分说明博物馆的展览受到重视，观众也不断增多，国内群众对博物馆的需求很旺盛。

博物馆为了更好地展现其自身价值，并吸引游客。在展览其地方文化和考古遗址的基础上，很多都定期举办主题展览活动，通过不同的宣传形式制定不同的主题活动。同时，很多博物馆利用节假日举办多样的活动。2015 年"五一"期间天津博物馆举办了两个专题展览，让群众更系统地欣赏名家绘画，包括展出赵之谦、任熊、吴昌硕等 50 余位"海派"名家的作品 80 余件的《"海上风华"——馆藏"海派"绘画作品展》，展出汪士慎、金农、郑板桥、黄慎等 12 位画家的百余幅作品的《见"怪"非怪——馆藏扬州画派精品展》。

各地的博物馆都注重附加服务的开展情况，多种形式进行经营，一方面能够为观众提供更好的服务，另一方面增加博物馆的收入。包括博物馆附近的住宿、餐饮、演出服务、旅行社服务、纪念品服务等。国内目前所有的博物馆都有 4 种以上的服务方式，这些附加服务的产值基本都在 200 万元以上，为博物馆的参观群众提供了更多的选择。

旅游的纪念品基本上是每个游客旅游必买的产品，这也是博物馆经营的重点项目。旅游纪念品一方面能够让参观的游客留下对这个景点的回忆，另一方面能够让博物馆的文化得到更广泛传播。每个博物馆的纪念品的价格可以说从几元钱到几万元不等。不同的消费人群，选择的纪念品的价位不同，基本每种纪念品都能够找到合适的消费者，收到良好的效益。很多博物馆根据自身的文化特点，设计具有其本身文化底蕴的文化演出，宣传具有自己特色的文化产品，都收到了很好的社会效益和经济效益。如在秦始皇陵兵马俑内部建立了 360 度的多维电影院，让参观游客了解秦始皇陵兵马俑的历史。有一部分博物馆和旅行社合作，做好旅客的当地接待工作。还有一部分博物馆和当地的商业广告公司进行合作，进行商业广告宣传，在电视媒体、报纸、网络上进行推广。这些文化服务项目拓展了博物馆的宣传领域，也取得了一定的经济效益。

很多博物馆提供了多种多样的文化会员服务，包括节假日的会员服务和志愿者服务。北京故宫博物院在"五一"期间，尽管游客很多，但是售票处却没有排起长队，这一情况是因为北京故宫博物院在"五一"期间开设了 30 个售票处，这 30 个售票处的售票人员绝大多数都是"五一"期间服务的志愿者。不仅仅在售票处，在各个景点也都有志愿者为参观者服务。这些志愿者也是故宫博物院在网上甄选的，很多志愿者都是对故宫文化充满热情的青少年，这也是开辟广大青少年实践的第二课堂和拓宽为基层群众提供服务的新阵地。

### 1. 传播热络化

近些年博物馆行业呈现快速成长的趋势，其不断突破自身瓶颈，迎来发展新机遇，呈现出蓬勃发展的向好态势。2019 年全国新建一批类型多样的博物馆，进一步丰富了博物馆文化传播的生态种类。例如见证共和国成立的香山革命纪念馆、被称为"华夏第一王都"的二里头夏都遗址博物馆、展示临安和吴越文化的临安博物馆、代表中国当代艺术最高水平的蓬皮杜中心，等等。不断扎根本土的博物馆不仅丰富了博物馆的种类，更好地保存了历史文化，也进一步扩大博物馆文化传播的影响力。综合类博物馆成为每个城市的标配，历史博物馆、民族博物馆、非物质文化遗产博物馆成为具有民族特色地区保存珍贵文化和吸引外来参观人员的中介，艺术博物馆成为中国与世界接轨的标志，最新出现的行业博物馆和企业博物馆则反映出经济生产同样离不开与文化动力的协同作战。博物馆的影响力几乎渗透于生活的每个角落，这些蕴含能量的空间成为形成文化传播巨大潜力的"能量馆"。

除此之外，博物馆也在积极探索如何满足公众文化需求，扩大自身的文化传播力。2019 年可以被称为我国博物馆夜场开放的元年，全国各地的博物馆纷纷开放夜场。博物馆夜场开放成为博物馆与民众拉近距离的贴心之举。例如，2019 年新春之际，故宫博物院就掀起"上元之夜"夜场巡游的热潮。湖南省博物馆也在 5 月 18 日国际博物馆日首创"博物馆之夜"文物全媒体直播活动，4000 多名观众现场参与体验，网络直播点击量也达到了 886 万余次。据统计，2019 年暑期全国至少有 60 家博物馆开放夜场，吸引了众多民众积极参观，为观众带来了独特的文化体验。博物馆文化传播的热络化更体现在博物馆配合重大节庆推出的展览上。2019 年正值中华人民共和国成立 70 周年以及五四运动 100 周年，全国各地的博物馆都推出一系列宏大展览，例如国家博物馆举办的"建国 70 周年大型成就展"吸引了来自全国各地的观众前来参观，成为博物馆文化传播史上浓墨重彩的一笔。鲁迅博物馆同时举办了名为"五四现场"的大型展览。这些重大历史节点的文化呈现，让观众回味历史进程并展望未来，产生了举足轻重的文化传播力量。

### 2. 传播智慧化

　　现代博物馆不断挖掘自身资源，丰富传播方式，不论是实体博物馆，还是虚拟博物馆，都努力摆脱时空限制，进行文化传播的不同探索。博物馆传播智慧化的影子渗透于实体博物馆和虚拟博物馆、线下和线上的各个角落。很多博物馆投入资金建立多媒体展厅来增加传播的生动性和有效性，将 AR、VR、MR、人工智能等技术手段运用于博物馆服务观众、保护文物、社会教育等各方面。除此之外，博物馆还通过社交网络等新媒体开展广泛的互动式、个性化传播。此外，博物馆还积极收集和获取观众喜好、建议、习惯等大数据信息，进行个性化推送和服务、评估传播效果并调整传播策略。

　　利用 AR、VR 等技术建设虚拟博物馆是很多发展势头较好的头部博物馆采用的传播方式。通过技术手段模拟展品原貌，或者对相关历史事件进行空间再现，展品不再仅仅以"冰冷"的文物形式呈现，而是"活起来"了，这种呈现方式不仅让文物背后的故事穿过历史来到现实，还可以增强参观的趣味性，给参观者留下足够的想象空间，加强对历史文化的理解。

　　比如故宫博物院将 VR、AR 技术应用于文化传播中，"全景故宫"可以让个人随时随地看到故宫的原貌和超清文物仿真还原图。将典藏文物的数据通过信息技术完成数字化储存，最后通过网络展示，参观者可以通过电子设备身临其境般与文物接触，实现虚拟游览，技术赋予博物馆文化传播更强烈的沉浸性和交互性。百度百科数字博物馆与全国二百多家博物馆合作，借助数字化平台，每个人都可以足不出户逛线上博物馆，浏览博物馆文物，参观博物馆展览。由于传统的博物馆在收藏、保存、展出方式上受到现实局限较多，建设智慧化博物馆成为当今博物馆的主流趋势。智慧博物馆采用数字化技术，将馆藏文物等资料信息化，再利用多媒体技术进行扫描、储存，最后利用互联网将信息化的藏品以图片、影像等方式展示给观众，最终实现博物馆之间资源共享。

　　3. 传播精品化

　　传播精品化是当下博物馆文化传播的又一显著趋势，这种迎合现代生活要求的趋势体现在展览精致化和文创精致化两方面。展览目前是博物馆进行文化传播的主要方式，早期的展览呈现在观众面前都是粗糙的样子，简单的玻璃柜下面文物依次排放，旁边附有简单的名字、材质等内容介绍，博物馆空间也跟常见的普通屋子并无太大差别。放眼当下博物馆，其建筑本身就是一件艺术品，还未进馆参观便已经感受到与日常所见有不同的别致，馆内展览的排布设置都是经过策展人精心策划和编排，文物的选择和摆放、空间修饰所用的材料和材质、灯光颜色等都经过各部门和专业人士的安排。博物馆展览是博物馆文化传播的重要内容，一般分为常设展览和临时展览。常设展览以突出本馆特色为任务，临时展览是博物馆展览的新鲜血液，不定时开展各种主题展览吸引不同观众，丰富文化传播的途径。

近年来，随着博物馆游不断升温，博物馆展览趋向精致化，尤其是临时展览，从策划到展出，投入大量资金、精力和时间。以首都博物馆在 2019 年 9 月至 11 月展出的"锦绣中华——古代丝织品文化展"的诞生为例，展览的策划持续半年之久，策展人分别从文物选取和征集、历史和丝织品的联结、叙述线索、单元主题等各方面做出精细的准备。如"'望四海贵富寿为国庆'锦"是从新疆维吾尔自治区博物馆借调而来，因路途遥远且气候对文物有潜在影响，策展人在这一件展品上煞费苦心，该展览的其他丝织品文物大多也都是从全国各地"借用"而来。展览按照"礼仪之邦""汉韵胡风""大国气象""南雅北逸""精丽华贵""文章锦绣"六个单元串联起来，表达出在多元一体中华民族融合的历史进程中，各民族的织绣印染技术、服饰和审美不断交融，逐渐形成中国织绣特有的风格。丝织品发展源于丝绸之路的畅通，世界文明往来互鉴，中国丝绸远播世界，同时也吸收了不同国家、地区、民族的文化和技术，实现了世界范围内的融合和创新。

文创产品的出现和创新给博物馆文化传播带来了不可低估的传播动力。文创产品以其创新的理念、独特的产品风格、实用的形式成为当今文博界的"网红"。究其根本在于文创产品内含的文化感和附加值。文创产业的开山鼻祖大英博物馆早在新世纪开端就开始挖掘博物馆文化内涵，并将相关符号、图像、形状等融入实物产品，每年可产生不菲的收入。放眼国内，以故宫博物院、国家博物馆为代表的全国 2600 多家博物馆、美术馆凭借自身的馆藏特色文物、独特符号进行文创产品的开发，创造出许多"网红产品"，这些产品在年轻人中间形成新的文化潮流。故宫博物院到目前为止开发的文创产品已经达到上万种，总销售额突破 18 亿元。文创产品背后的历史底蕴和文化内涵是其他产品无法比拟的，正是这种文化性、趣味性和实用性相结合的特点，形成了博物馆文化传播的又一动力之源。

反观现实，虽然博物馆具有文化传播的功能，但博物馆在文化传播时，会受到很多因素的影响，丰富的传播方式并非意味着良好的传播效果。但可以肯定的是，丰富的传播方式首先意味着大量的传播内容，博物馆将大量内容呈现在观众面前，同质化的文物内容会引起视觉和审美疲劳，这种传播还是没有逃脱信息传输、宣传说教的本质。

其次，先进的科技带给观众交互式、沉浸式的体验，这种体验当中科技的新奇性带给人焕然一新的冲击感，而其中的文化含量却值得质疑，文化传播被炫技替代，也难以实现文化传播真正的目的。正如凯瑞对传播的"传递观"和"仪式观"进行区分时提出的："我们称之为传播的传递观基本上是把传播视为一种以控制为目的传递信息的过程，典型情形是改变态度、转变行为，通过信息传递实现社会化，影响个体的选择。而仪式观是把传播看作创造和改造共享文化的过程，传播不是指信息的传递，而是文化对社会的维系。"透过凯瑞的视角看待当下博物馆文化传播，我们似乎才发现问题的本质，博物馆文化传播不仅仅是传播方式的更新，更重要的是理念的更新，即我们究竟是该用"传递观"还是"仪式观"去看待博物馆文化传播问题，是当下博物馆需要考虑的重点。

## 二、博物馆文化传播的创新路径

### （一）以受众为导向，构建平民化传播视角

互联网的爆发式增长构建了新的信息传播环境，大众传播因为传播范围广、影响程度深，成为信息传播的重要传播方式。在新的环境中，作为专业化的媒介组织的大众传播，其传播要素、传播技术、传播手段也有所更新。从"使用与满足"理论来看，受众作为传播要素的重要成员并不完全被动存在，在内容选择、信息接收、媒介接触及理解等方面有着某种自主性及能动性，而这种主动性在新的社会环境下日益明显。互联网的发展给受众的阅读习惯及生活方式带来潜移默化的影响，他们在行为上也已经发生一定偏移，时间短、信息多的"快餐式阅读"正成为受众主流。

同时，在理性需求满足的当下，受众的心理机制更多地偏向于情感上的沟通，他们更满意以平等的身份去与传播主体进行平等的对话，从而获得求知、求新、求乐、求同、求异、求趣、求美等各方面的满足。博物馆文化传播在这样的环境下，从以往严肃的传播风格中释放出来，充分尊重受众当下的兴趣需求、语言习惯、媒介习惯，以受众为导向，将以往庄严肃穆的宏大叙事与平民视角相结合，用通俗化、亲民化的方式来与现代受众对话，在议题设置、叙事方法以及话语体系等方面进行融合创新，以平民视角诉说传统价值观。

1. 议题设置社会化，迎合受众兴趣

在以移动通信技术及互联网技术为支撑的开放包容的媒介传播环境中，受众

获取信息的方式即时且灵活。通过大众传播媒介的传播，一系列包括社会问题、民生新闻、节事节庆、影视看点、娱乐八卦等热点话题可以在极短时间内引发全民关注并迅速成为大众讨论的焦点，而众多传播主体也会借势进行相关话题的传播，以此扩大传播的辐射范围，引发话题的再传播与裂变增长。博物馆文化在大众传播的过程中，充分把握互联网逻辑，通过新旧媒体的融合传播将议题设置社会化，主动去迎合受众兴趣，将大众文化、大众传统与现代社会现实进行结合。如：四川博物院、河北博物馆、广东省博物馆等在《国家宝藏》第二季开播期间，在微博平台纷纷借势设置了"国家宝藏之如数家珍""国宝守护人""相约河博"等议题，引发粉丝关注与互动；故宫在微博内容运营中设置了"爱上这座城""紫荆雅集"等话题，利用自有影像资源、代表性建筑与时节、节气等社会化话题相融合，发布一系列可用作壁纸的美图，用规律性的内容设置引发受众持续关注；重庆中国三峡博物馆在《延禧宫略》引发全民关注的时刻，借势发布了《博物攻略｜乾隆最爱不是皇后也不是璎珞，而是它？》软文，引发受众对馆内藏品唐寅的《临韩熙载夜宴图》以及展览活动《千人千面——馆藏古代人物画展》的关注。这一系列的议题设置将博物馆文化去中心化，细分成工匠精神、文物历史、传统审美等内容在影视作品、新媒体内容、文创产品、活动开展等层面进行传播，从而见微知著、以小见大地传播博物馆相关文化，以话题的设置促进线上线下双重互动，促使舆论进一步传播。

2. 话语体系人格化，拉近受众距离

"话语结构会因某种新媒介而改变。"新媒体的出现给现代传播带来重要影响，其中传播主体人格化，在受众主体日益凸显的今天逐渐成为一种主流。这一话语体系从受众视角出发，通过人格化的表达与受众沟通，降低了受众接收信息的心理阈值，构建了更加亲近、平等、信任的受传关系。博物馆文化传播话语体系的形成是其适应"万物互联"时代的新法则，把握时代创新精神的结果，是传统文化输出方式在互联网环境下实现主流文化大众化、大众文化分众化、分众文化专业化传播的一次成功探索。这一方式具体表现在博物馆在社交媒体与受众的互动过程中的自我定位。自我定位拟人化，与受众形成平等对话。

在人格化话语体系的建设中，文博单位的拟人化是文博单位从人的视角出发审视形象识别与信息交互的关系，其拟人化的形象，有利于拉近与受众的距离，并与其进行平等对话。如：四川广汉三星堆博物馆自称"堆堆"，四川博物院自称"小川川"、金沙遗址博物馆自称"小金"、广东省博物馆自称"小粤粤"，等等。这些文博单位通过拟人化的自我定位，以活泼灵动的语言传播文化信息、俏皮生动的表达回复用户留言，形成了独具一格的人格化传播风格，激发受众互动，建立了良好的粉丝关系，强化了受众主观阶层的认同，从而获得了事半功倍的传播效果，为博物馆文化信息的理解与吸收创造了柔性条件。

3.语言表达网络化，激发受众互动

网络语体，是在互联网的发展过程中产生的一种独有的流行文体。互联网的快速发展催生了第一批以"80后、90后"为代表的网络"原住民"，他们对网络依赖程度高，并且在这种环境下成长的年轻受众更具创造力，制造出一系列网络语体，如甄嬛体、元芳体、淘宝体、凡客体、陈欧体、成龙体等，并在互联网空间中得到空前传播。在博物馆文化传播的人格化话语系统中，为获得更为优质的沟通效果，除了文博单位自身定位人格化外，在语言表达上也尽可能贴近受众的用语习惯。于是，在平面、视频、动画等多种形式上以网络化的表达迅速获得受众关注，树立更为灵动的形象。

以故宫为例，主要表现在：一是在故宫淘宝官网首页设计了比剪刀手的后宫女子，同时配上"买了就是朋友"的文案，活泼有趣；二是在产品创意上，雍正皇帝不再"正襟危坐"，而是拿着"朕亦甚想你""朕心寒之极"的折扇；三是主动发布一系列极具网络化表达的表情包：包括"目瞪口呆""我装作看不懂的样子""give me five""别说话先自拍一张冷静"，等等。这一系列网络化表达以及在全媒体渠道进行应用，促进了故宫与年轻网民群体的交流互动，为故宫亲民化形象的塑造提供强有力的支持。国博衍艺在"芙蓉双鹭保温杯焖烧罐"宣传文案中，使用了诸如"疯狂打电话""暖（yǎng）冬（shēng）系列"等当下热门网络用语；在"龙形金步摇系列耳环"的文案里，使用了"吃了好看长大的小姐姐"紧跟当时"吃了XX长大"的热点表达方式，这些文案内容本身就引发了许多粉丝的讨论。在"第一届文物戏精大会"中，频频抛出贴近年轻人语言习惯的网络化表达，如："捧红""是时候表演真正的技术了""你看我这千年拍灰舞""比心比心""98K电眼"（吃鸡游戏的网红狙击枪）"受到了暴击""打call""么么哒""中国的icon""我们不红，始皇不容"，等等。如此软、贱、萌、皮的表达，再配合抖音热门舞蹈动作、热门BGM，炫酷有趣还突出了文物特性，瞬间抓住受众的注意力，让人会心一笑的同时有感而"转"。最终凭借其充满创意的内容产出与表达产生了强大的传播扩散"涟漪效果"，大大激发受众互动以及传播动力。网络化的语言表达给博物馆文化输出提供了全新的出口，是受众在互动、交流的过程中满足求知、求异、求趣等需求的重要方式，更是博物馆文化在互联网环境下"病毒式传播"的主要途径。

4. 叙事手法故事化，引发受众关注故事

故事化叙事手法古老且极具艺术表现力，因此人类对它有着天然的认同心理，故事化的叙事往往更能引发受众的共鸣。受众在媒介接触及信息接收层面具有一定选择性，包括选择性注意、选择性理解、选择性记忆。在信息快消时代，碎片化的信息获取成为受众选择信息的又一影响因素，传播主体要吸引受众关注就必然要大幅提升内容对受众的吸引力，故事化的叙事手段成为当下众多传播主体的选择。长期以来，博物馆作为历史文化学习教育的固定场所给大众留下了冰冷、严肃、说教的刻板印象，这一印象很大程度上消解了受众深入接触博物馆及其文化的耐心。在新的时代背景及《"互联网＋中华文明"三年行动计划》的政策引导下，博物馆积极转变运营思路、丰富知识传播渠道，同时在内容叙事上寻求变革。探索出一套"说历史不如说故事，讲文化不如讲故事"的传播手段，期望以喜闻乐见的形式将历史遗产、灿烂文明、文化传统融入受众的生活中。例如，在纪录片《我在故宫修文物》中，就是以平凡人的视角从骑车、摘果子、修文物等平凡故事入手，诉说故宫匠人的故事，深刻贴合大环境对"匠人精神""中国故事"现实讨论的同时成功引发了受众关注，满足了大众对历史文化的热情和需求；而在传播博物馆文化的节目《国家宝藏》中，通过邀请流量明星、素人、文博工作者等社会人士来讲述文物背后的"传奇故事"，同时结合舞台场景化的故事情节再现，让受众在一个个故事中获得对历史文化的价值认同，实现受众喜好和博物馆文化传播的完美结合，激发受众对中华民族上下五千年历史的归属感与自豪感。

**（二）以文化为核心，构建多元化传播内容**

文化传承古今，是人类在社会实践过程中所积累的物质、精神财富的总和，具有传播、认知、教化、协调及创新功能，是推动人类历史车轮不断前进的重要力量。博物馆作为文化传播的社会存在，是文化记忆与传播的重要工具及内核所在。博物馆作为众多文化传播传承机构的组成部分，通过对中华文明灿烂遗产、历史文化、民族精神的传承与传播满足了受众的文化需求、促进了社会价值观的构建与维护，在推动中外文化交流、增强民族凝聚力与自豪感等方面发挥着不可替代的作用。文化是人类文明的记载与象征，传统的文化传承是纵向的代代相传，而"互联网＋"视域下的文化传承不仅仅建构于纵向的继承，同时也是兼容并包的，它同横向的各个社会层面以及社会存在的物与物、人与人、人与物之间发生碰撞、交流、对话，是趋于融合的一种传播模式。在这样的环境下，一方面，博物馆紧跟时代潮流，顺应社会发展趋势，创新思维，充分利用新技术与新媒介传播相关文化信息；另一方面，积极发挥博物馆的文化传播功能，牢牢把握住"文化"这一内核，积极与其他文化资源进行互动交流，实现文化多个向度的融合与碰撞，让文化成为沟通历史和现代社会的桥梁，从而构建起更加多元化的传播内容，促进中华传统文化的传播与传承。

1. 博物馆文化＋节日，挖掘文化价值

节日文化是一个国家及民族在长期历史发展过程中形成的民俗或民族习惯所组成的文化系统，或纪念历史人物，或纪念历史事件，或庆祝某一时节的到来。中华民族传统节日内容丰富、内涵深刻、形式多样，主要包括：春节、端午节、中秋节等传统节日；国庆节、劳动节等庆典节日；立春、夏至、秋分、冬至等节气节日。这一系列的节日是民族集体智慧的结晶，蕴含着丰富的民族情感与深刻的文化内涵，是民族延续以及民族精神传承的重要文化载体。博物馆文化与其他文化资源的合作，较为典型的就是与中华民族节日文化进行结合，通过举办线下社教活动、主题展览或者线上活动使两大传统文化系统进行深度融合，优势互补，实现传统文化价值的深入挖掘，从而促进受众对文化信息的关注与吸收。

以故宫为例，如上文已提及的，故宫博物院在官方微博、微信平台上，以二十四节气为引，以故宫的影像资源为基础，开辟了"爱上这座城"话题单元，定期发布与节气相关的文案，同时配以故宫美图，观照"人文"的同时也与"物"进行关联，极具人物关怀，引发粉丝互动。还充分把握受众对传统节日及礼仪的需求，在 2018 年中秋，故宫与抖音、必胜客跨界合作推出月饼礼盒，设置"抖转星移共团圆""宫里的月饼"话题，并与故宫的淘宝店进行联动，精准迎合了受众在传统节日对文化追求的现实需求。再有，在 2019 年新年来临之际，故宫充分把握"年"之于中华民族的重要意义，推出以"紫禁城里过大年"为主题的系列活动，将"年文化"与"故宫文化"相结合，在故宫里复原"万寿灯"，挂上"对联""门神"，请来中华老字号美食等非物质文化遗产，营造出浓厚的过年氛围，唤起受众对年节文化的情感表达，在传递中国节日文化的同时为故宫带来巨大的客流量，聚焦传统文化，助力价值升华。

2. 博物馆文化＋历史，引发文化讨论

历史之贵，贵于它是人类存在的证明，更贵于它为人类发展提供了镜鉴，人类文明在承接、发展的进程中不断向前。而对历史的"记忆"是博物馆文化传播的主要功能之一，唤起受众对历史的记忆与回顾更是博物馆的重要职能。博物馆在其文化传播过程中，以"物"为载体，通过对历史时期的相关物件的展出，将历史文化与博物馆文化相结合，这种结合是必然的，是传承中华民族文化与精神的必要手段。博物馆或纪念馆是有物理边界的，而互联网是无界的，在"互联网+"环境下，越来越多的博物馆或历史纪念馆通过网络平台及网络技术，结合重要时间节点对历史事件进行"回顾"，以期让人民群众在享受当下美好生活的同时谨记历史，引发社会讨论。如，侵华日军南京大屠杀遇难同胞纪念馆在七七事变、九一八事变、国家公祭日等重要历史纪念日期间，结合博物馆自身定位，一是在纪念馆举办主题展览及社教活动，二是在新媒体平台发起系列话题"七七事变八十一周年""牢记九一八""国家公祭"，话题量上亿，提醒广大受众铭记历史，勿忘国耻，这一系列的活动及话题，是博物馆与历史文化的深度融合，引发了广大受众的深刻讨论。

3. 博物馆文化 + 城市，丰富文化内涵

所谓文化空间是一个具备物理及地理属性的独立文化场所，它包括了物质、精神以及社会生活等维度，该理论主要应用于非物质文化遗产以及少数民族民俗文化的保护。"文化空间"作为城市发展中的一种文化环境与氛围，对城市的经济发展、人文建设有着深刻的影响。文化空间的存在意味着这个空间区域内多种文化的共存。其中博物馆就是城市文化空间的一种，这一空间是实现文化传播功能的载体，具有浓郁的地域化特色，是一个地区、一个城市文化体系的反映，肩负着向受众传播知识、回顾历史、传播文明的重要功能和任务，给受众传达出该地区或者城市所独有的文化历史信息及魅力。因此，无论是从内涵的共通性还是职能来看，城市文化与博物馆文化的关系密不可分，博物馆文化传播与城市文化建设共生共融。博物馆的物质属性决定了每个博物馆必然与其所在的城市发生不可分割的联系，这种联系让博物馆文化成为城市文化传播的载体的同时，城市文化也成为博物馆文化的一种内在构成。例如，成都金沙遗址博物馆出土的"太阳神鸟"，这一文物符号象征古蜀文化从古代穿越现实，见证了蜀都文化的崛起。"太阳神鸟"不仅成为该博物馆的典藏文物，也是成都市的"市徽"，在博物馆文化传播与城市文化建设中，这一符号频繁被使用，如"金沙太阳节"的举办，这一城市节事活动是市民共同参与下的集体认知与记忆，不仅促进了博物馆形象的提升，也给城市带来较大的社会经济效益与文化认同。博物馆文化传播与城市旅游发展互促互进。

随着受众休闲娱乐需求的不断提升，旅游业发展迅猛，如今的博物馆不再满足于作为文物信息展示的平台与载体，而是期望以受众更加偏爱的方式存在。博物馆通过举办主题展览、社教活动来丰富城市多元化的生活，吸引市民驻足，游客往来，成为满足受众交流、休闲、娱乐需求的新"文化空间"，让受众感知和体验城市文化，唤起人们对城市的集体记忆，是以文化促文化，提升公共文化价值变现的重要方式。如：重庆中国三峡博物馆在 2018 年 6 月发布了"渝行千里，尽在重博"活动，以重庆的城市文化为基础开展了一次线上线下相结合的"博物读城"活动，将城市文化与博物馆文化相融合，创新传播了重庆博物馆的优秀历史文化及城市人文历史。

**（三）以技术为支撑，构建现代化传播方式**

"互联网 +"时代，在以技术为驱动的环境下，互联网思维、互联网技术催生了更多新兴行业，也给传统产业改造升级注入新的活力，形成了新的经济增长点。博物馆作为典型的传统文化产业，在很长一段时间内都是运用较为传统的人际传播、组织传播、大众传播的方式等对博物馆文化信息进行传播。党的十八大以来，习近平总书记在多个场合提出，"要系统梳理传统文化资源，让收藏在博物馆里的文物、陈列在广阔大地上的遗产、书写在古籍里的文字都活起来"。在国家文物局 2017 年印发的《国家文物事业发展"十三五"规划》中，也明确提出要加强文物科技创新，全面提升博物馆发展质量，多措并举让文物活起来。如何"复活"文物成为文博行业的重要议题。因此在这样的背景下，博物馆紧跟时代的潮流，参与变革并取得了一些成果，充分运用 HTML5 技术、VR 虚拟现实、AR 增强现实、AI 人工智能等新技术，以技术做支撑，将文化传播与现代技术相结合，实现博物馆在技术上、内容上、情感上多个层次的互动，最终实现传播方式的现代化创新，让文物"活"起来。

1. 博物馆文化 +H5 网页技术，动态图文促进"二次"传播

互联网的深入发展使其在社会生活中得到全面渗透，受众对移动端的使用逐渐形成依赖，移动化、数字化传播成为大势所趋。H5（HTML5，以下简称 H5）逐渐成为重要传播工具，H5 是描述网页的标准语言，是在旧版本 HTML4 上实现更多交互可能的新技术，即 H5 在一定格式命令下可实现图片、文字、动画以及视频等内容的交互。

H5 的作用及功能主要体现在：一是用于品牌传播，向受众传达品牌的精神态度，以塑造鲜明的品牌形象；二是用于活动推广，用更具话题性、更具互动性

的设计来促成用户分享，形成病毒式传播；三是用于产品展示，通过图文结合及互动技术来展示产品的特性，吸引受众购买。因此 H5 具备良好的话题性、互动性及展示性，并凭借其图文结合的动态效果以及可在微信、微博、浏览器等平台实现快速传播等优势成为 Web 时代一种重要传播方式。"互联网 +"背景下的博物馆文化传播主动融入新环境，拥抱新技术，其中对 H5 的使用排了重要位置，通过 H5 的可观赏性、趣味性、话题性以及互动性成功将博物馆形象进行活化，并成功引起二次传播。

例如，2016 年故宫和腾讯跨界合作的 H5 "穿越故宫来看你"，其主要内容是明成祖朱棣从 700 年前的古卷中穿越而来，戴着墨镜唱着 Rap 闪亮登场，并在微信、QQ 群与妃子互动，同时还置入了 App、表情包、自拍、充电宝、邮箱等一系列现代元素，画风贱萌有趣，让观众在这种极具"冲突感"的创意中纷纷感叹"故宫真会玩"，快速抓住年轻受众卖萌耍贱的共情感，引发主动分享，最终在短时间内形成了刷屏效应。

又如，2018 年 5 月 18 日，第 42 个世界博物馆日，抖音联合中国国家博物馆、湖南省博物馆、南京博物院、山西博物院、陕西历史博物馆、广东省博物馆、浙江省博物馆等 7 家国内知名博物馆发布了一款博物馆 H5 "第一届文物戏精大会"。这款总时长 1 分 58 秒的 H5 融合了拍灰舞、抖音热门 BGM、游戏用语、网络流行语等众多现代元素，让胡人唐三彩、青铜后母戊鼎、说唱俑、兵马俑等文物"开口发声""活"了起来，最终凭借其充满创意的内容产出提升传播的"涟漪效果"，极大激发用户传播动力。在以上案例中，博物馆通过腾讯、抖音等平台实现内容上的跨界，运用 H5 以科技活化传统文化，并围绕传统文化进行创新，引发受众共鸣，引领博物馆参观成为一种潮流，除获得了《人民日报》、新华社等主流媒体的报道外还收到了源源不断的"自来水"传播，形成二次传播，引爆互联网，是促进博物馆文化现代化传播的重要手段。

2. 博物馆文化 +VR 虚拟现实，身临其境提升体验

"沉浸式"体验 VR（Virtual Reality）虚拟现实，这是一种可以创建和体验虚拟世界的计算机仿真系统。通过三维计算机图形技术、动态捕捉技术、广角（宽视野）立体显示技术、立体声、语音输入等多种关键技术的融合，可以对现实环境进行虚拟模拟，运用多元信息的融合以及交互式的三维动态的视景模拟出一个空间，并通过听觉、触觉、重力等感知系统来使用户获得"沉浸式"体验，具有存在感、交互性及自主性特点。博物馆在"复活"文物的同时也期望用技术手段

来实现"没有围墙的博物馆"，将博物馆这一线下实体与网络空间相结合、实现数字化建设成为重要课题，VR 虚拟现实技术凭借其先天的优势成为这一课题的重要解决方案。通过与 VR 技术的充分结合，打破时间与空间的界限，将博物馆真实、完整地呈现给观众，受众体验的升级是博物馆文化传播近几年来的重要目标。

以故宫为例，故宫先是在 2003 年推出了 VR 作品《紫禁城·天子的宫殿》，受众可通过该作品全方位多角度地"欣赏"太和殿的具体陈设。又在 2006 年与 VR 技术跨界融合，推出"V 故宫"项目，整合故宫的优势建筑、文物资源，让受众通过 VR 技术获得更为真实的"沉浸式"体验，为受众接收、吸收故宫文化提供了更具交互性的新方式。除故宫外，中国国家博物馆、首都博物馆、上海博物馆、河南博物馆、陕西历史博物馆、秦始皇帝陵博物院等各级博物馆均利用 VR 虚拟现实技术实现数字化博物馆的建设，让受众通过网络可以在线参观博物馆，获得深入的体验。同时，在文物展览的实体空间，博物馆利用 VR 互动技术，让受众通过听、视、触等多种感官来获得更为直观的感受，提升受众体验，为提升文化遗产的社会效应和文化价值提供了很大帮助。

3. 博物馆文化 +AR 增强现实，虚实结合提升"在场"感受

AR 增强现实，是与 VR 虚拟现实属同一系统的不同层面，这是一种将多媒体、三维建模、多传感器融合、跟踪定位技术、标定技术等多种高新技术相融合，并在真实时空中进行模拟的技术。这一技术的主要特点或优势是将虚拟的信息应用到真实世界并被人类感官所感知，从而将现实世界与虚拟世界进行"无缝"叠加，相互补充，最终来提升受众的感官体验，获得更为丰富的"在场"感。AR 技术具有虚实结合的信息集成感，可在三维空间中定位添加虚拟物体且同时具备实时交互性。目前已被应用到了军事、医疗、影视、教育、娱乐等领域。借助现代科学技术提升博物馆文化传播效果势在必行，目前，博物馆在 AR 技术的结合上也做了一定探索，以此来使受众在获取博物馆文化信息时或者参观的过程中获得更为丰富的互动体验。

其运用主要体现在三个方面：文物展示中的"复原"文物或情境再现、信息互动以及文创产品的衍生。利用 AR 技术"复原"文物或再现历史情境。在文物展示的部分，博物馆通过对文物进行数字化处理，将部分残缺的文物进行复原，以影像资源的形式进行保存，节省了文物修复的人力与时间。另外结合实景与数字化展示技术，将一部分可观性的文化场景进行再现，让参观者感受到当时历史背景下的情境，触景生情获得共鸣。如在秦始皇帝陵博物院，游客通过手机百度

AR 功能扫描兵马俑二号坑"平面布局图""跪射俑灯箱""铜车马结构图"等触发物就可"唤醒"秦始皇帝陵沉睡的秦兵马俑军团,还原恢宏的历史场景。又如在湖南省博物馆中,游客通过 AR 设备观看帛画《车马仪仗图》,可以看到一个头戴宝冠、身穿长袍、腰别佩剑的男子正威风凛凛地检阅部队的场面,同时通过 3D 语音技术的讲解将这个历史场景进一步还原,让受众获得身临其境的"在场"感。

利用 AR 技术与受众进行实时互动。通过 AR 技术的接入,在一部分博物馆的 App 平台上可以获得足不出户的现场体验感,同时还可通过该技术对文物进行虚拟标记,让受众有跨越时间之感并随时进行互动。如上海博物馆在其官方 App 中运用 AR 技术快速定位可识别的藏品,并对该文物进行深入的介绍,让静态展品在方寸屏幕中动起来。又如故宫端门数字馆(故宫设置播放数字电影的专门场所)运用 AR 技术,让参观受众体验换"龙袍",在互动过程中不仅获得求趣的满足,同时也可了解相关知识获得求知层面的满足。利用 AR 技术让文创产品更具科技感。AR 技术不仅让博物馆的展陈与信息互动充满"在场"感,同时给博物馆文创产品也注入更多"生"机。通过扫描文创产品的图片或者二维码,可以更加清晰了解到该文创产品的历史文化及内涵,为文创价值变现提供了更为鲜活的方式。

例如,故宫先后推出两款 AR 月历《故宫月历·2017·宫廷佳致》《故宫月历·2018·天然童趣》,这是故宫将文创产品与 AR 技术相结合的典型案例,用户下载 App 扫描月历上的图片便可通过 AR 技术获得与该月历画面相关的动画,同时配以语音讲解和背景音乐,让原本静态的故事展现在眼前,有翩翩起舞的赵飞燕,晨起梳妆的杨玉环,嬉戏逗趣的宫中孩童,等等。又如,成都武侯祠博物馆推出的"三国科技"AR 明信片,借助 AR 技术,受众可以更为直观地感受到三国时期的精巧机械的运作模式从而获取相关知识。AR 技术让原本静态的文物在场景化、动态化的动画中生动再现,在实现文创产品与用户之间的互动升级、受众获取文化知识、传递博物馆文化内涵等方面发挥重要的联结作用。

4. 博物馆文化 +AI 人工智能,智能算法助力"复活"文物

AI(Artificial Intelligence)人工智能,其本质是对人的思维的信息处理过程的模拟,它是计算机科学的一个分支,是用于对模拟、延伸及扩展人类智能的理论、方法及应用系统进行研究及开发的一门新技术科学,而人工智能技术是这一科学应用于实践的技术总和,包括机器视觉、指纹识别、人脸识别等智能识别系统。

目前，无论是国际上还是国内，对该技术的研究及运用都还处于较为初级的阶段，但 AI 技术在未来的应用有着巨大的潜力。目前，国内博物馆对 AI 技术的运用虽然相对较少，但是仍然有一部分具有代表性的文博机构在这一领域有了尝试，并小有成果。如在第五届民营文化产业峰会上，百度与博物馆联合，通过图像识别，对兵马俑进行拍照再运用 AI 技术，实现了兵马俑的"复活"，在自我介绍后还与受众进行问答互动。而故宫在其院庆 92 周年的主题数字体验展中，利用 AI 技术让"老臣"形象"复活"，并对受众提出的一些问题进行回答。2018 年 5 月，国家文物局联合百度启动了"用科技传承文明：AI 博物馆计划"，该计划旨在利用搭载百度的 AI 技术及其相关产品，与博物馆跨界合作，融合智能搜索、图像识别、机器翻译、AI 教育等多方面技术能力，目前部分功能已经在秦始皇帝陵博物院、苏州博物馆及上海市历史博物馆实现落地。随着 AI 技术的进一步开发，未来博物馆与该技术的合作将愈加紧密，这将不仅仅是互动层面的颠覆，也将对博物馆信息管理、资源收集、文物复原等方面的工作产生重要的推动作用，构建起更加现代化、智慧化的传播矩阵。

### （四）以全媒体为渠道，构建立体化传播体系

互联网的进步催生了新的信息传播环境，一系列以互联网为载体的新兴媒介蓬勃发展给原本信息源单一、受众范围小、相对独立的传统媒体带来了巨大的冲击。而互联网环境下成长起来的新兴媒体具备了传播速度快、范围广、互动性强等优势，可以在一定程度上对传统传播方式进行有效补充。近年来，随着信息技术与通信技术的发展、应用和普及，业界和学界在不断地探索与实践中寻求新旧媒体的融合，对"新媒体""多媒体""跨媒体""媒介融合"等多种概念进行研究与应用，并逐渐衍生出一种新的形态——"全媒体"。这一概念的内涵在学界的讨论下，主要从两个层面进行定义：一是从运营层面，由中国人民大学彭兰教授提出，"全媒体"是一种运营模式，是新闻业务运作的整体模式及策略，即通过运用现有媒体手段和平台资源来构建大的传播体系。这一定义主要强调了"全媒体"不再是单形态、单落脚点、单平台的传播而是在多平台进行多形态、多落脚点的整合性传播。二是从形态上，认为"全媒体"是一种全新的媒介形态，是集报纸、广播、电视、网络、手机等多种媒介形态于一体的复合性媒介形态，是"跨媒体"的产物，重点强调了"全媒体"是通过运用图、文、声、光、电等多种形式全方位、立体化地展示传播内容，同时通过影像、文字、网络、通信等传播手段进行传输的一种传播形态。

　　然而无论是前者对运营模式进行整合，还是后者在媒介形态上进行复合，"全媒体"的概念都紧紧围绕"融合"这一核心，是信息传播在媒介经营管理、媒介形态、媒介传播内容乃至功能上的全面融合。这种融合与"互联网+"时代下各个产业"跨界融合"的首要特征相呼应，"全媒体"成为"互联网+"时代信息传播的重要模式。博物馆文化传播在此背景下，因时制宜，逐渐把握这一规律，并期望以"全媒体"为渠道，通过不同媒介形态、不同渠道的互相依托，互为补充，从而将博物馆文化与互联网传播有机结合，开辟出更加适应时代发展的立体化的传播体系。

　　1. 坚守报纸、门户网站等主流阵地引领价值导向

　　报纸是传统纸媒的典型代表，是最具权威性与公信力的主流媒体之一。早期的受众主要是通过印刷媒体了解社会新闻、文化动态及各个阶段的历史发展，长期累积下，报纸由于其真实性、客观性、准确性而成为传统大众传媒的重要代表。报纸在文化传播中占据着重要地位，它代表着传统媒体与受众的关系，是一种自上而下的集权化管理。尽管目前受众获取信息的途径越来越多元，但是报纸所代表的主流媒体在信息传递中更具真实性、权威性，在新闻舆论引导、主流价值引领及社会监督方面发挥着重要作用。

　　门户网站是互联网发展的产物，是现代受众获得新闻资讯的主流渠道之一。以新闻资讯、娱乐资讯为主的综合性门户网站是现代信息传播环境中的重要环节，门户网站根据性质，主要分为：一是综合类门户网站，如新浪、网易、搜狐及腾讯，这一类门户网站涉及的信息内容丰富、种类繁多，是现代信息传播的重要阵地；二是专业新闻门户网站，是政府主导下国家或者地方性媒体新闻传播的网络化阵地，具有一定专业性与权威性。专业新闻门户网站一方面是传统报业集团在互联网及智能手机的冲击下积极转变策略，顺势而为，向着融合媒体或者说平台型媒体转变并开辟自己的网络化阵地，例如《人民日报》开通了"人民网"，以"网上的《人民日报》"为定位根据受众的需求进行细分，通过线下线上的双向通道维护党媒的地位。除此之外，还有新华报业、南方报业、四川日报等主流报业集团建设的新华报业网、南方网、四川日报网等。另一方面是专门设立的新闻门户网站，如新华网、中国网、中国新闻网、东方网、澎湃新闻、凤凰资讯等。

　　无论是综合性门户网站还是专门性新闻门户网站，这一系列门户网站的存在均在引导舆论、引领社会主流价值导向方面发挥着关键性作用。博物馆文化传播在早期就充分重视报纸作为意见导向型媒介的权威性，长期以纸质报刊作为博物

馆发布展览信息、社教活动信息、文化信息的重要渠道，当下博物馆文化传播仍然坚守报纸这一线下主流媒体阵地。但随着受众阅读习惯的改变，博物馆开始重视更加灵活便捷的门户网站并加以运用，做到维护信息权威性的同时以更加贴合受众媒介使用习惯的方式来发布重点信息。把报纸与线上网站相结合，提炼和扩散符合博物馆文化传播的相关信息，向受众传递符合主流价值系统的观点，引领价值导向。如在成都博物馆 2017 年 10 月举办的"丝路之魂·敦煌艺术大展暨天府之国与丝绸之路文物特展"前期预热中，主要以纸媒为渠道，除了在《四川日报》《华西都市报》《成都日报》《成都商报》《成都晚报》等报纸发布关于展览的深度报道外，同时借助人民网、新华网、中新网、四川新闻网、四川在线等主流新闻门户网站进行联合报道，以引发受众对敦煌艺术及其文化的关注。

2. 依托影视作品、综艺节目等媒介形态深化文化内涵

在信息传播的过程中，受众通过感官的接触对文化信息进行初步体验获得基础认知，再通过知识经验的积累对基础认知进行深度加工，将多个角度的知识融合进个人意识，最终获得价值内涵的提炼、文化的积累。因此受众的感官体验是信息获取的第一关卡，决定了受众是否愿意进一步接触及吸收相关文化信息。而当下碎片化、快速化的信息获取让单一静态的文字传播陷入尴尬境地，受众的需求变得更为严苛，文字资料需要受众进行联想才能再现历史，图片的出现虽解放了思维但仍然片面，而系列化的动态图像给受众带来更为直观的体验。随着影像技术的提高，荧屏文化的迅速发展，集"文字、声音、图像、音乐"等多种符号为一体的电影作品、电视节目成为受众获取文化信息的又一重要渠道。这一动态的传播形态不但弥补了受众早前在感官上的缺失，更让受众在主动选择的同时获得各个方面的"满足"，以及更为直观具象的认知。

因此，近些年来电影、电视剧、电视综艺节目乃至自制网络剧、网络综艺节目等成为传播主体和吸引受众的重要手段。通过通俗化的表达、极具表现力的舞台效果，使受众获得感官的刺激、情感的满足，从而对文化进行深入了解。自 2016 年以来，博物馆产业与影视剧、电视节目通力合作，将博物馆文化或深或浅地融入多种荧屏表现形式中，通过对博物馆文化系统进行细化，以动态画面进行呈现，活化观众对博物馆的刻板印象。在这样的媒介形态下，电影、电视及网络节目以影视化的叙事方式给受众的想象空间带来强烈冲击，最终以受众喜闻乐见的方式源源不断地将博物馆文化传递给大众。

3. 利用微博、微信等社交媒体平台扩大传播范围

依托于互联网发展的移动互联网时代有着比传统信息传播社会更为鲜明的特征：传播主体的丰富、信息量的增长、传播渠道的加宽、移动端的广泛使用以及受众接触信息的多元。在此背景下，传播速度快、传播容量大、覆盖面广、互动灵活、即时开放的社交化媒体逐渐成为大众生活中必不可少的组成部分。

实质上，以微博、微信为代表的社交媒体是以受众人际关系为交叉点的人际传播，受众因年龄、地域、社会身份、职业、兴趣爱好、生活方式的差异在现实社会及社交网络（SNS）构建起有所区别但又极具交互性的"关系"或者"圈子"。受众在这样的圈层中通过社交化媒体对一部分信息有意无意地进行关注、评论、点赞、分享从此达到信息共享，引发二次传播甚至引发病毒式传播。而且，在这样的过程中，受众对于信息的接收关系有所改变，他们可以主动订阅信息，传播主体通过大数据对用户进行画像，向他们提供点对点的定向传播，不仅仅降低了内容接收的门槛，同时传播的有效性及范围大幅提升。微信（WeChat）是腾讯基于智能终端研发的即时通信应用程序，综合了即时沟通、社交娱乐、生活服务等多个功能，自上线至今，微信活跃用户超 10 亿，改变了受众的生活，并凭借其用户量大、功能丰富、时效性强、可移动化，成为受众媒介接触的重要方式，其强大的用户黏性给博物馆传播文化提供有效的渠道。

在国家公布的一级博物馆中，都至少开通了一个微信公众号，包括服务号、订阅号两种形式，如故宫博物院开通了"微故宫""故宫淘宝""故宫文创"等系列公众号，中国国家博物馆开通了"国家博物馆"公众号，上海博物馆、陕西历史博物馆、湖南省博物馆、四川省博物院、成都博物馆等开通了同名微信公众号。这些博物馆利用微信平台的自动回复及菜单栏自定义功能，可实现文字、图片、语音、视频、软文、外链等多种形式的内容发布，主要内容包括：博物馆场馆介绍、资讯发布、参观指南、社教活动、文创活动、互动游戏等。同时，因为微信是基于"圈层"的熟人半熟人网络传播，其信息的到达率及可信度较高，扩大博物馆文化传播范围的同时保证了其有效性。

微博（Weibo）是微型博客的意思，是以"关注"为机制进行简短内容分享、实时信息传播的社交式网络平台。微博的基本功能是发布、关注、评论及转发，但随着互联网技术及受众需求的改变，微博的集成化与开放化程度进一步提升，不仅字数突破了 140 字限制，还增加了查看红包、观看短视频、位置签到、外链淘宝等一系列功能，其用户主要以年轻受众为主、学历背景较高、区域覆盖下沉及内容垂直化。微博凭借其包容程度高、即时性强、互动性强成为最为典型的社交化媒体，而其强大的用户体量给博物馆传播提供广阔的传播空间。同时，微博因其受众群体思维活跃度高、年轻态，成为博物馆年轻化形象展示的主要空间，是受众互动及博物馆资源馆际联动的主要阵地。无论是顺应趋势还是为了满足自身发展要求，博物馆作为文化传播、文明传承的重要阵地，在文化资源数字开发及现代化建设中，要把社交化平台作为博物馆文化传播的必争资源。各大文博单位充分依托社交媒体的特性，纷纷在微博开通了社交账号，通过定期发送各类别的内容信息、内容设置、互动等建立受众黏度，扩大博物馆文化传播的覆盖面。

4. 借助网络直播、短视频等新兴平台提升互动体验

互联网背景下的受众从被动接受信息到主动参与信息生产、体验及传播，希望在交流互动过程中获得更高层次的自我表现与满足。在 2016 年启动《"互联网 + 中华文明"三年行动计划》后的三年里，一方面，随着智能手机和移动互联网的普及与发展，各种新兴传播载体在技术驱动下处于迅猛发展阶段；另一方面，需求日益增长的受众期望获得更为新鲜的交互式体验。因此，一系列以网络为载体的直播、短视频平台迅速崛起成为重要传播形态，2016 年也被业界定义为"中国网络直播元年"，2017 年则是"短视频元年"，这两种动态化的信息传播方式具备内容丰富多样、互动性强、个性化强等优势，是受众娱乐需求及自我表达的双重效应作用下的立体化信息承载方式。网络直播是指通过网络系统同一时间在不同平台观看影片的新兴信息传播方式，是社交媒体的一种。

随着直播平台兴起，越来越多的文博单位在文化传播的过程中对"网络直播"这一形式进行尝试，从而增加文化科普的现场感、受众互动的参与感，在扩大博物馆文化影响力的同时拉近与受众的距离，提升受众的互动体验。短视频，即短片视频，是互联网内容传播方式的一种。短视频一般时长在一分钟以内，以其短平快、流量大的传播方式迅速成为受众获取信息、消遣娱乐的重要新兴手段。这是在信息"爆炸""快消""碎片"时代快速崛起的一种新型内容产物，是网络提速、移动终端普及、受众阅读习惯改变等多重影响因素的综合结果，抖音、快手、秒拍、西瓜、火山等短视频平台成为"侵占"网民娱乐时间的重要存在。

5. 利用 App、手机客户端等手持终端维护精英社群

科技的进步让信息储存、传播的媒介越发精细化，从体积庞大的电视、广播到随身携带的智能手机、平板，而它们所代表的"拇指文化"以裂变的方式传递，它的传播速度、覆盖广度以及受众的广泛度在文化的传播中都显现出了绝对的优势，使受众能够不受时空限制轻易搜索及获取信息。同时，受众在逐渐细分的需

求中不断分化,要获得核心目标群体的黏度就必然要根据其兴趣爱好、媒介使用习惯进行有的放矢的"细分"。面对传播工具与受众的细分,博物馆产业为满足不同需求的受众,开辟了复合多元的传播渠道以提供不同层面的服务,对于博物馆文化爱好者而言,这一群体更倾向于定期接收到相关信息,接触博物馆文化。因此,各博物馆纷纷开发了官方 App 或者自属移动应用,期望在碎片化的大众传播中增强一部分垂直细分的"精英社群"的归属感、互动性,塑造亲近感,维护博物馆与受众的关系。

6.入驻淘宝、天猫等电子商务平台助力文化传播

受众的消费需求在其文化素质及主体意识不断增强的今天不断迈向个性化、多样化,"互联网+"环境下的消费市场从线下零售走向线上空间,一系列如天猫、淘宝、京东、考拉、聚美优品、国美在线、苏宁易购等电商平台先后上线,"网购"凭借其海量的内容、丰富的种类、便捷的购买方式逐渐成为受众重要的购物方式。博物馆文化创意产品,是以"文化"为依托,以"创意"为核心,以"产品"为外壳,既区别于文物复制品又与一般纪念品有所不同。博物馆文创产品是集文化特质与符号经济为一体的产物,是博物馆文化及文物内涵的凝聚。通过产品的可移动性、可交易性、可触摸性、可使用性来实现文化在空间上的流动,即文化传播。博物馆文化创意产品在推动博物馆文创事业发展的同时也拓展了博物馆的文化传播功能。

因此,国家自 2010 年起,先后出台了一系列关于博物馆文化创意产品开发的政策,如《关于加强博物馆文化产品开发的倡议书》《关于推动文化文物单位文化创意产品开发的若干意见》《文化部"十三五"时期文化科技创新规划》,等等。以期鼓励博物馆大胆创新,跨界融合,坚持内容为王,体现工匠精神,依托科学技术开发出一系列深受群众喜爱且具有一定市场竞争力的文化产品,从而满足不同的文化需求,弘扬优秀文化,传承中华文明。如果说,博物馆文创产品是实现博物馆文化在时间维度上的传承,那么"互联网+"的工作模式和思维模式则让博物馆文创产品打破空间的束缚,让这种传承得到了更大范围的延伸。因此,各文博单位除了在自身官方网站、新媒体平台对文创产品进行展示、推广、售卖外,更是纷纷入驻淘宝、天猫等电商平台。电商平台原有的超大容量极大地增加了博物馆文创产品潜在用户体量,加强了与受众的联系,促进了文化消费,是推动博物馆文化与现代生产生活相融合的重要力量。在入驻平台上,目前博物馆主要入驻的电商平台以天猫、淘宝为主,故宫博物院、苏州博物馆、观复博物

馆则是两大平台同时入驻。在主要的产品类型上，博物馆主要围绕馆藏特色资源开发相关文创产品，主要以文具用品、生活用品、服饰配饰及家居摆件为主，个别根据自有文物资源或者特色藏品开发了主题性的周边产品，如故宫的雍正皇帝系列，观复博物馆的观复猫系列、陕西历史博物馆的唐妞系列等。

　　在文物资源开发的"创意"上，主要有四种类型：一是将文物图案进行复制，如故宫博物院的御批系列将"朕亦甚想你""朕即福人矣"等文字应用于折扇、胶带、帆布包等；二是将文物形态进行嫁接改良，如故宫的"花翎官帽伞"，台北故宫的"仕女坠马髻颈枕"，都是充分利用文物原有的内涵及外形进行创意发散，形成独特的文创产品；三是将原有二维平面文物图案三维立体化，如中国国家博物馆将芙蓉双鹭图立体化成"芙蓉双鹭花瓶"，苏州博物馆以越窑秘色瓷莲花碗为灵感源泉推出"越窑秘色瓷莲花曲奇"，兼具美观与使用性；四是与其他文化跨界合作开发创意产品，如上海博物馆与上海娱乐地标——迪士尼跨界合作，开发一系列与迪士尼文化有关的文创产品，如"水陆攻战图"黑金胶带、"大克鼎"耳环、"米奇头"抱枕等。"当今信息社会，传播决定影响。谁的传播能力强大，谁的文化理念和价值观念就能广为流传。因此，必须花大力气拓展博物馆文化传播渠道，丰富传播手段，构建覆盖面更加广泛的博物馆文化传播体系。"在博物馆让文物"活"起来的各项举措中，对文化创意产品的研发成为文化传播的重要载体，同时借助互联网及新媒体优势传播博物馆文化，广泛吸引了年轻一代粉丝群体，并通过体验或购买形成一种沟通与联系。同时还在微博互动、社交媒体晒图、馈赠礼品等过程中将反映博物馆历史文化的信息进行"解码—编码"再传播，强化了博物馆文化记忆，为构建博物馆"IP"（Intellectual Property）、凝聚用户情感、传播博物馆文化带来巨大推力。

# 第三章　智慧博物馆建设

# 第一节 博物馆类型的演变

## 一、博物馆类型研究的意义

同一类型博物馆是具有共同特征或要素的博物馆集合，这些特征或要素与其他类型的博物馆有明确的差别。博物馆类型研究是对自然状态的博物馆进行要素和特征分析并区别归类的研究工作。开展博物馆类型研究，有助于探讨博物馆业发展过程，描绘博物馆全行业图景，对博物馆存在状态进行概念化，进而讨论博物馆的存在机制。

近代地理大发现拓宽了人们的认知视野，希望对世界有统一合理的解释，探索自然现象和人类社会发展状态的统一性，近现代博物馆遂应运而生。研究人员通过对博物馆收藏的自然标本和人工制品的描述研究，构建完整统一的世界图景，探讨普适的发展规律。随着知识从普适向专门深入，博物馆也随之从百科全书式的综合性博物馆向专题性博物馆分化。此外，现代国家的建立，促成了不同国家历史和地域文化主题博物馆的建立。

工业社会促成了工业技术类博物馆的出现，还诞生了一批追忆田园生活的露天博物馆。对大工业生产模式的反思，催生了关注环境问题的生态博物馆，尽管生态博物馆的初衷是鼓励博物馆积极参与环境保护，但在生态博物馆的旗帜下，却出现了诸多关注原住民文化和族群文化的博物馆。

面对许多不同于传统形态的"博物馆"纷纷涌现的局面，国际博协在 20 世纪后期以博物馆原则定义附加穷举的方式，试图将这些新形态博物馆纳入博物馆领域，但国际博协于 2007 年修订博物馆定义时，不再列举新形态的博物馆，这似乎反映出疲于奔命的窘态。博物馆类型划分，从为了表现博物馆行业的欣欣向荣，到无力包容日新月异的新形态博物馆，不仅让博物馆学研究人员感到无奈，也反映出博物馆对自身特质表述的焦虑和困惑。博物馆类型是博物馆学研究的主要课题，受到博物馆行业发展程度及状态的影响，也受到当时社会人文科学研究方法和焦点话题的制约。博物馆类型研究初期多是基于知识性质，如一般博物馆、专门博物馆，其后随学科的细化而区分出艺术、历史、自然科学、科学技术等类型的博物馆。

　　20世纪中期后，博物馆积极参与社会发展事务，一些博物馆试图摆脱"学术象牙塔"的传统形象，力图聚焦于社会问题，如人权、"平权"、原住民、"浩劫"等话题，这些以问题为导向的博物馆对以知识为导向的博物馆类型研究形成尖锐挑战，让博物馆学研究者处境尴尬，如将这些博物馆另类处理，可能会让人感觉不重视这些博物馆的主题，但纳入既有分类体系，又可能对博物馆的历史定位造成冲击。博物馆类型研究始于对博物馆发展状态的阐释，描述和归纳具体博物馆的运营业态，明确博物馆行业工作领域，从工作资源、程序、技能等方面确定博物馆的专业性。博物馆类型研究的对象是实际存在的博物馆业态和业务要素，业态是博物馆运营和提供服务的方式，业务要素则是博物馆的基础业务分工及其产出内容。其研究方法多是实证性研究，出于对博物馆特点的理解，确定若干分类标准，对主要的博物馆业态进行判定并区分其类型。博物馆类型研究看起来是对博物馆业内部状态的研判和梳理，其实是基于博物馆外部因素对博物馆内部状态的整理，以构建博物馆与外部因素的联系，更重要的是实现博物馆的外部效能，将博物馆置于更广阔的知识、社会、文化图景中，深刻理解博物馆的意义和价值。

　　博物馆类型分类标准多是历史形成的，随博物馆行业发展和博物馆类型研究聚焦的变化而提出的。初期的多为博物馆相关知识门类和博物馆要素，随着博物馆对社会关系问题的重视，博物馆分类标准也出现了观众、功能和"社会问题"等。费畊雨、费鸿年在《博物馆学概论》中介绍1928年美国罗切斯特大学博物馆管理讲习班的博物馆分类标准，是"自然物各有其特质，所以亦应依此为分类。……故博物馆的分类，当然亦须依其内容而分类，然后再下定义。"初期的分类标准多考虑博物馆业的普适性，此后的一些分类标准多适用于特定博物馆的特点描述，且突出其与主流博物馆类型的区别。博物馆分类标准较常见的是知识门类，美国博物馆学学者博寇指出，博物馆类型的多样性是由学科的多样性造成的，赋予博物馆藏品以意义的"知识"更具分类意义，以知识标准分类的博物馆如历史类、艺术类、自然科学类；博物馆知识门类的综合性的考虑，应该也是依知识划分的，如综合类、专门类等。

　　综合类是对"百科全书"型博物馆知识内容多样性的表达，专门类则主要是博物馆知识框架的单一性。博物馆的自然性要素也是常见的分类标准，如"博物馆馆舍"就有常规建筑与"露天"博物馆之分。博物馆功能曾被作为分类标准，如收藏型、研究型、教育型博物馆。特定观众也是博物馆分类的重要标准，如儿童博物馆、民族博物馆、社区博物馆等。博物馆管理或治理体制也是常见的分类标准，如公办、民办博物馆，如高校博物馆，如文化系统博物馆、行业博物馆等。上述博物馆分类标准的共同特点是"单一标准"，用单一要素或条件去区分博物馆。"单一标准"或强调博物馆内部条件，或关注博物馆外部条件，内、外条件的分离，甚至于对立，产生了一定的片面性。

"博物馆业务知识框架"是博物馆基于自身定位，在开展博物馆基本业务活动时依托的知识框架，例如艺术博物馆侧重运用艺术史知识评价、研究和利用博物馆收藏。"观众认知模式"是观众受社会环境和自身经验影响，对特定类型博物馆的最适参观行为模式的认识。博物馆知识框架反映在博物馆的自我定位、工作目的和业务路线之中，博物馆各项业务活动要服从所规定知识框架的知识构建方法，满足该学科学术研究的专业条件。

历史类博物馆以历史学及相关社会人文学科为知识框架，从历史的维度对人类发展历程进行研究和呈现，探讨人之所以为人的原因和条件，其目的是让公众了解历史是发展演进的过程，在历史语境中明确自身位置，承担个人的历史责任。历史类博物馆收藏构建的标准是藏品的历史人文价值，物件可以是基于"时间"条件的老物件，但收藏一定要基于历史研究的学术领域，符合历史研究对资料的要求。历史类博物馆的藏品研究以历史学、物质文化、人类学为主线，揭示藏品相关的历史文化信息。陈列展览侧重用历史实物资料构建历史发展图景，帮助观众理解历史发展的动因和路径。历史类陈列强调历史的真实感，注重历史发展的因果关系，用科学的历史发展观解读历史事实，其内容具有价值主导、因果相袭的特点，视觉表达则具有氛围营造、情感投入的特点。由于要将特定历史事件发生的前因后果交代清楚，历史陈列需要除实物以外的辅助性资料，帮助观众从历史的宽度认知和思考历史，而不是简单地将实物展品意象投射到历史上。

历史博物馆教育活动的目的是使公众养成积极合理的历史思维，养成历史"同理心"，以发展的态度对待历史。历史事实、事件是历史思维的支点，历史观是历史思维的指导。历史类博物馆教育不是让人们"揽镜自怜"，而是在历史发展的脉络中认清个人应承担的历史责任。

艺术类博物馆的知识框架是艺术史和艺术人类学，透过艺术探讨人的想象力和创造力的有序实现，探讨审美对人的美德养成的积极影响，探讨艺术对抗理性逻辑对人的思想方法的制约，将一些看似没有因果联系或逻辑关系的想法以有意义的样式呈现。艺术类博物馆是在艺术法则的指引下对既有艺术规则的冲撞和拓展，是在尊重传统的前提下颠覆传统。艺术类博物馆是对人的想象力和创造力的激励和支持，特别要让人们理解创新是在社会和专业范畴内进行的。艺术类博物馆大略可分为艺术博物馆与美术馆两大类，艺术博物馆是广义的艺术，即人工制品，人类对自然物的有目的地改变，但也强调制成品的修饰、装饰或审美成分。美术馆则侧重美术作品，即艺术家创作的作品。艺术类博物馆收藏的主要目标是构建实物的艺术史，藏品的标准主要是在艺术史上是否有一席之地，现当代美术博物馆虽然更关注当下的艺术实践，也会适当征集一些当代作品，但现当代美术博物馆也会对收藏进行优化，以构建现当代艺术述说，建立艺术批评的艺术品基础。

艺术类博物馆的陈列营造观众与艺术品进行深入交流的场景，让观众直面艺术品，同时让艺术品与观众"对话"，为此，艺术类陈列要尽可能排除干扰，包括环境干扰和心理干扰。所谓"心理干扰"是弱化观众的"先入之见"，弱化观众将眼前的艺术品与自己熟悉的艺术品进行比对的可能，让观众处于"价值中立"的状态，运用个人感官和审美积累，从艺术的角度审视和理解展品。

艺术类博物馆教育主要是增进观众的艺术接受能力和艺术理解能力，丰富学习者的艺术史知识，接触艺术创作方法，更重要的是"透物见人"，透过艺术作品理解艺术品的生产者、创作者和阐释者。

自然类博物馆以自然科学为依托，对大自然各种现象和人类环境进行呈现与解读。自然类博物馆诞生于现代社会初期，是为了满足人全面认识自然世界，用科学解读自然现象，重新构建人与自然的关系。在中世纪欧洲，自然是神秘恐怖的，是上帝对人偷吃智慧之果的惩罚之地。工业革命发生后，自然成为人的财富来源，也是逃离丑陋城市生活的平和之地。在英国，自然类博物馆又被称为"百科全书"博物馆，以说明自然界是自在自为的，不是由神创造的；在美国，自然类博物馆被用来赞颂北美地区的丰富自然资源和瑰丽山河，以加强移民对美洲土地的热爱依恋。自然类博物馆的收藏要尽可能反映自然世界的丰富多彩和演进变化，支持人们对各种自然物和自然现象的观察与研究。自然类博物馆的陈列包括被视为人的发展空间和生产资源的相关环境与物体，关注对自然的开发和对自然资源的利用，对自然资源的价值评价也以是否有利于人类财富的增值为标准。近年来，可持续发展理念和自然保护意识深入人心，自然类博物馆对自然物和自然现象的展示，不再突出其经济价值，更强调其与人类健康生活的关系，以及自然对人类文明形成与发展的贡献。自然类博物馆的陈列更突出自然现象的真实性和自然环境的系统性，加强观众对自然美的欣赏和理解，鼓励观众增强关爱自然、尊敬自然的信念。自然类博物馆教育的目的是支持观众形成科学正确的自然观，培养对自然物的观察能力，理解自然与人的发展的辩证关系，形成爱护自然的行为习惯。

科技类博物馆则基于科学研究和科学应用，推广科学技术在生产和生活中的应用，呈现人类用科学知识和技术设备改造自然的能力。科技类博物馆在推动工业社会发展上发挥了重要作用。但随着工业化对资源、环境和人类健康的负面影响的显现，科技类博物馆开始注意到科学技术的两面性，转而关注民众科学素养的提高，增强民众对可能影响人类生存的科学技术的决策影响力。科技类博物馆的收藏以人类科技发展的重大发明和创造的设备为主，关注特定技术门类的发展历程。科技类博物馆有一类特殊的收藏，即博物馆为传播科技知识而制作的教具设备。鉴于科学研究的观察、实验、迭代优化的特点，科技类博物馆陈列更多使用实物演示法，鼓励观众亲自参与，让观众在演示中了解技术原理，在参与中观察科学现象，加深对科学原理的理解。科技类博物馆教育注重学习者科学素质的养成，在参与科学实践的过程中，形成科学思维，培养科学研究的态度和意识，尊重科学研究伦理。科技类博物馆教育的重要任务之一是要让公众认识到科学对社会发展和自然环境的影响，注意避免科学技术的负面影响，审慎评估科学技术的功效。

博物馆类型体系是类型研究的课题之一。博物馆类型体系主要有两种模式，一是"分类层阶"模式，一是"网络节点"模式。美国博物馆学学者爱德华·亚历山大在《发展中的博物馆》一书中，将博物馆归类为艺术类、自然类、科技类、历史类、植物园和动物园等几大类，介绍各类博物馆的发展路径和代表性博物馆。分类层阶模式通过设立不同层阶标准，层层分解，这一模式有助于了解不同类型博物馆的区别。例如历史类博物馆是基于历史学及相关知识的，其次可基于具体学科如历史学、考古学、民族学等区分博物馆，还可以基于历史所涉对象的地域或社群等条件再区分为国家、地域、社区等子类，还可以根据历史载体形态区分子类型，如遗址类博物馆、历史建筑博物馆等，还可以根据历史主体身份区分，如历史人物、事件的专题性博物馆。"网络节点"模式与"分类阶层"模式的分类标准基本相同，这里不过多介绍。

博物馆分类研究成果对博物馆实践有积极的指导意义。首要的是可增强博物馆典藏与知识构建和学术发展的联系，这有利于博物馆选择藏品，优化典藏，保证博物馆各项业务的学术基础，巩固民众对博物馆的信任，有效抵制营利性活动的诱惑。其次，了解特定类型博物馆观众的诉求和心理活动，有助于改善博物馆的社会服务效能。例如历史类博物馆的参观多是知识学习型的，而艺术类博物馆多是经验积累型的，不同类型博物馆的展览和教育项目需要注意参观者的学习模式，历史类博物馆需要给观众切实的知识，而艺术类博物馆则可以安排不同水平的艺术体验活动。

博物馆分类对博物馆发展有重要的支撑和指引作用，博物馆如何确定本馆的类型呢？博物馆可以根据博物馆类型分类的标准，先从顶层指标开始，认真审视博物馆业务的知识框架以及博物馆使命所申明的博物馆典藏性质，确定博物馆的基本类型。之后可以根据博物馆类型子指标，如子学科、博物馆藏品特质、区位、观众等，审视博物馆的特点及博物馆目标服务人群特点，确定博物馆子类型。博物馆在确定本馆类型时，如果采取分类层阶模式，建议确定到博物馆类型的第二级或第三级；如果采用网络节点模式，建议确定到二级节点或三级节点。博物馆类型是动态的，博物馆治理机构基于发展环境和本馆战略发展规划，可以调整博物馆定位和发展道路，这可能会改变博物馆类型，例如博物馆由人类学博物馆改变为历史博物馆。

## 二、博物馆类型划分的演变

### （一）国际博物馆类型划分依据

就世界范围而言，第一座具有现代意义的博物馆诞生于 17 世纪的欧洲，即1683 年向公众开放的英国阿什莫尔艺术和考古博物馆，它也是一座大学博物馆。并由此开始了在世界范围内的扩张发展。中国近代早期的博物馆也受到西方博物馆发展的影响，特别是博物馆理论研究，其中就包括博物馆类型划分。1896 年发表在 *Science* 上的《关于博物馆的分类》一文中提出博物馆的分类有两种最好的方式，其中第一类分为艺术、历史、人类学、自然历史、科技、商业博物馆；第二类分为国家、地方、省或市博物馆，学院博物馆，专业或高级博物馆，社会或个人拥有的专门作研究的博物馆或陈列柜。这两种分类方式可以概括为按藏品内容分类和按行政管辖范围分类，且这两种博物馆分类方式在之后的博物馆划分中仍在继续使用。

国际博物馆统计数据（ISO18461:2016(en)Internationa ｜ museumstatistics）是国际博物馆协会制定的国际标准，并特别采纳了欧洲博物馆统计小组（EGMUS）及博物馆和图书馆服务研究所（US）的建议。该国际标准将博物馆类型划分为水族馆、动物园、考古博物馆、美术馆、生态博物馆、人种学和人类学博物馆、一般博物馆、植物园、植物标本博物馆、自然历史博物馆、露天博物馆、科技馆等 15 种类型。

美国博物馆学者爱德华·亚历山大和玛丽·亚历山大在其著作《博物馆变迁》一书中，将博物馆分为艺术、自然历史和人类学、历史、科学技术、动物园和植物园、儿童博物馆六大类，并分别对每一类进行了历史轨迹的发展描述。美国博物馆协会把博物馆分为综合、历史、艺术、科学、体育、展览区等 13 大类 72 小类。

2008 年日本文部科学省发布的《日本博物馆现状》一文提到日本博物馆分类方式多种多样，如按博物馆类型、按创始人、按法律地位等。按博物馆类型划分，广义上有普通博物馆（既有人文类又有自然科学类的博物馆），历史、艺术和科学博物馆，动物园，植物园，水族馆等。按照创办者，可分为由国家、独立行政机构、地方政府（道、市等）、一般法人协会或一般法人基金会、私人实体和其他机构设立。按法律地位而言，日本的博物馆可分为注册博物馆、相当于博物馆的设施、类似博物馆设施三类。

《英国大百科全书》中将博物馆分为艺术博物馆、历史博物馆、科学博物馆、特殊博物馆（露天博物馆、地区博物馆以及具有博物馆职能的其他机构）四类。中国学者黎先耀和张秋英在其文章《世界博物馆类型综述》中，将世界博物馆按划分依据总结为 6 种，其中有根据展品保存的场所（分为室内、室外和原状保存型博物馆），根据博物馆的服务对象分年龄段、职业特点、生理特点和趣味性等。

综上国际及国际代表国家博物馆类型划分，可将博物馆划分依据总结为按藏品性质划分、按法律地位划分、按经营主体分、按创办者分、按展品保存场地分、按服务对象分，及特殊类型博物馆。众多分类方法中按藏品性质划分是国际大多数博物馆运用最广泛的一种分类方法，此分类方法将博物馆分为艺术类、历史类、自然类、科学类等。说明按藏品性质依据为划分既是各国分类方法的共性，又是个性的体现，因各国的文物资源和国情不同，所呈现的分类结果亦不同。在按藏品性质划分的基础上，各国根据实际管理需求还采用了其他分类方法，行使不同分类方法的功能。

**（二）中国博物馆类型划分**

1. 1949 年以前的中国博物馆分类

我国对博物馆的认识是逐步深入的过程，"博物馆"一词传入中国是在鸦片战争以后，1905 年，南通博物苑的建立带动了中国近代博物馆的发展。随着不同类型博物馆的出现，中国也出现了博物馆学专业学科和最早的博物馆学著作，不过著作仅有 5 部。从这些著作中可以总结学者对当时博物馆的分类。费氏兄弟和陈端志主编的《博物馆学通论》和《博物馆》，书中都将博物馆分类为普通博物馆和专门博物馆两大类，专门博物馆大体上分历史、科学及美术三类。现有的一般地方小博物馆多是综合科学、历史、美术三方面的普通博物馆。作者在书中将博物馆按三种形式进行分类，按内容将博物馆分为美术、历史和科学博物馆，按隶属关系分为中央和地方博物馆、大学博物馆、学校博物馆，按维持方法分为国际、国立、公立和私立博物馆。

1935 年中国博物馆协会成立，是中国博物馆事业发展史的关键时期。1936 年中国博物馆协会编印了《中国博物馆一览表》，列入博物馆 62 座，将博物馆分为普通博物馆(包括艺术历史等)、专门博物馆和植物园动物园及水族馆三大类。

李济和曾昭燏合署的《博物馆》也采取了"普通"和"专门"之分，普通博物馆的范围包括历史、艺术和科学三类，在三类之外，又增加了"工艺"一门，专门博物馆实际上是在普通博物馆的门类之上发展而来的。在专门博物馆的分类上，曾昭燏采取了地域、时代、人物、主题、目的等多个标准。但对于中国早期博物馆而言只是期望，中国最早涌现的博物馆内容多集中在历史和艺术，较少涉及科学和工艺。

通过对中国早期博物馆学著作和博物馆建设的研究，博物馆的分类观体现了不同作者对行业格局的认知。无论是费氏兄弟还是陈端志的著作，都源自对日本博物馆学之父棚桥太郎的著作《诉诸于眼的教育机关》的翻译和改编。在各种博物馆类型中，无论是教育博物馆、大学博物馆、乡土博物馆、儿童博物馆，还是在国外作为博物馆的动物园和水族馆，此类型的博物馆在中国都发育不足，与中国国情不符。

2. 中华人民共和国成立之后的博物馆类型划分

中华人民共和国成立之后，中国的博物馆事业经历了初步发展期，"文革"停滞期，改革开放以后的迅速发展期。20 世纪 80 年代后"新博物馆运动"的兴起，加速了中国当代博物馆的发展，博物馆的营建主体开始由国家和各相关部门、集体，逐步扩大到各行业学会、大型企业、研究机构，甚至个人。传统的博物馆类型根据博物馆藏品性质划分为自然、历史、综合类，现在博物馆划分的依据则越来越多。

综上中国博物馆在两个时间段的分类方法，从开始的"普通"与"专门"的二分法，到之后的多种分类依据，分类依据的增加是伴随着博物馆数量的增加及种类的丰富而发生变化的。而且按藏品性质划分在两个阶段中都有体现，是笼统到具体的过程。随着时代的变迁，这种按藏品性质分类的依据也衍生了各种版本，此分类依据相对其他分类方法是动态变化的。对比国际上其他划分依据，中国与其他国家有相似的地方，只是叫法不同，且在藏品性质划分上中国和国际上其他国家也有共同之处，能够使各国博物馆在这一层面建立某种联系。

## 三、博物馆分类标准制度建设

### （一）博物馆分类标准制度建设的必要性

博物馆分类标准制度建设是博物馆类型划分的关键要素，类型划分要在制度的指导下，分清楚各种类型的博物馆，才能促进同类型博物馆交流，更好地发挥博物馆的公共服务功能，也是博物馆理论建设与多学科融合建设的前提条件。另外，要不断深化改革，持续推进我国博物馆事业高质量发展。

从国家文物局前瞻产业研究院整理的数据得知：截至 2019 年年底，中国博物馆藏品备案数量共计 4223 万余件（套）；截至 2020 年，全国博物馆年度报告信息系统中备案的博物馆数量已增加到了 5788 家；中国博物馆参观人次达 12 亿人次之多，举办教育活动数量合计 33 万余场。这些数据充分说明了中国文物资源相当丰富，观众对博物馆的需求也越来越大。同时，《国家文物事业发展"十三五"规划》对博物馆的发展规划是优化博物馆建设布局，完善博物馆管理机制，提升博物馆办馆质量，加强博物馆藏品管理。其中在优化博物馆建设布局中就提到要推动公布《博物馆建设标准》。

博物馆类型划分制度建设也是其中重要环节，是做好博物馆藏品管理的前提，也是观众选择参观什么类型博物馆的外在需求。但事实情况是博物馆分类标准没有制度化，没有国家公布的统一标准，对各类型的博物馆的划分只是建立在现有分类现状上，现有的博物馆分类研究更多是停留在理论上，加之中国博物馆数量相当之多，因此至今没有贴合实际的分类实践数据。

在分类标准建设方面，中国部分地方政府曾出台过博物馆分类政策，这也是为数不多的有关博物馆分类的专项政策。如 2015 年甘肃省"历史再现"工程领导小组办公室根据《文物保护法》及其实施条例、《博物馆条例》等法律法规，结合甘肃省实际，制定了《甘肃博物馆分类及设立标准》，此方案结合甘肃省文物资源禀赋实际，依照收藏和展示对象的不同，将博物馆分为收藏、研究、展示可移动文物和藏品的博物馆，保护、研究、展示不可移动文物或自然遗产的遗址类博物馆两大类。这是一种非常好的分类尝试，使博物馆在筹备时就能确定博物馆类型。但也存在一定的问题。地方标准不是在国家分类标准制度下指导下设立的，这样一来，地方标准所具备的地方特色，定会导致产生更多博物馆的类型，增加博物馆分类难度。

### （二）博物馆分类标准建设的建议

中国博物馆类型划分从早期的借鉴到现在渐渐有了自己的模式，但分类标准制度建设不能是约定俗成。对比国外博物馆分类方法，中国可参照国际标准和其他国家的分类实践，并结合本国的国情，制定适合自身发展的博物馆分类标准制度。建立中国博物馆分类标准首先要厘清现有国内博物馆分类依据之间的关系，博物馆学家、博物馆专业人员和学者可能面临几种类型的混合及重叠的现状。以藏品性质为依据的划分依然是基础，其他分类方法使其各自发挥自身的功能。

中国博物馆分类标准体系建设尚处在理论建设阶段，伴随博物馆业态的发展而慢慢形成各种划分依据。分类标准建设可借鉴国外的经验。美国博物馆学学者博寇在《博物馆入门》一书中，提出博物馆类型体系主要有两种模式，一是"分类层阶"模式，一是"网络节点"模式。

博物馆类型体系的分类层阶模式、网络节点模式在分类目的和成果表达上有所区别，但两种模式的定级分类标准都是知识门类。这两种类型体系都是将博物馆分为自然、艺术、科技、历史四个大类，然后下设不同博物馆类型，不同的是网络节点体系除了辐射不同的博物馆类型，还表达了各种类型博物馆之间的关系。结合中国实际情况，这两种模式对应到中国，一种是以藏品性质为基础的分类，另一种是表达各种行业或专业博物馆之间的关系的分类，中国博物馆分类体系可以参照这两种模式。就文中对藏品类型划分依据的实践及总结来看，此种知识性质的分类在博物馆类型划分中相当重要，也是中国文物资源丰富性决定的。此分类方法更需要科学化的标准体系，除了要有历史、艺术、科技、自然方面的分类，还要总结新型博物馆的定位，还要考虑不以藏品为主体的博物馆去向，如生态博物馆、社区博物馆等。因此，科学的分类标准体系要在知识性质分类的基础上应用和创新其他分类方法，在协调发展上不断完善中国博物馆专业委员会或专业管理机构的作用。目的是适应中国博物馆的现实需求，使博物馆社会功能最大化，以适应中国博物馆事业的发展。

## 第二节 智慧博物馆建设现状

### 一、智慧博物馆概述

#### （一）智慧博物馆的内涵

智慧博物馆的概念首先起源于 2009 年由 IBM 公司提出的智慧地球的概念。智慧博物馆是基于物联网和移动互联网条件下，运用 RFID、无线数据通信等多种传感技术，通过博物馆云平台的整理与汇总，形成的基于传感数据和智能过滤处理的覆盖世界成千上万建筑（物）的网络，其实质就是通过信息技术实现物的自动识别和信息的互联与共享，从而形成全方位系统性的博物馆服务模式。智慧博物馆在其内部能够形成全面的感知以及泛在互联，通过智能形式相互沟通、相互融合，这就使得智慧博物馆中的交互感知能力日益提升，使得博物馆文化能够得到更好的传播。我们可以将其简单地理解为智慧博物馆可以通过智能化的手段将馆中的文物、设备、环境等进行互联，形成一个分享的网络，并感知人的行为，从而为参观者提供最佳的服务。

智慧博物馆的实现，需要依托于物联网及云平台计算技术并且通过云平台进行数据分析、汇总及输出。它的实现不是通过单一的技术，而是需要多平台、多系统相互配合，因此，需要多维度协同考虑，才能发挥其最大效能。与传统的实体博物馆相比较，智慧博物馆拥有更多宜人的优势。实体博物馆中的信息交互有着很大的局限性，这种信息交互仅仅存在于"物"与"人"之间，只有通过现实的视觉与其他感官才能够触发观众对博物馆文化的认识。智慧博物馆则是可以利用信息交互对馆内的展品及文物进行知识共享，将馆内所有的"物"转化为信息，并通过互联网传播，不仅能实现文化传播的目的，还可以促进人们对馆藏进行深入探究。智慧博物馆通过物联网与移动互联网技术的支撑，有效地将人与物有机地关联起来，相比实体博物馆来说，它具有更好的开放性和协同性，高效地利用信息技术、三维技术、多媒体技术等信息时代的产物，增添更多的互动形式，增强观众的互动体验感与参与感，兼具了互联网广泛延伸的优势，又能带给人们类似参观实体博物馆的真实体验。

智慧博物馆的核心理念是"以人为本"，用"以人为本"的理念作用于人、服务于人，从而起到教育与启发的作用。在信息时代的背景下，博物馆已经进入到了发展的高级阶段。随着物联网与移动互联网技术的全面发展与普及，越来越多的数字技术被应用到了博物馆的各个领域中，使博物馆的展陈、文物的保护与管理、环境的监控以及观众的体验充分串联，通过这些技术所产生的有效信息和数据来进行智能化的分析与反馈，反作用于博物馆各个元素之中。但大量科技的引入并不是简单的机械化结合，而是巧妙地运用好大数据、云计算、物联网等技术来做互联沟通的媒介。博物馆的发展从实体博物馆上升到数字博物馆，再从数字博物馆上升到智慧博物馆，实现了"物"与"物"、"物"与"人"之间的互联，利用物联网大数据及云存储等技术随时随地为人们提供智能化的信息服务。

**（二）智慧博物馆的应用模式**

从业务角度来讲，智慧博物馆是运用云计算、物联网、移动通信等新一代信息技术，感知、计算、分析博物馆运行相关的人、物、活动等的数据信息，实现博物馆保护、展示、传播等业务活动的智能化，提升博物馆服务管理能力的博物馆发展新模式和新形态。根据博物馆的职能，智慧博物馆主要有以下三大具体应用模式：

一是智慧服务。主要是利用互联网为主的新一代信息技术的可直观、多维度、高交互的表现方式，实现公众对博物馆藏品的深度感知和对历史文化的沉浸式体验，为公众提供全方位、个性化的服务。其技术实现方式主要有：信息推送、条码凭证、社交分享、展览互动、虚拟参观等。如果把智慧博物馆体系作前台、后台之分，那么智慧服务属于前台功能。

二是智慧保护。主要利用智能感知技术和无损检测技术，对文物本体及存放环境进行监测，将相关数据进行量化分析处理，掌握文物的健康状态和存放环境的参数变动，进行针对性的预防调节，并可根据掌握的文物基础数据对损坏文物以三维建模形式立体呈现预修复结果，实现完整的"监测—评估—预警—调控"预防性保护流程。其技术实现方式主要有：智能感知、环境监测、无损检测、三维建模等。在智慧博物馆体系中，智慧保护属于后台功能。

三是智慧管理。是利用智能感知和智能控制技术，实现对博物馆人、物、设备的动态跟踪、智能监控；通过对所搜集的大数据进行挖掘分析，预测观众需求，优化管理模式，使管理更加科学、高效。其技术实现方式主要有：智能感知、定位技术、智能控制、大数据技术等。在智慧博物馆体系中，智慧管理属于后台功能。

以上三种模式虽然在功能要求、作用层面和技术实现方式上各不相同，但有一点却是相同的：它们都是智慧的，对信息获取的要求都必须是及时、动态、全程的。

## （三）智慧博物馆的特点

智慧博物馆系统最典型的特点就是具有非常透彻的感知力，非常广泛的互联沟通力，以及非常智能化的洞察力。

### 1. 透彻的感知力

智能终端能够充分运用其感知技术来捕捉人或物发出的讯号，并通过智能传感技术在载体设备中进行信息的传递和反馈，以此来为智慧服务做引导性工作，其中获取信息将不再是系统的主要任务，而是通过采集信息的形式来搭建一个资源数据库，并根据人的需求自动采集与筛选数据信息。拥有了这样透彻的感知力，人与物之间的对话也将变得不再冰冷。

### 2. 广泛的互联沟通力

互联沟通借助互联网、卫星网络、Wi-Fi、蓝牙等诸多形式来实现，其广泛性不仅仅是传播人群以及覆盖区域的广泛，还富有另一层面的含义，即互联对象的广泛性，远远超出了人们对于沟通根深蒂固的认识，使得网络中的"物"像人类一样具有生命力，"人"与"物"之间能够沟通，"物"与"物"之间也更广泛地联结在一起。

### 3. 智能化的洞察力

所谓智能化的洞察力，即将智能化的感知技术与互联技术融合，构建出大数据网络平台，再通过大数据的运算分析，准确地测量出人类的需求和实现的最佳模式，使所有的智能化设备可以自动洞察出一套完善且合理的解决方案。简而言之，智慧博物馆系统是以强调"物"与"物"之间和"人"与"物"之间的信息交互为核心，利用一系列信息技术经过分析而得到的自动适配方案。

## （四）智慧博物馆的构成要素

### 1. 实体博物馆各要素

一定数量的藏品、适合的馆舍及其他硬件设备、专职人员、基本陈列及对外开放这些传统博物馆的基本构成要素是智慧博物馆建设的基础，也是参观旅游的重要组成部分，更是智慧博物馆开展工作的出发点和落脚点。"藏品是博物馆为了社会教育和科学研究，根据自己的性质，搜集保存的自然界和人类社会物质文明、精神文明发展的见证物"。它们是博物馆开展业务活动的物质基础，博物馆依据自身特色和需求征集藏品，并在此基础上开展藏品研究、展览陈列及其他教育宣传活动。"馆舍是博物馆开展各项活动,实现自身社会功能的重要物质条件。"博物馆馆舍是博物馆的载体,本身就是博物馆资源,在选择中既要重视其与环境的结合也要关注其周边的配套服务设施。"专职人员是博物馆领导和管理活动的核心,其大致可以分为馆长、专业技术人员和党政管理人员三部分。"这些专职人员从不同角度出发,参与博物馆管理、服务活动。"博物馆陈列是在一定空间内,以文物标本为基础,配合适当的辅助展品,按照一定的主题、序列和艺术形式组合成的,进行直观教育、传播文化科学信息和提供审美欣赏的展品群体,是博物馆特有的语言,也是实现其社会功能的主要方式。"

另外,从博物馆发展角度来看,智慧博物馆是基于博物馆各构成要素的信息化、系统化、智能化建设,其建设不能脱离实体博物馆各业务流程,如智慧博物馆藏品管理系统、安防系统、观众管理服务系统等智慧化系统的建设均需要以实体博物馆各业务系统为基础。同时,智慧博物馆建设的成果也需要通过实体博物馆展示和应用,从这个角度讲,智慧博物馆是对实体博物业务流程的信息化改造和升级,是实体博物馆的技术创新。

2.数字化技术

数字化技术是通过计算机、数据库、多媒体、网络等技术,将复杂信息转变为可度量信息,并在此基础上建立数字化模型,最后通过计算机进行统一处理的技术。数字化技术在博物馆中的应用可以分为博物馆数字化、数字化博物馆、数字博物馆三个阶段。博物馆数字化建设阶段是数字博物馆建设的初级阶段,博物馆顺应信息化发展潮流,将数字化技术引入博物馆的各个方面,如藏品数字化采集管理,并在此基础上设立博物馆网站等。数字化博物馆是博物馆数字化建设的成果,同时也是单个博物馆完成独立数字化建设后开启的新的探索,在数字化博物馆发展阶段,博物馆网站基本建立,博物馆虚拟展示技术相对成熟,博物馆开始探索将数字化技术应用于区域其他文化机构,如各级文保单位。随着数字化博物馆的发展,博物馆对数字化技术的应用逐渐普及,数字化资源激增,博物馆进入数字博物馆时代。数字博物馆依靠丰富的数字化资源、广阔的数字空间和成熟的数据处理展示平台,使其拥有了实体博物馆应有的特征,可以脱离实体博物馆单独存在。

博物馆数字化是智慧博物馆建设的技术基础,其解决了智慧博物馆建设中实体博物馆各要素数字化、信息化的问题,为博物馆发展提供了诸多便利,但同时也带来了一些弊端。数字化技术在博物馆应用过程中出现了两对难以调和的矛盾,其一是博物馆工作的中心问题，传统博物馆建设以"物"为中心，在博物馆数字化建设中，也沿用"物"为中心的建设理念，重视博物馆藏品、建筑、陈列展览设备的数字化建设，但是随着数字博物馆建设进程的推进，数字博物馆在观众服务、宣传教育等方面的优势没有得到充分发挥，同时有些博物馆还出现声、光、电的滥用，学者们开始质疑博物馆以"物"为中心的建设理念是否符合当地博物馆发展规律。另一个是，在高新技术发展的时代，实体博物馆的存在问题，数字博物馆以技术为发展导向，大量的数字化技术被应用于博物馆中，博物馆网站、虚拟博物馆等新型博物馆出现，这些博物馆突破了实体博物馆空间和时间的限制，并通过数字化展示技术为观众提供多样化的观展选择，受到了较多认可，因此在关于博物馆未来发展方向探讨中，数字博物馆与实体博物馆何为博物馆未来建设重心的讨论进入白热化阶段。智慧博物馆坚持以"人"为中心的发展理念，重视实体博物馆在博物馆发展中的地位，也吸收了数字博物馆的建设成果，较好地缓和了当前博物馆发展中的各种矛盾。

3. 智慧化系统

"智慧化是以人为本理念指导下，应用大数据、物联网和人工智能等技术对数字化应用功能升级，使其具有满足人的各种需求的属性。"智慧化建设理念及技术创新与博物馆当前的发展理念及技术需求高度吻合，因此，智慧化理念在产生后不久就被应用于博物馆建设，智慧博物馆概念也进一步产生。

据研究，当前智慧博物馆系统体系框架自上而下可以分为四个层级和两个支撑体系。"通过物联网技术建设智慧博物馆感知层，应用射频识别（RFID）、红外感应器、全球定位系统、激光扫描器，以及传统的热、光、气、力、磁、湿、声、色、味等传感器件，及时准确获取博物馆藏品、设备设施、库房展厅建筑、周边环境及人员位置信息"，是智慧博物馆建设的基本条件；同时，通过移动互联网技术，建设智慧博物馆通信层，实现智慧博物馆网络一体化，工作人员和游客可以通过移动终端等对博物馆信息进行访问，并获取所需要的信息，实现博物馆内部、外部系统信息交互；大数据和云计算技术被应用到智慧博物馆数据层的建设中，通过云计算技术将博物馆海量数据虚拟化，并通过大数据技术对这些虚拟数据进行深入分析，为应用层提供数据支撑，使博物馆更能智慧表达，拉近博物馆与旅游活动之间的联系。智慧博物馆应用层是在其他三个层次的基础上建设的可视化应用系统，被称为智慧博物馆的大脑。智慧博物馆的标准规范可分为针对博物馆各类藏品资源的内容标准规范、新型技术应用于博物馆后所面临的技术标准规范和二者结合所面临的接口标准规范三部分，是智慧博物馆"融会贯通""随机应变"的基础。

最后，智慧博物馆的安全体系从技术和管理两个方面为智慧博物馆提供安全保障。这些智慧化系统在博物馆中体现为综合管理服务系统、智慧藏品管理系统、保存环境监测系统、服务导览系统等，这些系统相互联系、相互贯通为智慧博物馆运营及其与旅游协同发展提供便利。

## 二、发展过程中存在的问题

### （一）数字化建设程度不高

建设数字化博物馆，是对李克强总理（国务院原总理）提出的"互联网 +"这种新社会形态的积极响应。数字化建设，不仅仅是一种工具或手段，也不会只停留在提高博物馆工作效率或辅助信息展示等方面，而是一种脱胎换骨式的平台建设。然而，纵观当前国内博物馆，除国家及省属博物馆积极探索数字化建设外，大部分县市级博物馆还停留在文物的简单观赏层面。资源配置作为平台建设的关键因素，部分地方博物馆甚至还要靠省部级馆出人出物，然后对其馆藏文物进行异地拍照、录入以及上传，这些薄弱的环节现已成为影响智慧博物馆建设的"瓶颈"问题而一直存在。

### （二）对新技术的关注度与利用率低

不论是数字化博物馆建设，还是智慧博物馆畅想，信息技术永远是作为基础与工具存在。早在 2000 年，美国就提出物联网概念，而我国，2009 年温家宝总理在视察无锡时提出"感知中国"，并将物联网列为国家五大新兴战略性产业之一。但到目前为止，物联网在博物馆中的应用少之又少，绝大部分的馆内文物信息还是靠人工维护及展示。此外，国内在博物馆方面的互联网应用还是偏少，使得我们悠久的灿烂历史文化不能得到快速传播与大范围辐射，而那些已经完成并且使用的手机或 PC 端应用程序也较为分散，这也不利于受众系统地、便捷地了解中华文化。

### （三）技术与软件间存在的衔接困难

目前，层出不穷的新技术让人眼花缭乱：云计算、3D 打印、大数据、人工智能、神经网络等，这些新技术不论是在传统的生态学、生物学、金融领域，还是在国家通信、军事安全等领域，抑或在物理、数学等教育研究领域，都已渗入其中，引领各行各业的发展与改变。当然，新技术对博物馆发展的积极驱动也有目共睹、毋庸置疑：改变传统博物馆直接将文物枯燥无味地展示，取而代之的是利用 Web 技术、3D 打印技术、人工智能技术，将文物及建筑物的信息予以生动形象地展示，这样做会使文化更能深入人心。即使这样，智慧博物馆也会存在或多或少的问题、缺点及弊端：技术与软件之间不能无缝衔接，即：技术更新速度快，软件开发未能及时利用新技术；藏品管理及人员管理软件功能"天生缺失"，导致工作开展遇到"瓶颈"；软件与软件之间互通性弱，导致"信息孤岛"问题的出现。

**（四）管理松散**

随着大数据热潮的不断升温，先知、先行者既可能率先受益，也可能率先迷失，关键在于能否看清创新方向并找准应用模式。对于国家及省部级博物馆而言，由于参观人数较多，应用技术相对成熟，从负责人到工作人员都认真负责、工作严谨。但对于地方博物馆，尤其中小型博物馆而言，每年参观人数少之又少，由于缺乏统一的管理标准，再加上专业人才的相对缺乏，这就容易造成工作上的懈怠与管理上的疏忽，从而影响到后续的参观体验。如何科学有效地管理，是我国博物馆发展面临的一大问题。

## 三、智慧博物馆建设的必要性和可行性

**（一）必要性**

当前，随着经济建设和改革开放的深入推进，人们精神文化需求的日益增长，社会各界文化自觉的不断增强，博物馆事业面临新的发展形势和机遇。智慧博物馆作为适应现代科学技术进步和社会发展要求不断实践产生的新型博物馆形态，符合社会发展、博物馆管理和观众需求，其建设将有效解决信息化背景下博物馆面临的问题，简化博物馆管理程序，提升公共服务水平，拓宽博物馆与观众之间的沟通渠道。

1. 社会文化发展需要

随着经济全球化、社会信息化、文化多样化的发展，文化越来越成为国家和社会影响力的重要组成部分。作为其载体的博物馆，在激烈的文化竞争中发挥的作用愈发重要。如何充分发挥博物馆文化功能，传递博物馆的文化力量，更好地为社会服务，成为博物馆发展新方向。另外，博物馆原有的藏品保护、陈列展览、宣传教育和服务方式难以与飞速发展的社会经济水平及观众的文化需求相适应，基于博物馆传统业务基础，采用创新的理念和先进的科学技术，建设智慧博物馆成为博物馆发展的新方向。

2009 年文化部与国家旅游局联合发布《关于促进文化与旅游结合发展的指导意见》，并提出文旅融合发展战略以来，旅游管理、文化发展部门内部就文旅融合怎么融、结合点是什么等相关问题开展了大量探索。"文化是旅游的灵魂，是加快旅游发展的精神动力；旅游是文化的载体，是提升文化魅力的重要依托。"文旅产业融合作为一种新兴发展模式，满足了人民群众日益增长的美好生活需要，不仅对区域经济协调发展具有重要作用，更是提高人民生活水平、构建和谐社会、实现全面协调可持续发展的重要途径。旅游的文化属性逐渐凸显，博物馆也逐渐成为文化旅游的载体，而智慧博物馆作为文旅结合点的先天优势决定了其在文旅融合探索中担负重大使命，为文旅融合背景下开展智慧博物馆建设提供了契机。

2. 博物馆事业发展需要

在信息化技术快速发展的背景下，博物馆数字化、智慧化建设方兴未艾。大数据、云计算、人工智能等信息技术在博物馆推广应用，不仅提升了博物馆的展览和服务水平，也为博物馆发展开拓了新的领域，扩大了博物馆公共服务能力。

据统计，2020 年春节期间全国博物馆推出线上展览 2000 余项，云展厅、云课堂、云直播、云培训等网络展示在博物馆得到推广，总浏览量超过 50 亿人次，如国家博物馆的《国博好课》、敦煌故事配音 DIY、各个博物馆的网络现场直播等，观众足不出户便可知"天下事"。博物馆线上展览大规模地开展，不仅仅是对近年来数字博物馆、智慧博物馆成果的检验，更是博物馆突破围墙，走向"大千世界"，转变服务理念的体现。

信息时代，随着博物馆发展，尤其是数字博物馆建设兴起后，博物馆管理信息、藏品信息、观众信息成倍增长，种类繁杂，数量庞大，依靠博物馆管理人员很难及时将这些信息分析转化并应用。如何储存并快速消化这些信息成为博物馆发展急需解决的问题。建设基于博物馆各类信息，面向博物馆管理人员的智慧管理系统成为博物馆建设的重点。

为适应民众的文化需求，图书馆、科技馆等各类文化机构进行了大量探索，增加开放性，拓展文化服务范围，吸引观众参观学习，同类文化机构的竞争增强，如何提升博物馆的吸引力，充分发挥博物馆职能，成为博物馆发展的新动力。信息技术的发展，声、光、电技术大量应用于博物馆，丰富了博物馆陈列展览形式，提升博物馆展览效果，但是，这些技术在博物馆的滥用也会影响博物馆的展示初衷，影响观众参观学习。面对同类文化机构竞争，建立基于博物馆业务本身的智慧博物馆成为博物馆增强竞争力的重要手段。

同时，随着移动互联网等信息技术手段的不断发展，人们的生活方式、行为方式、思维方式、价值观念都发生了巨大的变化。这些变化对博物馆来说，既是机遇也是挑战。信息技术为人们生活提供的便利，一方面体现在人们可以"足不出户，便知天下事"，另一方面"随心所欲，私人订制"也符合公众博物馆参观的新需求。这为博物馆的宣传教育和科学传播打下了基础，但是博物馆现有传播技术和数字博物馆的发展现状很难满足观众日益增长的需求，结合最先进信息技术的智慧博物馆开始登上历史舞台。

另外，随着智慧博物馆建设到一定程度，博物馆学方面的专家学者开始认识到智慧博物馆不仅仅是创建一个智慧化的系统，而是在构建一个平台，一个平等、包容、开放、共享、互助的公共服务平台，驻足这个平台，博物馆决策机构可以直观地了解博物馆的相关信息，统筹管理；博物馆管理人员可以及时了解藏品和游客的动态，并及时发布最新研究成果；不同类型的观众可以通过该平台学习和获取其感兴趣的信息，并自由反馈。智慧博物馆的深入建设为博物馆"走出去"充分发挥社会职能提供了更多便利。

近年来，关于博物馆藏品文化归属问题的讨论甚嚣尘上，博物馆藏品属于全体人类逐渐成为共识。广泛、平等、无差别地参观和学习成为社会公众的新需求，博物馆藏品走出库房成为必然趋势，但依靠博物馆现有的人力、物力、财力很难短期内实现，在这种背景下，基于信息技术的智慧博物馆建设成为必然。

3. 观众体验需求

观众是博物馆行为的受众，是博物馆宣传教育的主体。在文旅融合发展的今天，博物馆的观众数量急剧增加，同时观众对博物馆参观学习的要求更加丰富。传统博物馆受各种条件限制很难满足当下博物馆观众的学习参观需要。如现阶段，观众在参观博物馆前，希望可以简单快速地了解到博物馆的相关信息，如位置、开放时间、现有展览乃至博物馆周边，规划出行及对本次博物馆参观学习有基本的预期。在这个过程中，传统博物馆官方网站的基本功能较难满足观众需求，而智慧博物馆通过大数据、云计算和移动互联等方式，分析观众需求，给出全面的参观建议，甚至可以直接为观众推送网上展览，使观众在到馆前就可以知道博物馆的相关信息。在参观中，不同类型的观众对博物馆相关学习的要求各不相同，希望可以得到个性化的参观导览服务，传统博物馆的讲解主要通过讲解员及语音讲解器开展，讲解员讲解往往是从始至终，全面开展，缺乏针对性，且很难关注到观众的个性化需求，而讲解器的讲解则需要观众在进馆后向馆方租赁设备，之后在参观中针对参观展品自行收听讲解，观众具有一定的自主性，但也不能全面满足观众的学习需求。但是，在智慧博物馆时代，智慧导览系统会根据知识图谱原理，为观众制定个性化导览讲解服务，极大地满足观众的参观学习需要。在参观后，观众希望分享自己的参观体验及未来参观学习期望，传统博物馆的留言板远不能吸引观众驻足，而智慧化服务系统则受到观众的青睐。因此，观众的需要也要求博物馆开展智慧博物馆建设。

### （二）可行性

在文旅融合背景下，博物馆为发挥其社会职能进行了大量的探索，如博物馆夜游，紫禁城里闹元宵，网上云展览等，这些都是博物馆融入文化旅游发展的积极探索，在这些探索中，信息化技术手段被更充分地应用于博物馆发展实践，为开展智慧博物馆建设奠定了基础。

#### 1. 政府政策扶持

政府政策支持是中国智慧博物馆得以迅速建设的保障。2012 年 11 月，国家文物局联合中国科学院在上海召开了以智慧博物馆为主题的第二届物联网应用与发展研讨会，将智慧博物馆理念引入中国文博界，当时，智慧博物馆与数字博物馆之间的关系还未厘清，智慧博物馆相关探讨也刚刚出现。在这样的背景下，次年，国家文物局启动了智慧博物馆建设试点工作，开启中国智慧博物馆建设的探索之路。到 2014 年年底，以广东省博物馆、甘肃省博物馆、内蒙古博物院、苏州博物馆、山西博物院等 7 家博物馆为代表的首批智慧博物馆试点单位成立。首批试点单位区域分布相对分散，同时也涵盖了不同类型的博物馆，具有较强的引导带动作用。这些博物馆结合自身的发展实践、业务需求以及未来发展规划，从不同角度出发，开展特色智慧博物馆建设，为全国范围内智慧博物馆建设奠定了坚实基础。2016年 12 月，由国家文物局、国家发展和改革委员会、科学技术部、工业和信息化部、财政部五部委共同编制的《"互联网 + 中华文明"三年行动计划》正式发布，鼓励有条件的文物博物馆开展智慧博物馆建设工作。同时，要求各个部门统筹协调推进文物大数据平台建设，实现优质资源共享，并支持文物博物馆单位有序开放文物资源信息，并将资源信息开放、信息内容挖掘创新、信息产品提供等纳入文物博物馆单位评估定级标准和绩效考核范围。

通过几年的建设，中国智慧博物馆迎来了新的发展契机，智慧博物馆建设首批试点单位前期工程初步完成，大批智慧博物馆相关案例发布，智慧博物馆相关理念得到博物馆学界的广泛认可，在资金和技术条件较为充足的博物馆开展智慧博物馆建设成为可能。在此基础上，2017年发布实施的《国家文物事业发展"十三五"规划》"确定在全国范围内启动智慧博物馆建设工程，推进文物信息化建设，全面推进文物保护、利用、管理、研究信息化整合共享工作，建设国家文物大数据库，为中国智慧博物馆建设提供了契机"。智慧博物馆作为博物馆智慧平台不仅可以整合博物馆内部信息资源，增强博物馆自身的服务能力和水平，而且可以协调区域内其他智慧平台资源，为管理人员和观众服务，从而实现区域文物资源共享，为博物馆工作人员及观众提供更加人性化的服务。政府文件的下发和文物大数据平台的建设为智慧博物馆建设提供了政策和平台支撑。

在国家相关政策的引导下，各个省（自治区、直辖市）也开始将智慧博物馆建设纳入文物工作要点中，通过扶持智慧博物馆建设项目、召开相关工作会议、推广智慧博物馆建设经验等方式，为各省（自治区、直辖市）博物馆开展智慧博物馆建设提供支持。智慧博物馆与文化园区、文化景区的建设被称为当今时代推动经济社会发展和文化遗产保护利用的新机制。

2.信息化技术支持

伴随着"智慧地球"理念在全球范围内的推广，以物联网、云计算、大数据等为代表的信息技术在全球范围内不断延伸，引发了全球数字经济浪潮，成为新一轮科技革命的核心驱动力。"物联网是利用传感技术，按约定的协议，将各种物品与互联网连接起来进行信息交换和通信，从而实现对物品的智能化识别、定位、跟踪、监控和管理的技术。""云计算是通过互联网，按用户要求动态提供可用的、便捷的、虚拟化的、可伸缩的计算资源的服务模式。大数据指在海量的数据上使用算法进行预测，从而帮助企业优化经营与决策。""移动互联"则是"移动互联网"的简称，其工作原理是用户通过移动终端对因特网上的信息进行访问，并获取所需要的信息。这些信息技术的发展对世界经济、社会发展、国家管理和人民生活都产生了重大影响。这些信息技术应用于博物馆建设，不仅提升了博物馆管理与服务效率，同时也增强博物馆的公共服务水平。"博物馆是以教育、研究和欣赏为目的，收藏、保护并向公众展示人类活动见证物，经登记管理机关依法登记的非营利组织"；承担着保护传统文化特性和传承优秀传统文化的社会责任。

包容性是其基本属性，它不仅表现为博物馆可以对全人类的活动见证物兼容并包，而且体现在博物馆可以主动吸收其他学科相关的研究方法和研究成果充实和完善自己。包容性赋予了博物馆与时俱进的能力，在信息化发展的今天，博物馆主动吸收其他学科相关的研究成果，并将其应用到博物馆藏品管理、陈列展示、宣传教育等业务流程方方面面，为博物馆管理及观众参观提供便利。物联网技术应用于博物馆可以通过用射频识别、红外感应器、全球定位系统等传感器件，通过传感系统监测博物馆内部各个区域，获取博物馆藏品、设备设施、库房展厅建筑、周边环境及人员位置信息，为博物馆智慧管理系统提供实时信息。"云计算技术的应用主要解决博物馆多源、海量数据的储存和管理问题，为博物馆用户提供数据存储和计算服务，以及不同层次的计算资源应用服务。从而降低了博物馆数据存储、计算方面的压力，同时也降低了博物馆信息化建设方面的成本"。"大数据技术可以对博物馆产生的海量数据进行深入分析，并通过数据'加工'来实现价值的'增值'"。这些信息技术应用于博物馆业务流程的各个方面，推动博物馆业务部门智慧化建设，使博物馆具备灵敏监测、快速分析、及时管理等能力，为智慧博物馆建设提供技术支撑。

3. 数字化博物馆建设成果支撑

智慧博物馆是基于实体博物馆和数字博物馆的新型博物馆形态，其建设目的是简化博物馆管理，打破博物馆围墙，实现博物馆更深层次的开放，使博物馆职能扩大化从而可以更好地为人类社会服务。

文物部门的数字化建设与国家文物普查有着紧密的联系，针对文物普查中产生的大量数据，为了方便管理及应用，数字化手段在文物部门开始应用，之后数字化概念被引入博物馆，数字博物馆得以诞生。作为智慧博物馆建设基础的数字博物馆从诞生之日起就受到博物馆的重视。各大中小博物馆应用数字化技术针对博物馆藏品和展览进行数字化建设，如"采用虚拟现实等可视化技术增强展览表现力的虚拟博物馆；强调数字资源传输、展示和共享的网络连接形式的网络博物馆；通过手机、平板电脑等移动终端设备来访问和构建的掌上博物馆和可移动的博物馆；利用无所不在的互联网络和广泛存在的各类终端设备访问数字博物馆，强调博物馆无处不在的泛在特性的泛在博物馆等"。围绕博物馆"物"建设的数字博物馆，通过数字化技术对博物馆相关业务流程进行数字化改造，将博物馆相关信息数字化，并引入数字化陈列展示技术，这些数字博物馆的实践为智慧博物馆建设提供了基本保障。

#### 四、智慧博物馆内容发展现状

##### （一）藏品方面

藏品是指博物馆收藏的人类活动与自然环境的见证物，是博物馆开展业务活动的基础，藏品的质量和数量也成为博物馆定级的重要衡量标准。因此藏品也成为许多博物馆开展智慧博物馆探索的着力点。在数字博物馆时代，博物馆工作人员通过数字化手段（3D 立体扫描、360 全息成像）将博物馆藏品数字化，并建立博物馆藏品数据库，之后应用适当的数字化技术将其展示，传递给观众，形成"物—数据—人"之间的静态单项信息传递模式。智慧博物馆建设是在数字博物馆的基础上进行的，其通过应用物联网大数据等新型信息技术从藏品管理、保护、修复、研究等方面对藏品信息进行全方位采集、安全无损储存、深层次挖掘，为博物馆其他业务活动的开展提供坚实的基础。智慧博物馆在博物馆藏品方面的建设主要体现在藏品管理、藏品保护、文物修复、藏品研究等方面。

##### 1. 藏品管理

藏品管理是博物馆工作的基础，智慧博物馆藏品管理包括藏品本体属性及相关静态信息管理和藏品其他动态信息管理两方面，其中藏品本体属性及相关静态信息管理是智慧博物馆藏品管理系统的核心，其包括藏品入藏管理的各个流程，是博物馆藏品档案的重要组成部分，数字博物馆在藏品管理方面的建设多体现在这个方面。在智慧博物馆建设初期，电子标签及物联网射频识别技术广泛应用于智慧博物馆藏品管理系统的建设，通过这些技术藏品信息及藏品管理中的各类信息可以及时地上传到数据库，实现了博物馆日常及相关业务的及时跟踪管理。

作为智慧博物馆建设的重心，藏品管理系统是各个试点单位智慧博物馆建设的首要任务，建设成果颇丰。如金沙遗址博物馆藏品管理信息系统，为该馆综合信息管理平台的重要组成部分，是对原有数字管理系统的改版升级，新建智慧博物馆藏品管理系统将系统管理、查询系统、藏品信息、藏品业务、辅助信息、领导审批和统计报表等功能进行融合，具有可扩展性和灵活性，同时兼容国家文物局"馆藏文物信息管理系统"，该系统的建设不仅有利于博物馆藏品业务的开展也方便了文物普查及上级部门的监管。

##### 2. 藏品保护

智慧博物馆藏品保护方面的建设，通过应用博物馆环境监测评估技术、馆藏文物保存微环境调控技术、博物馆微环境多功能控制集成技术和一体化设施构建馆藏文物保存环境监测平台，为博物馆藏品创造"稳定""洁净"的保存环境，达到"预防性保护"的目的。如上海博物馆的文物保存环境监控系统、四川博物院珍贵文物预防性保护环境监控、湖北省博物馆可移动文物保存环境质量监控等。

上海博物馆的文物保护环境监控系统的建设走在全国前列，"其建设中首先采用主动或被动的微环境调控措施，在博物馆展厅和文物库房建设专门的独立恒温恒湿系统，之后应用当下相对成熟的博物馆环境因素监测终端技术、无线传感技术和互联网技术，构建环境基本指标和质量评估成套自组网系统，实时监测文物保存环境基本参数的变化，并通过无线通信技术将监测参数传输到监测数据中心，达到及时了解、查询环境质量及其变化的目的，最后通过馆藏文物保存环境监测系统及其评估平台对监测数据进行查询、比对和统计并结合调控现状分析存在的问题、调控效果等，最终提供整改措施。实现对展厅、库房全覆盖的环境温湿度、主要污染物和光照水平 24 小时实时监测，同时集成文物微环境调控设施网络监测与远程调控系统"。智慧博物馆在藏品保护方面的建设有效防止了博物馆藏品受自然力影响导致的破坏，提升了博物馆藏品的寿命，有效实现博物馆藏品保护职能。

### 3. 文物修复

人类社会发展经历了漫长的历史进程，留下了许多珍贵文物，这些文物是研究人类文明的重要载体，但是随着时间的流逝，这些文物由于自身老化、环境及人为影响经受着不同程度的破坏和损坏，如陶瓷器的破损，金属器的锈蚀，纸张、纺织物的腐朽等。因此，在保护的同时要对这些文物进行合理修复，使其可以有效地传承和利用。智慧博物馆应用于文物修复首先体现在现代科技与传统工艺的结合，创新文物修复技术和手段。其次，通过建设文物修复档案和知识库，改变传统文物修复技术的传承方式，为后人研究和学习提供参考。如苏州博物馆、南京博物院、上海博物馆都开展了文物保护修复管理系统建设。苏州博物馆的文物保护修复管理系统建设起步早且具有代表性，其主要包括"修复文物分类管理、基础修复材料管理、修复方法管理、修复过程管理、修复结果查询分析、修复文物统计分析等功能模块"。该系统对文物修复的方方面面进行了系统、完整的管理，保存了文物各个阶段的各项指标信息，为同类文物的研究、利用及再修复提供依据。

### （二）陈列展览方面

博物馆陈列展览是博物馆功能发挥的重要载体，也是联系社会公众的重要渠道，博物馆通过陈列展览将藏品及其相关研究通过可视化的方式呈现给观众，为博物馆教育、传播等功能的现实提供依托，帮助博物馆完成使命。智慧博物馆运用高新信息化技术，打破传统博物馆时间和空间上的桎梏，从线上线下两个方面开展智慧陈列展览建设，使观众在馆内馆外均可欣赏高质量的展览，不仅扩大了博物馆陈列展览的服务范围，更拓宽了博物馆观众服务的深度和广度。

### 1. 线下展览

智慧博物馆基于物联网射频识别、体感识别、VR、AR 等技术，以丰富的展览形式，对现有的博物馆展览进行升级，增强观众体验和互动，为观众提供高质量、沉浸式服务。智慧博物馆线下展览可归纳为数字化展览和智慧导览两个方面。在数字化展览方面，数字沙盘、数字文物、多功能数字展示屏、展示柜、VR、AR 等技术在博物馆得到广泛应用。如山西博物院"藏品数字化互动展示系统"、金沙遗址博物馆"再现金沙"考古发掘展示系统等。以上两种展示方式分别代表了互动和数字播报两种形式的展示。

山西博物院"藏品数字化互动展示系统"为多人多点多媒体交互平台系统，系统采用投影仪 + 异型投影桌面组合的演示终端，辅助电子信息播报系统，观众可以在触摸屏上自由欣赏和了解文物，极大程度满足观众的学习需求，提升观展体验。而金沙遗址博物馆"再现金沙"考古发掘展示系统则是基于遗址博物馆展示现状，为满足观众的观展需要，利用虚拟现实技术为观众展示金沙遗址祭祀区的兴衰。在智慧导览方面，观众兴趣分析系统、无障碍文物检索系统等受到观众的喜爱，博物馆"私人订制"导览成为未来发展的趋势。如苏州博物馆的"云观博 AR 智慧博物馆导览"系统、山西博物院的智慧化个性导览服务系统、广东省博物馆的微信导览平台等。智慧博物馆智慧导览系统通过监测观众在馆内的活动数据，进行观众兴趣动态趋向分析，结合文物识别服务，为观众提供个性化导览，同时博物馆也可通过这些信息开展观众行为研究。在具体的操作中，广东省博物馆通过研究观众行为，并在此基础上与微信开展合作，推出微信导览平台，将智慧导览系统建设推向新的方向。

### 2. 线上展览

博物馆线上展览萌芽于数字博物馆建设时期，当时一些大型博物馆在博物馆藏品数字化的基础上开展了网上博物馆、虚拟博物馆建设，这些建设相对比较基础，展示效果一般。到了智慧博物馆建设时期，3D 全景、三维重建、可穿戴设备等技术得到了广泛应用，为智慧博物馆线上展览奠定了基础。而新媒体推广技术的引进，为智慧博物馆线上展览提供了新的方向，智慧云展览成为博物馆发展的新热点。

智慧博物馆为不能到达博物馆的观众提供了线上展览，这些展览包括各个博物馆官网中的虚拟展馆展示、微信小程序展示、App 展示等。这些线上展示成为博物馆线下展示的重要补充，在特殊的时候可以代替博物馆线下展示发挥其社会服务职能。如 2020 年春节期间，受新冠肺炎疫情影响，全国 5000 余家博物馆全部闭馆，损失明显。疫情期间"关上门"的博物馆在线"打开窗"，在线上为公众提供"云端文化盛宴"。疫情期间，全国推出 2000 多个数字展览，观众总浏览量超 50 亿人次。这些展览的推出也是对近年来中国智慧博物馆建设成果的检验。

### （三）宣传教育方面

随着社会的发展，博物馆被赋予越来越多的社会身份，如中小学生的第二课堂，爱国主义教育基地，成年人终身教育的场所，等等。这也意味着博物馆担负的社会责任越来越重，博物馆逐渐成为社会教育的中心。智慧博物馆应用先进的信息化技术，发挥其资源展示、文化传播和公众互动的优势，为不同类型观众提供多样化的服务，同时其在博物馆社会教育服务方面的建设不仅可以增强博物馆与观众之间的联系，而且可以丰富博物馆教育的内容和形式，推动博物馆公众教育平台的建设。

#### 1. 馆内宣传教育

博物馆教育活动是博物馆为达到社会教育和服务的目的，依托馆情优势，策划并实施的有组织的活动。博物馆的"馆舍天地"是博物馆开展宣传教育活动的主要场所，智慧博物馆应用新型的宣传、展示技术将展品信息通过可视化、互动等形式展示给不同类型、不同需求的观众，从而实现博物馆的教育职能。智慧博物馆可视化应用于博物馆教育的实践过程中，如山西博物院考古保护成果多元展示与组配式体验平台建设成绩斐然。该平台集内容汇聚、生产、管理、发布和互动等功能为一体，将考古现场、墓葬、壁画、文物等相关知识通过知识图谱的方式相关联，形成"四位一体"沉浸式还原展示，并通过互联网、新媒体发送到不同的移动端供观众互动学习，将静态陈列转换为多元化展示。考古成果相较于其他展示更加抽象、专业性强、展示难度较大，在传统博物馆的展示中多采取展示牌、复制发掘现场、出土器物展示等方式，这些展示方式只能为观众展示考古成果的某些方面，观众很难对遗址、墓葬有全面的了解，从而也影响到观众学习的积极性。而考古保护成果多元展示与组配式体验平台的建设将考古现场与出土器物、相关研究结合起来，还可通过可视化的方式展示给观众，带给观众全面直观的视觉盛宴，并通过触摸屏、VR、AR 等方式与观众互动，引导观众自主开展学习，提升博物馆教育的效果。

除了智慧化展示，智慧博物馆在博物馆"馆舍天地"中的建设还体现在博物馆观众分析、观众服务系统的建设。观众是博物馆教育的对象，对观众行为的分析既可以对博物馆现有的教育方式进行检验，也可以为之后博物馆工作提供决策支持。传统博物馆观众分析多通过问卷调查开展，效率低且难度大，智慧博物馆观众行为分析系统通过信息化手段对观众在馆行为进行收集和分析，为后续展览做出科学指导，提升博物馆展览的质量和水平。同时，智慧博物馆建设还为特殊人群进入"馆舍天地"创造了条件，如南京博物院专门针对视觉障碍观众提供展览服务的"博爱馆"，观众可以通过触摸复制品、盲文触摸屏等形式在博物馆参观学习，同时也可以通过乘坐全自动导览车参观博物馆。南京博物院全自动导览车是专门针对视觉障碍观众提供的特殊导览车，整个导览车由车载计算机控制，可以自动规避行程中的障碍，并在到达展示点后，自动触发展品语音讲解，满足特殊观众的博物馆学习需求。

## 2. 馆外宣传教育

博物馆教育的性质要求其不仅仅要对到馆观众提供教育，而且要为那些不能到馆的特殊群体提供相应的教育活动。传统博物馆主要通过借展、网上展览、建设流动博物馆等方式为非到馆观众提供教育活动。具体实施的过程中，由于受各种因素的影响，其教育活动很难达到预期效果。如在借展过程中，由于借展双方对藏品信息、观众差异、场馆条件等方面的认识存在差异，导致"千展一面"等，而智慧博物馆在博物馆宣传教育方面的建设则可以为博物馆走向"大千世界"保驾护航。

智慧博物馆在博物馆展览"走出去"方面的建设体现在应用高新技术手段，为博物馆藏品的外展提供便利，让不同地区的观众在家门口便可以体验"异域风情"。在借展过程中，借入方可以通过智慧藏品系统深入了解展品的具体信息，并将引进的展品与当地文化、本馆馆藏类似藏品进行综合研究，为引进展览"本土化"提供保障。同时，借出方也可以通过藏品管理系统了解到外借展品的实时信息，确保外借展品的安全。

流动博物馆是将博物馆展览微缩化后建设的高度集成平台，其建设的目的是将博物馆展览带到特殊地区、带给特殊人群，让博物馆公共文化服务职能为全社会共享。而智慧博物馆在流动博物馆方面的建设是应用先进的信息化技术对原有设备进行全面升级。以四川博物院的流动博物馆为例,四川博物院"大篷车"流动博物馆是针对巴蜀地区特殊地理环境造成的公共文化服务障碍于 2009 年建设的厢式移动展示车,其建设初衷是将博物馆送到交通不便、公共文化服务相对落后的地区,在建设初期,受各种条件的限制,服务效果一般。2012 年四川博物院开展智慧博物馆建设后,对其进行了全方位的升级改造,最大限度地发挥其作用和功能。升级后的"大篷车"流动博物馆集小型实物展柜、移动触摸展柜、文物陈列展柜为一体,基本实现了博物馆基本展示职能,同时,可以通过数字化技术灵活组织不同主题展览,流动博物馆从简单的文物展示车转变为智慧化教育场所。

### (四)文化创意方面

"智慧博物馆在文化创意方面的建设主要是通过建设博物馆文化产品开发、制作加工、营销推广、版权交易等平台,为观众提供丰富、时尚、个性化的博物馆文化创意产品,满足观众把'博物馆带回家'的诉求。"在具体实践中,智慧博物馆在文化创意方面的建设主要体现在开发博物馆文创产品研发系统,在藏品信息智慧采集的基础上,研发博物馆文创产品,如内蒙古博物院依托 3D 文物数字化资源,依据馆内藏品形制、纹饰等特点开发符合本馆特色的文创产品,与各大电商合作拓宽文创产品销售途径,并举办特色活动,推广文创产品,为促进博物馆发展提供助力。

博物馆文化创意产品作为博物馆文化的衍生品,通过将博物馆文化植入到创意产品中,实现博物馆文化的再生产。近代以来,以博物馆藏品为原型,开发文化创意产品成为博物馆文创设计开发的主要思路,各个博物馆相继推出本馆特色明星文创产品,如山西博物院的"黄河魂"系列文具,甘肃博物馆的蓝莲系列文创产品等,在智慧博物馆建设时期,通过先进的科学技术对藏品信息进行深入挖掘,在此基础上开展文化创意产品开发也是博物馆文创开发的主流形式,智慧博物馆文创产品研发系统的建设,立足于博物馆藏品最新研究成果,结合当下观众的日常生活,与观众进行互动,打造受观众喜爱的博物馆衍生品,是让博物馆文物"活"起来的重要保障。同时,在文创产品的推广方面,博物馆与时俱进,和其他电商合作,打造网络商店、微信商店等,拓宽文创产品推广销售途径,同时借鉴商业宣传模式,将博物馆文创产品与商业宣传结合,加大推广,提升博物馆文创产品知名度,如苏州博物馆开展"型走的历史"聚划算主题活动,将苏州博物馆文创服装用 T 台秀的方式展示出来,并通过互联网进行推广,得到了广大观众的认可。

## 第三节 智慧博物馆发展趋势

### 一、智慧博物馆的应用案例

从时代维度的角度分析，智慧博物馆起始于 2012 年，各种网络信息技术集中呈现于博物馆运行中，将博物馆信息化建设与数字博物馆相融合，借助最新信息网络技术，构建最新运维模式，其存在的根本目的是解决信息网络技术下"人—物—空间"数据融合共享与智慧运用相关问题。智慧博物馆的运维模式是以获取与运用数据为核心，文物三维数据有利于提升文物藏品数字化保护水平，同时进行高效率、安全传输，融合与共享数据，避免了信息孤岛现象的出现。虚拟心室技术的广泛运用，可创设一个虚拟空间，远程交互、沉浸式体验有利于博物馆工作人员与观众真正融入环境中，"人—物—信息"实现全面交互与融合。从这一意义上分析，智慧博物馆主要以地理信息系统、卫星定位系统、通用私有云等技术为基础，经过多模态情境模拟与还原，对人、文物、空间、设备的透彻感知问题进行高效采集与传输，在很大程度上转变了文物生存方式、博物馆运维方式及观展方式，将传统博物馆"人—物"二元关系、数字博物馆的"人—物—数字"空间单向关系升级为智慧博物馆多模态情景还原模拟，引导观众从数字空间外进入到空间中，在数字空间中人与物进行有效互动，进而智慧保护文物，智慧管理博物馆，并为观众提供智慧服务。

#### （一）智慧服务

对于智慧博物馆体系而言，智慧服务是重点，是为了迎合多元需求、采用现代信息技术构建的新型服务。智慧服务是以传感网络、AR、VR、MR、激光三维、数据库、Web GIS、FRID 等技术为支撑，借助移动终端及移动互联网促使线上线下有效融合，并以博物馆虚拟展览、在线教育平台、数字文创产品和数字导览等方式予以呈现。

首先，在智慧服务导览方面开展了深入探索与尝试，如晋祠博物馆根据自身馆藏资源，开展了"晋祠虚拟世界探索之旅"全 3D 交互型 VR 数字体验展览，观众可穿戴体感互动装置，身临其境，切身领略晋祠古建筑魅力，并同虚拟导游进行密切互动，观众往往对展览流连忘返、意犹未尽。敦煌研究院则根据移动终端用户，开发了莫高窟移动导览 App，为用户提供参观预约、导览解读、线路规划、全景漫游、自助检票等独特的服务，提高了用户体验感。其次，在智慧服务教育、文创等方面进行了积极尝试，如成都文物信息中心推出的"青青锦点"互动教育平台，积极同博物馆合作，开设了以数字交互为基础的精品文物、传统人文风俗、名人故事、历史事件等各种功能模块，在线便可进行历史文化互动与教育；上海博物馆精心设计了"乐游陶瓷国"AR 文物游戏绘本，以虚拟技术为基础，对产品感知维度进行有效丰富，以"文化＋科技"融合方法，打造独特的文创 IP，对文创内容与生态进行重构。

（二）智慧保护

当前，各博物馆十分重视预防性保护文物，对文物本体进行对内精准检测、对外感知馆藏环境并进行精准调控。如敦煌莫高窟采用大数据平台监测风险，以物联网传感技术，对洞窟各种环境及本体数据进行全面收集，对大环境、微环境及微生物进行全面监测，并获取准确的数据，深入分析这些数据，为预防控制风险与加强洞窟保护提供可靠的信息。同时，通过全面分析数据，有效分类风险等级，对风险进行预报与预警管理，并对游客进行有序管理。智慧保护不仅要注重监测环境，重点还表现在修复研究与整理文物事务中。对于博物馆而言，文物修复是重要职责，也是博物馆研究的重点。传统修复模式是师傅带徒弟，共享机制较为单一，文物修复经验及过程所产生的数据无法实现共享，在一定程度上阻碍了文物修复经验的广泛传播。对于这一情况，上海博物馆构建了文物保护修复管理系统，有利于实现文物修复共享，并为文物报告提供凭证。

（三）智慧管理

智慧管理就是利用信息化方法对藏品信息、藏品数字档案、业务运营数据进行智慧化管理。借助 RFID、数据挖掘、红外热成像、视频监控等技术，对信息管理系统进行重点开发。例如，收集博物馆文创产品销售、观众参观、售票、博物馆教育等相关业务服务数据及日常工作中出现的文档、设计图纸、展览设计方案、影像资料等数据，以及文物记录、保存、研究过程所产生的数据，结构化处理这些数据，并将其集成在系统中，为文物修复积累经验，为管理馆藏、管理决策等事务提供可靠依据，进而提高决策的精准度。

对于智慧管理的尝试较多，如南京博物院研发了特展运营管理系统，采取物联网技术及时感知人、物、环境等数据，并全面集成博物馆的票务情况数据（售票和检票数据）、展厅情况数据（日参观人数、在院参观人数、排队时长）、博物院观众参观数据（男女比例、年龄构成、停留时间、兴趣点等数据）、文创数据（销售总额、每日销售额数据）等，并实现可视化展示。对博物院运营情况进行全方位展示，为其决策提供可靠数据支撑。在特展运营管理系统中，根据观众的男女比例对文创产品品类进行科学决策；对观众停留情况进行分析，剖析出观众兴趣点，对产品设计、展览策划等工作进行优化。湖北省文物信息资源平台，对湖北省可移动文物及不可移动文物资源进行全面整理，并实行档案化管理。通过整合湖北省文物信息，使各种信息实现了共享，数据实现了互通；构建文物数据收录规范，互联互通文物管理数据，相关部门实现了互相协同，有效提高了文物管理成效。

## 二、智慧博物馆发展策略

### （一）设计智能化管理架构，加强博物馆管理

智慧博物馆管理架构的搭建，主要体现在对日常工作的管理，例如：文物信息的管理、古建筑的管理、工作人员的管理、影像视频的管理、参观者的管理，甚至是馆内的一些公共设施、馆内的环境都可以整合在其中，从而方便管理者与工作人员开展相关工作。当前，国内博物馆大多利用自动化办公系统管理日常馆内工作及文物。国内较早的博物馆办公系统是国家博物馆 OA 系统，该系统将国家博物馆的管理行为通过数字技术予以固化，这样不论是普通工作人员，还是高层管理人员，都不能跳过已经设定好的流程办公，也不可以利用自己的权限私自改动，这样不仅可以提高办事效率，也可以保证工作的准确性及可追溯性，从而杜绝管理行为的随意性。相关人员应研究智慧博物馆的建设标准。欧美博物馆的智慧化建设尽管起步较早，但他们尚未形成系统的解决方案，缺乏广泛认可的智慧博物馆建设标准。推进智慧博物馆建设，要求在尊重博物馆事业发展规律的前提下，结合国情实际和博物馆需求，从加强博物馆管理、提升策展水平、改进观展体验出发，制定切实可行的智慧博物馆建设标准，形成智慧博物馆的全球样板；在"大数据"时代，专业化的管理者和技术人才是博物馆事业发展的核心，智慧博物馆建设对博物馆工作人员的思想观念和专业素养提出了较高的要求，管理层和执行层都需要更多既具备文化传播、展览策划等专业知识，又懂信息技术的复合型人才。因此，我们应该高度重视专业人才的培养，充分发挥他们的才能和创造性，博物馆管理才能满足不同层次的公众需求。

### （二）充分利用新技术，打造智慧博物馆

首先，我们要建立数据采集系统，对游客信息进行采集。可依靠互联网技术，

将游客的参观路线、偏好以及在博客等社交平台发布的信息予以采集。对于管理人员及工作人员，采集的信息则包括管理区域的情况以及值守的情况。对于文物与建筑物，采集的信息则依靠"感知中国"提出的物联网技术，通过温度、湿度、压力等传感器节点对信息进行自动化与按需采集，然后再利用无线网络技术，将信息传递至上位机或其他网络中的文物节点，从而实现信息的互通。

其次，对于数据存储系统，则依托云存储技术，将数据采集系统采集到的数据存储至云端。当文物信息收集之后，利用云计算，可实现对数据的分析与挖掘，得到对决策有利的结论。

再次，利用无线传感器网络技术及智能视频监控技术，对博物馆及周边建筑的关键环节及重点区域做到重要事项重点监控，重点文物及建筑实时监控。同时，利用温度与湿度无线传感器即可较为及时地探测到温度与湿度变化，通过智能视频监控可以实时查看到突发情况的当前状态，从而为接下来的决策提供一定的依据。

最后，作为最终的信息展示系统，可以通过分析参观者的需求偏好，利用当前手机移动端的 App 或 PC 端的 Web 展示技术，可以有针对性地进行消息推送，从而提升参观者的参观兴趣。为提升馆内参观者的参观体验，可以利用三维动画及虚拟现实（VR）的形式，将博物馆历史及文物历史予以展示，从而为观众提供高性价比的沉浸式互动体验。利用 3D 打印技术，对馆内藏品予以模仿，这项技术的使用，不仅可以对文物及建筑进行合理有效的保护，同时，还可以让游客身临其境地感受文化的魅力，例如：在国外，美国大都会艺术博物馆为游客提供 3D 打印复制艺术品，大英博物馆提供面向观众的 14 件藏品的 3D 打印服务，我国各地博物馆可以借鉴其优点。

3. 深挖场馆内涵，建立以观众为核心的智慧服务系统

科学技术会不断改变博物馆的形态及其日常工作形式，但这并不代表会动摇博物馆的价值体系与其传承、服务的效用。不论是屡见不鲜的传统博物馆，抑或是当下随处可见的数字博物馆，还是正在崛起的智慧博物馆与虚拟博物馆，它们与人类社会传承的图书馆、古迹一样，都会以不断传承人类的灿烂文化为最根本出发点与落脚点。因此，不论是传统博物馆的继续发展，抑或是智慧博物馆的不断涌现，都主要取决于博物馆自身的文化底蕴。

国家博物馆与地方博物馆，首先明确自身类型：以综合性为主，还是历史类、艺术类；其次，要明确自身特色及定位，充分展示出自身所拥有的文化内涵。在博物馆建立以观众服务为核心的智慧服务系统，依托互联网平台，主要是社交平

台、社交软件、智能终端等工具，将具体的文物与古建筑数字化，在互联网平台上予以展示。这样不仅可以提升信息化服务的种类，而且还能增加文化产品的丰富性。同时对观众的行为、消费数据、地理位置以及观众的社交数据、互动体验、知识分享和用户的评论等方面进行分析，可为观众提供参观前的指导服务。还可搭建博物馆观众参与的互动交流平台，通过数据化手段进行统一管理，使参观博物馆成为公众的一种日常的生活方式，从而更好地发挥博物馆社会教育的功能。此外，线上线下相互配合，也能打破时空的限制，实现参观者身临其境地感受来自远古时代的文物。

4. 加强 LAM 三馆的融合

2016 年 10 月 26 日，中国图书馆年会分会场设置在安徽铜陵，其主题为：未来图书馆新形态与新功能。来自西北大学的马光华副研究员从历史与未来两个层面，对过去图书馆（Library）、档案馆（Archive）、博物馆（Museum）三馆的发展进行了分析。他指出，从历史角度来看，三馆曾使用一体化的管理模式进行协同管理，而且取得了显著效果。例如：早在西汉时期，石渠阁、天禄阁均为国家图书档案馆，而且后来汉成帝"重藏轻用"的指导思想，也推动了三馆的一体化管理。

此外，从历史角度及社会发展史来看，"分久必合，合久必分"，三馆的藏品、文献依旧会相互转化。例如：档案馆的文件随着时间推移很可能就会成为博物馆收藏的对象。目前，世界上很多 LAM 已开展了合作，其中主要的趋势是进行数字资源融合。在 2000 年，俄罗斯学者兰尼德·古比雪夫和娜杰日达·布日艾克就对博物馆和图书馆信息资源整合进行了展望，提出了不同文化遗产保存机构信息整合的三大趋势，分别是馆藏信息化、共同开发语言软件、全球文化遗产数字信息整合。不论是档案馆还是博物馆，都需要像图书馆那样提供各种信息和娱乐服务，它们已不再是单纯的保管和展览场所，正逐步向着让用户可以直接存取到它们独一无二资源的方向发展。因此，加强 LAM 三馆的融合，就需要国家层面提供政策的保障和技术的支撑，加大资金投入，建立协调机制，这样在博物馆智慧化建设和发展过程中，才能充分借鉴图书馆及档案馆的发展模式，取长补短，从而在智慧化博物馆的建设道路上深入推进。

## 第四节　数字技术在智慧博物馆建设中的应用

### 一、实体博物馆的数字化建设

在实体博物馆中进行数字化建设，可以充分运用计算机技术实现博物馆馆藏的数字化，在博物馆的文物遗产陈列以及文物保管中运用数字技术搭建管理设备，从视觉与听觉角度让人们充分感受数字技术带来的变革。实体博物馆应从藏品保管、藏品展示方面开展数字化建设。

#### （一）藏品保管

在博物馆藏品保管中开展数字化建设可以建设信息管理数据系统，结合计算机多媒体技术与现代网络通信技术提高藏品信息管理效率，充分利用数字设备提高资源共享效率。首先，藏品保管内容复杂，需要统一标准，加强数据采集，做好博物馆管理基础工作，利用多媒体设备实现互联互通，提高资源共享率，提高各种业务之间的互动性，保障藏品保管安全可靠。数字化博物馆以文物信息、数据安全以及影像采集为主，但由于当前我国博物馆缺乏统一的藏品信息管理标准，建立的数据库标准不统一，资源共享率低下，因此，需要利用数字化技术建设数据库系统，制定统一的藏品信息管理标准，统一采集藏品信息。

其次，统一数据采集标准，统一信息资源，充分运用数据挖掘技术，及时记录藏品保管过程中产生的入库凭证、相关论著以及调用记录等各种信息，采用数据仓库设备，运用挖掘技术对数据进行详细分析，在各数据库中及时提取相似数据，利用数据管理设备实现资源共享。数字系统有利于提高藏品归类存放的科学性与合理性，根据文物的总账、分类账等资料按条件归类存放，并通过各种途径建立网络化藏品管理平台，集合图像、声音以及三维空间等途径建立数据库管理系统，增强数据共享，有利于博物馆科学、合理地管理藏品信息。

最后，通过相关软件对博物馆藏品加以管理，组建现代化管理系统软件包，将文物藏品的重要信息统一采用数字化处理，充分发挥信息的作用，用于博物馆相关研究，提高博物馆现代化管理水平。与此同时，可以利用多种软件建立多媒体信息库，如可视化数据库编程工具 Visial Foxpro 以及 3DStudio 等。

（二）藏品展示

在实体博物馆中藏品展示可分为利用互联网信息技术展示与直接面向观众在展馆展示，不同展示方式展示特点不同，所展示的内容与形式也存在一定的差异。

一方面，利用互联网技术进行信息展示，这种方式一般是通过互联网技术在博物馆的相关网络平台账号上打造数字化展览，例如，微博、微信公众号。可定期将博物馆的专题陈列和其他临时陈列的内容，通过建立虚拟藏品，以数字化信息方式展示，扩大博物馆的藏品展示范围，丰富藏品的陈列内容，营造出良好的陈列效果。与此同时，利用多媒体技术将博物馆的藏品在网上进行陈列。实体展示不能经常更换，采用虚拟陈列，可以弥补实体展示的缺点。除此之外，部分博物馆如果在挖掘相关文物，在考古的过程中，可以通过网站使用数字技术对考古信息实施分类，有助于大部分人及时了解博物馆当前进行的考古挖掘活动。

另一方面，在博物馆中进行信息展示，需要综合考虑参观者的停留时间与兴趣，并通过各种直观的媒体形式合理编排，设置不同栏目，利用数字技术打造多媒体设备系统，有效提高参观者的参观效率。博物馆可以利用具有交互作用的设备，采用多媒体触控屏，引导参观者能够自主查询想参观的文物，方便参观者的同时增加人际互动效果。局域网是博物馆使用的重要的信息技术，可以利用局域网连接参观者的触摸屏，并通过视频数据库将参观者想了解的信息通过视频点播的方式，在设备上实现多点触摸，利用互动投影完成单一用户或多用户的交互操作。即使没有传统输入设备，缺乏投影画面，也能进行人机交互操作，只需要借助虚拟仿真幻影成像系统，利用光学成像原理，运用先进的技术就可以实现参观者自主漫游。

## 二、虚拟博物馆的网络化建设

运用数字技术建设虚拟博物馆，将数字化技术与实体的博物馆相结合，实现实体博物馆的基本职能的同时，提高博物馆数字化建设程度。博物馆信息资源数字化建设要借助因特网与博物馆内部信息网的信息构架，实现资源传播与利用的目的。因此，虚拟博物馆应重视利用当前博物馆内部的局域网实现信息资源现代化、科学化管理，并有效对信息资源进行采集，实现资源共享。

（一）局域网建设

在博物馆内部信息交流平台中，局域网是提高博物馆信息化建设程度的重要内部信息网，也是信息建设的基本内容。博物馆局域网建设重点是网络设备配置，包括服务器、交换机。现代博物馆数字化建设首先应该对馆内的网络设备进行建设，优化设备配置，并利用网络实现硬件资源共享的目的，提升硬件使用率，降低馆内设备成本。为了提高博物馆数字化信息管理效率与利用率，实施局域网建设势在必行，通过馆内局域网络进一步加强数字化建设，利用数字化技术获得信息为馆内管理人员的决策制定提供依据。加强局域网系统建设，有利于提高馆内工作人员的工作效率，同时，满足日常工作所需，并附加关于处理办公文件、日程安全以及管理监督的功能。

### （二）互联网建设

博物馆运用互联网技术有利于与外界进行交流，发挥信息传达的作用，也是主要的信息交流渠道。互联网建立在网络结构上，一般以服务器或客户机为主，通过 TCP/IP 协议进行通信。运用互联网传播信息，可加强不同博物馆之间的联系，并与外部保持良好沟通，充分挖掘信息资源。利用互联网技术进行相关信息采集，实现信息共享，需建立互联网网关，发挥专线作用，并在主干的服务器上放置站点。站点承担博物馆藏品数据库录入的责任，需要及时更新重要的数据，做好数据备份，建立安全机制，确保网络的安全性，保障数据安全，这是现代博物馆数字化建设的基本保障。虚拟博物馆数字化建设比实体博物馆数字化建设更具操作性，简单易行且操作性较强，建设后能在短时间内收获成效。公众可以通过博物馆网站查询、咨询服务信息，这也将成为博物馆对外传播知识、获取信息的主要途径。虚拟博物馆建设应该注意以下几点内容。

申请域名服务。各省博物馆有一定的差异，部分博物馆缺乏局域网，针对拥有局域网的博物馆，可以利用局域网储存网站信息，同时作为节点，为公众提供线上访问服务。如果博物馆的服务器空间属于后期租用，可以选择其他途径上传网站信息，并提供技术支持。除此之外，博物馆可以设立专用电子邮箱，与公众进行交流，并通过多种方式解决公众疑问。

制作网页。通过网络途径进行信息发布，利用网站对数字信息加以整理，并采用相关技术制作成博物馆专用网页。公众可以在网页上看到博物馆的具体情况，以及基本的业务活动。并通过博物馆所设置的栏目对博物馆的各种行政动态、藏品陈列进行了解。制作网页时，可以通过 PageMaker 与 Word 制作，公众可以通过网址进入博物馆网站，根据自己想要了解的信息，通过主页点击链接了解动态信息。

网上陈列。计算机虚拟现实技术有助于现代博物馆数字化建设，利用计算机技术打造出虚拟现实，简称"VR"，属于一种现代高科技，能结合人们的视觉、听觉以及触觉，在特定的环境中形成非现实影像。因此，博物馆可以充分借助此技术并准备相关设备，使公众可以通过新方式参观博物馆，获取身临其境的参观感受。

# 第四章　博物馆公共文化服务发展

## 第一节 博物馆公共文化服务概述

### 一、公共文化服务

"公共文化服务"一词在 2006 年《国家"十一五"时期文化发展规划纲要》中首次被提出来，我国学者对于公共文化服务的概念从不同角度给出了不同的定义，周晓丽和毛寿龙在《论我国公共文化服务及其选择模式》一文中认为，公共文化服务是"基于社会效益，不以营利为目的，为社会提供非竞争性、非排他性的公共文化产品的资源配置活动"。周和平在《全面推进文化共享工程建设》一文中认为，公共文化服务是"政府提供的以保障公民的基本文化权益、满足公民基本文化需求为目的的文化服务，通俗地讲就是政府出钱，相关文化机构负责提供资源，老百姓免费享受的文化服务"。陈威在《公共文化服务体系研究》一书中认为，公共文化服务是"由公共部门或准公共部门共同生产或提供的，以满足社会成员的基本文化需要为目的，着眼于提升全体公众的文化素质和文化水平，既给公众提供基本的精神文化享受，也维持社会生存与发展所必需的文化环境与条件的公共产品和服务行为的总称"。陈鸣在《当代西方国家公共文化服务制度改革中的若干问题》一书中认为，公共文化服务是"由代表公众利益的国家、社团、企业、公民等组织和个人以非营利的方式向社会公众或特定社会团体提供公共文化产品和服务，以弥补营利性文化企业在市场供求关系中出现的'市场缺失'，进而在普惠理念的框架下实现公民的文化权和社会的文化福利"。2016 年颁布的《中华人民共和国公共文化服务保障法》中，将公共文化服务定义为"由政府主导、社会力量参与，以满足公民基本文化需求为主要目的而提供的公共文化设施、文化作品、文化活动以及其他相关服务"。

### 二、公共文化服务体系

2013 年，党的十八届三中全会提出"构建现代公共文化服务体系"，随后出台了一系列政策法规，对公共文化服务体系建设进行了全面部署。文化部印发的《文化部"十二五"时期公共文化服务体系建设实施纲要》中将公共文化服务体系定义为，"是以公共财政为支撑，以公益性文化单位为骨干，以全体人民为服务对象，现阶段以保障人民群众看电视、听广播、读书看报、进行公共文化鉴赏、参与公共文化活动等基本文化权益为主要内容，向社会提供的公共文化设施、产品、服务及制度体系的总称"。

我国学者根据自己的认识和理解，对公共文化服务体系的概念从不同角度给出了定义。闫平在《试论公共文化服务体系建设》一文中认为"公共文化服务体系是政府主导、社会参与形成的普及文化知识、传播先进文化、提供精神食粮、满足人民群众文化需求、保障人民群众文化权益的各种公益性文化机构和服务的总和"。她认为涵盖六个基本要素，包括："公共文化政策法规、公共文化基础设施建设、公共文化组织机构和人才、公共文化活动主体、公共文化活动方式和公共文化事业经费。"李辰认为，"公共文化服务体系包括先进文化理论研究服务体系、文艺精品创作服务体系、文化知识传授服务体系、文化传播服务体系、文化传承服务体系、农村文化服务体系，文化娱乐服务体系等方面"。李少惠在《公共文化服务体系建设的主体构成及其功能分析》一文中认为，"公共文化服务体系是政府公共服务体系的组成部分，是旨在实现和维护公民基本文化权利、保障文化发展的社会主义方向，满足公民公共文化需求的公共文化产品和文化服务提供的公共服务体系"。李景源和陈威认为，"公共文化服务体系是为满足社会的公共文化需求，向公众提供公共文化产品和服务行为及其相关制度与系统的总称"。

### 三、博物馆公共文化服务的内涵

博物馆是重要的具有公益性质的公共文化服务机构，在保护文化遗产、传播优秀民族文化、陶冶情操、鼓励文化创新等方面发挥着积极的作用。博物馆公共文化服务，是指在保障公众基本文化权益的前提下，凭借自身的文化资源优势，通过多种形式为公众提供展览、教育、欣赏等功能的服务和文化产品的总和。挖掘博物馆公共文化服务的内涵，才能更好地提高博物馆公共文化服务的水平。

博物馆公共文化服务，坚持保障公众享有公共文化权益的服务理念。早期的博物馆以保管文物为主要任务，很少注重公众的感受和文化需求，而且只有少数精英阶层才能够进入参观，大多数普通社会公众很难有机会享受博物馆的文化魅力。如今，随着经济发展和人们知识水平的不断提高，公众在欣赏文物藏品之余更加追求精神的富足，将关注点更多地转向了文物藏品背后的文化价值，和体现出来的文化内涵。博物馆作为让社会公众深入了解历史、提升文化修养、接受文化熏陶的公共文化场所，需要尊重全体社会公众的文化权益和文化需求，保障公众享有公共文化权益。这是博物馆一直以来肩负的重要历史使命。

博物馆公共文化服务，提供生动鲜活的具有教育性和互动性的服务内容。在一些公众眼中，博物馆给人留下了一种严肃单调的刻板印象，使博物馆和公众之间存在着看不见的隔阂。想要改变这种状况，就要完善博物馆的各项服务内容，通过开展生动鲜活的特色文化服务充分发挥文化传播的功能，以观众为导向，提升公众的互动参与度，同时在博物馆各项服务的细节之中体现人文关怀，为公众提供精神滋养，把满足公众的各项文化需求作为服务重点。通过整合藏品资源，提供不同层次的教育服务，吸引社会公众，尤其是学生群体主动走进博物馆中参观学习，更好地发挥博物馆的社会教育功能，从而提升国民的整体素质。

博物馆公共文化服务，遵循文化共享和公平性、公益性的服务原则。博物馆间开展交流合作实现国际文化交流和文化共享，已经成为博物馆事业发展的需要。博物馆作为代表公众利益的非营利性文化机构，通过开展各类公益性活动提高博物馆的社会效益，这体现了博物馆公共文化服务的公益性。2008 年我国博物馆实行免费开放，是面向全社会所有公众开放，为各个阶层人士提供相同的公共文化服务，体现了博物馆公平性、公益性的文化传播，同时还在扩展着更大范围的文化共享。公益性是博物馆长期发展的立馆之本，也是博物馆得以持续发展的重要动力支撑，充分依托自身的文化资源，为社会全体公众提供公益性的参观学习、休闲娱乐、教育研究等公共文化服务，是博物馆工作一直以来坚持的目标和主旨。

## 四、新时期博物馆公共文化服务的特点

在文化多元化、信息化的影响下，博物馆功能日益扩展，更加强调"以人为本"，积极加强对博物馆教育、社会美育的投入，展示促进社会文化素养发展的良性力量，不断履行博物馆社会责任。数据显示，2019 年我国博物馆接待观众 12.27 亿人次，比 2018 年增加 1 亿多人次；2020 年我国博物馆接待观众 5.4 亿人次，网络观众量数以亿计；2021 年，国际博物馆日的主题是"博物馆的未来：恢复与重塑"，意为思考当今时代博物馆在理念机制、运营发展中的新定位、新模式；2022 年国际博物馆日的主题为"博物馆的力量"。新时期要想满足公众需求，使公众更深入、更便捷地享有更高质量的公共文化服务，就需要认真思考博物馆公共文化服务在新时期呈现的特点。

以人民为中心，强调"以人为本"精神。博物馆从国情出发，科学认识、准

确把握自身的功能和定位，树立"以人民为中心"的理念，积极响应公众文化诉求，充分发挥博物馆服务社会的公共文化职能；把实现教育、研究和欣赏等基本功能放在第一位，把提高公共文化服务质量作为主要责任，以全民共享为理念；通过开展不同类型的陈列展览以及丰富多元的社会教育形式，多功能、多维度地提升博物馆公共文化服务水平，以响应人民群众日益增长的精神文化生活需要为第一要义，让博物馆蕴含的优秀传统文化精准对接人民群众需求，办人民满意的博物馆。

以社会主义核心价值观为引领，发挥"培根铸魂"作用。习近平总书记指出，使中华优秀传统文化成为涵养社会主义核心价值观的重要源泉。中共中央办公厅、国务院办公厅印发了《关于加强新时代关心下一代工作委员会工作的意见》，鼓励和支持公共文化服务与学校教育相结合，强调博物馆等公共文化服务场所要不断加强社会教育功能，合力参与青少年思政课建设，提升青少年科学文化素养，加强思想道德建设。讲好中国故事，传播好中国声音，培育和践行社会主义核心价值观，既是时代命题，也是伟大使命。

博物馆拥有丰富多元的馆藏文化和深厚广泛的群众基础，在精神文明建设融入国民教育的时代背景下，应主动探索社会主义核心价值体系的丰富内涵与博物馆教育有机结合的有效路径，不断丰富内涵，扩展外延，通过多元化的形式、常态化的活动，全程、全员、全方位地使当代核心价值观与优秀传统文化无缝对接，让博物馆成为培植社会主义核心价值观、凝聚民族思想、坚定文化自信的深厚沃土。

以公益性为基本落脚点，培育文化新业态。在法律层面，国际和国内博物馆界都将博物馆认定为"非营利性组织"，《中华人民共和国公共文化服务保障法》中规定，公共文化服务设施建设的参照要求是"公益性"和"均等性"。博物馆为公众提供公益性的公共文化服务是其应承担的社会责任，"公益性"是其提供公共文化服务时应坚持的基本落脚点。博物馆的公益属性体现为利用文化资源，最大限度地向公众提供免费和优质的公共文化服务并取得良好的社会收益，科学合理地界定公共文化服务与文化产业，构建两者协同发展体系，稳步提升公共文化服务保障水平，努力增进全体人民的获得感、幸福感、安全感。

## 第二节　国外博物馆公共文化服务体系发展经验

### 一、美国大都会艺术博物馆

"如果我们把最小的博物馆也计算在内,那么美国博物馆将多达 15000 个左右。而且最近,平均每 3.3 天,就会有一家新的博物馆开馆。参观博物馆的观众成群结队,数量众多。20 世纪 70 年代,博物馆数量显著增多。"这是著名学者、德拉华大学博物馆学学科创始人爱德华·P·亚历山大教授在其著作《博物馆变迁》一书中写的一段话,这部书籍写作于 1979 年,可见在 20 世纪 70 年代,美国已经有上万家博物馆了,远远超过我国当今的近 5000 座。同样,在公共文化服务方面,美国博物馆具有非常完善的体系与超前的理念,近年来,美国博物馆从以展览为主逐渐转变成为以观众为中心;建立与观众互动对话的平台,让观众能够参与和分享,真正地融入博物馆;能够根据观众群体的差异性分别开展不同的学习教育项目,寓教于乐,让不同类型的观众均能找到适合自己的教育方式。在从传统博物馆向现代博物馆转型的同时,美国博物馆担负起了提高国民文化素养的责任,不仅仅是专业领域内的科学研究,更将博物馆推向群众,以多方位、多角度的立体式文化传递的方式,增强人们对博物馆文化的了解。同时,种类繁多的公共教育活动与文化交流学习,又更好地推动了地域文化发展。

美国大都会艺术博物馆位于美国纽约,是世界四大博物馆(世界四大博物馆是美国的大都会艺术博物馆、伦敦的大英博物馆、巴黎的卢浮宫和圣彼得堡的冬宫博物馆)之一,它是美国最大的博物馆,始建于 1872 年。大都会艺术博物馆内拥有多语种的咨询服务和义务导览,包括导览手册、展览简介、活动预告等。导览种类有"精品导览""馆长推荐"等 18 个种类的专题导览。大都会艺术博物馆又是全美收藏艺术纪录片最多的博物馆,馆内会免费放映与当前正在展出的展览有关的各种纪录片、电影或录像。在大都会艺术博物馆内的展厅旁,还设有很多商店或商品柜台,出售艺术品复仿制品、明信片、书籍等文化艺术类商品。"为了适应公共教育的需要,当代美国几乎每家大、中型博物馆都设有教育部。大都会艺术博物馆教育部有 67 名全职员工、40 名非全职员工、300 多名义工,每年经费 1000 万美元,开展的公共教育活动占全馆公共活动的 75%。"

在美国，学习的不同时期，都会有课程安排在博物馆中完成，博物馆成了配合校园教育学习的第二课堂。"据美国博物馆协会统计，美国博物馆约有90%提供 K–12（K–12，美国基础教育的简称，K 代表 kindergarten，即幼儿园教育，12 代表 12 年级，即高中三年级教育。K–12 指从幼儿园到 12 年级的教育）等学校教育活动，每年有上千万学生参加教育项目，每年教育总时间约 400 万小时，美国博物馆每年在教育方面的总投资达 20 亿美元。"由此我们可以看出，美国大都会艺术博物馆在公共文化服务的构建上，包括展陈、导览、咨询、教育、商店等，都提供了全方位的服务，可以说，美国大都会艺术博物馆的公共文化服务构建是较为完善的。一个好的博物馆的建立，不仅仅是要注重展览，更要在公共文化服务的全面发展上下功夫。

近几十年来，美国博物馆发生的一个重大变化就是：从以展品为中心向以观众为中心转变。美国博物馆坚持以人为本的理念，提出以观众为中心的发展思路，在争取和维护观众方面树立"观众第一"的思想，在陈列展览、社会教育和服务观众方面，注重研究观众心理，尊重观众的意愿，体现人性化服务，将"顾客是上帝"的理念注入观众服务中。美国博物馆一般都有免费饮水提供，有长椅、沙发可以随时随地休息，有餐厅、咖啡馆可以享受美食，此外还有免费的导览服务。这种以观众需求为导向的趋势，引导着美国博物馆从传统型向现代型博物馆转变，对美国博物馆的陈列展览、文化教育和休闲娱乐活动等产生重要影响。

美国博物馆提供了一个对话和体验的平台。如今的美国观众参观博物馆不仅是为了获得知识，更是为了体验；不是需要一个权威，而是寻求一种交流和对话。美国博物馆在展览设计、展厅布置、项目规划上都充分体现了与观众交流和互动的理念，不仅让每个参观者通过品味、思考、动手，来了解展品的内涵；还让观众切实感到博物馆是可以参与、交流和分享的地方，从而提升展览品质。美国博物馆为观众提供饶有趣味的体验和动手活动。如现代艺术馆（The Museum of Modern Art）针对盲人和弱视观众开展"触摸之旅"（Touch Tours），在引导员的带领下，戴上塑料薄膜手套，触摸雕塑、绘画等。克利夫兰艺术博物馆、大都会艺术博物馆等允许观众在展厅里临摹艺术品。

美国博物馆教育部根据服务对象的差异进行项目设计，使其能够服务不同类型的观众，包括幼儿、学生、青年、老人、低收入者、少数族裔、残疾人和劳教人员等。如芝加哥艺术博物馆常年开展有 6 个学习项目：学生之旅（For Student Tours），负责 17 岁以下学生的教学，参考学校的教学大纲制订详细的教育计划，负责学生团体参观，组织学生在展厅上课或进行课外活动，编辑、印刷海报和参观手册等各种宣传、教学资料发送到当地的学校。教师项目（For Teachers），主要为学校的老师设计一些选修课程，帮助他们成为艺术课教师，并且为教师提供明信片、彩色卡片、挂图、教师手册等教具和大量信息资源。青少年项目（For Teens），为青少年提供课程、工作坊、实验室，有临时造访、周六实习、一星期暑期计划等。家庭项目（For Families)，负责由家长或老师带领的 3 到 12 岁儿童的活动，制定家庭参观手册，举办家庭讲座，指导家长怎样给孩子讲解艺术品和怎样带孩子玩耍。成人项目（For Adults），负责 18 岁以上成人的教育活动，每年组织 1200 多个活动，不仅为本科生、研究生提供可计算学分的选修课，还举办各种讲座，并把讲座资料送到公司、医院、养老院等单位。多媒体项目（Multimedia Finder），主要利用电子媒体和网络开展各种活动。

在美国，参观博物馆是生活常态，已经成为国民的生活习惯。据美国博物馆协会统计，美国博物馆年观众总数达 8.5 亿人次，平均每人 1 年要进入博物馆去参观 2—3 次。一方面，美国博物馆很多都是免费，或门票低廉，真正面向公众，参观博物馆已经成为美国民众一项传统的文化休闲活动。另一方面，美国博物馆陈列展览水平高、环境氛围好、国民文化素养高，博物馆开展的从研讨会到音乐会的众多文化和教育活动深受公众信赖并深入人心。所以，参观博物馆已成为当今美国民众生活和度假的重要内容，到博物馆去成为美国居民重要、高雅的休闲习惯。

美国博物馆非常重视教育功能，尤其强调博物馆教育和学校教育的融合。一方面，学校安排学生参观博物馆，博物馆对学生免费、优惠和提供导览赏析服务。另一方面，美国博物馆通过调查，深入研究分析中小学的需要，挖掘博物馆已有资源，精心设计分层化、多形式、系统化的教育项目和教师项目，由一般性、粗放式、简单化的浅层服务升级为针对性、深入式、多样化的精细服务。博物馆和学校都积极尝试采取多种方式合作：学校选用博物馆所提供的活动；博物馆根据学校提出的需求进行共同商议；博物馆提议，学校根据自身需求回应；博物馆和学校共同设立常设组织，形成长期伙伴关系；由第三方作为中介进行联系。美国馆、校双方在不断探索和实践中，实现了博物馆教育与学校教育的全面、深入对接和融合。

我国博物馆尚未制度化地纳入国民教育体系，服务于社会和学校的教育意识不强，教育力量薄弱，在教育内容、教育形式、教育手段等方面与美国博物馆相比还存在较大差距。我们需要从美国博物馆教育与学校教育融合的做法中汲取有益的成功经验，选择自己的教育思路，策划教育活动，拓展教育领域，充分发挥我国博物馆教育功能，强化服务学校和社会的意识，从而推动我国博物馆进入国民教育体系，把博物馆开展教育教学活动纳入中小学生教育体系，充分实现博物馆教育与学校教育的全面衔接和融合，使博物馆成为中小学教育的必要补充和重要内容。美国博物馆的服务水平和服务质量非常之高，值得我们学习借鉴。特别是以人为中心的服务理念。人的满意度是衡量一个博物馆是否实现公共文化服务最终目标的基本要求。

打造博物馆的网络化、数字化和移动化。美国博物馆非常重视延伸服务传播功能，主要手段是互联网和移动技术。美国博物馆拥有发达的信息技术，建立了博物馆的网站、局域网等，甚至开通网络博物馆，构建网上的藏品数据库。如国立美国历史博物馆开发网上的藏品 3D 立体展示。大都会艺术博物馆网站上有介绍展品和展览的视频。美国博物馆还通过推特（Ttwitter）或脸书（Facebook）等网络方式发送活动讯息。美国博物馆的网站还为中小学教育服务，设置了学校教育栏目，提供信息与资料服务，如各项教学资源介绍、教案、网上在线课堂、参观活动单、线上学习游戏、信息和咨询、在线互动服务等。此外，美国博物馆正走向"移动化"，通过手机进行博物馆导览服务。据 2012 年美国博物馆协会调查，"美国近一半的博物馆向其观众提供移动设备信息服务……增长速度最快的移动平台为智能手机应用程序"。网络化、移动化的延伸服务可以扩大博物馆的影响力，吸引更多的人走进博物馆，或在家也能享受到博物馆的服务，这也是我国博物馆未来发展的趋势。

美国公众对博物馆有着浓厚兴趣和深厚感情，参观博物馆已经成为美国公众的一种文化习俗、休闲习惯和生活方式。美国博物馆种类齐全，几乎涉及社会生活的各个领域，有历史、艺术等人文科学方面的，也有科技等自然科学方面的。从美国教育的角度来说，培养的是一个全面的人，要对整个人类的历史文化、自然科技等有一定的了解。而且美国长期以来十分重视艺术教育。一个国家的民众对博物馆的关爱程度，实际上反映出该国民众的文化素养和社会的文明程度。

中国是一个博物馆资源非常丰富的国家，但是目前民众还没有形成参观博物馆的文化传统。从文化和教育的角度看，中国人在重视教育时，还没有意识到去博物馆了解历史、自然、科技，欣赏艺术是教育的一个重要组成的部分。我们还需增强博物馆的教育作用，同时还要提高艺术、历史、科技等人文和自然科学在我们国家公众生活中的地位与作用。从公共服务的角度看，我国博物馆开始实行免费开放的重大决策，激发了人们参观博物馆的热情，一定程度上增强了社会公众的博物馆学习意识。我们的博物馆事业应该借助契机，提高公共文化服务水平，使参观博物馆逐渐成为民众的一种生活习惯，使博物馆真正成为培育和提高国民文化素养的文化场所，成为反映我国社会文明程度的公开窗口。只有培养出我国民众的博物馆意识，使参观博物馆成为民众的生活常态，让民众的参与和支持成为中国博物馆的重要支撑力量，中国博物馆才有可能真正走进世界博物馆的先进行列。

## 二、大英博物馆

在英国人的生活中，博物馆占有重要的一席之地。英国的博物馆数量众多、涉及广泛、历史沿革悠久。拥有如大英博物馆、维多利亚博物馆，还有皇家海事博物馆、赫伯特艺术画廊与博物馆、北部联盟博物馆等特色博物馆。2009年7月，英国博物馆、档案馆和图书馆委员会制定并施行了名为《领先的博物馆——英国博物馆远景规划和战略目标》，这一纲领性文件旨在"让民众成为博物馆的核心，让博物馆成为社会的核心"，彰显出英国博物馆发展的理念。发展到今天，英国已经拥有约2500家博物馆，其中有28家国家级博物馆、200多家公共博物馆、300多家大学博物馆、800多家地区性博物馆以及1100多家独立博物馆，藏品更是种类丰富且历史悠久。英国也因此成为世界上博物馆"密度最大、质量最高、历史最悠久、体系最健全"的国家。

英国国家博物馆，又名大英博物馆、不列颠博物馆，位于英国伦敦，1753年建成，占地约56000平方米，是世界上首个国立博物馆，是当今世界上历史最悠久、规模最大的著名博物馆之一。首批藏品来自一位收藏家——汉斯·斯隆爵士，他将71000多件收藏品捐献给了国家，时至今日，大英博物馆收藏了世界各地的文物精品，拥有藏品800多万件。如果说，美国的博物馆公共文化服务体现在提供服务的全面性，即广度，那么大英博物馆的公共文化服务更体现在提供服务的深度上。大英博物馆历史上一直实行全年免费开放，20世纪初就有了自己的公共文化服务：1903年，出版了第一部博物馆指南；1911年，委任了第一位讲解员。发展到今天，大英博物馆每天提供30—40分钟的免费讲解服务；每日午后，还有博物馆管理者作为主讲人的免费讲座；每天下午，参观者还可参与"亲身体验活动"，亲手触摸和感受一部分展品。

大英博物馆的展馆是以地区作为分类方式的，包括非洲馆、美洲馆、亚洲馆、欧洲馆、中东馆等，还有一个专门展出特殊藏品及临时展览的主题展馆。每个展馆内又分为1—20个不同的展厅，使观众只需在展馆内进行参观，就可以学习整个世界不同时期的历史与文化。

大英博物馆的博物馆衍生产品商店，有大有小分布在博物馆内，分为复制品、展览书籍、装饰品、明信片、日历、珠宝、服装、生活用品、布偶玩具、食品等不同类别，主要对几件"镇馆之宝"级别的文物进行重点开发，如古埃及的文物"罗塞塔石碑"，在大英博物馆的商店中就有书籍、复制品、服装、文具、食品、玩具等各种以其为元素的商品，形成了一个较为全面的系列。

近两个世纪以来，大英博物馆的受众正逐渐由社会精英转变为社会公众。馆员对前来参观的公众一视同仁，使博物馆真正成为一个文化、教育空间，为英国民众提供了丰富的藏书和藏品，使每一个英国民众及参观者在大英博物馆中，都能直观地感受到文化的魅力。

英国博物馆的公共文化服务意识和服务质量，是在世界博物馆中位居前列的，当然，这与英国较为注重文化与历史有关，在当代，我国应该学习英国博物馆的服务方式，更好地为中国参观者服务。

## 第三节 博物馆公共文化服务发展现状与策略

### 一、博物馆公共文化服务研究现状

"公共文化服务"一词提出以来，其相关研究数量井喷式增长，其中公共文化服务体系研究、农村公共文化服务研究和图书馆公共文化服务研究占据绝大比例，博物馆公共文化服务方面的研究则相对较少。自2005年以来，博物馆公共文化服务相关研究数量总体呈波动式增长。在2015年中共中央办公厅、国务院办公厅印发《关于加快构建现代公共文化服务体系的意见》以后，相关文献数量上升趋势尤为明显。从研究内容来看，当前国内博物馆公共文化服务研究大多是结合博物馆具体工作实践，围绕以下方面开展实践研究。

博物馆公共文化服务基础理论方面的研究，包含定义、特点、内容及功能等。王凤英（2016）根据公共文化服务的内涵及特征，提出博物馆公共文化服务即"博物馆以保障公民文化权利为逻辑起点、以满足公众教育、研究、欣赏需求为目的，向社会和公众提供博物馆文化产品与博物馆文化服务的活动和过程"。博物馆公共文化服务的特征包含公益性、人本性及社会参与性。基于博物馆公共文化服务的内涵和特征，她指出博物馆公共文化服务的主要构成内容包括基础设施、公共教育、专业服务和平台建设。郭文光（2018）融合《中华人民共和国公共文化服务保障法》中公共文化服务的定义和国际博物馆协会对于博物馆的定义，提出博物馆公共文化服务即"在充分保障公众文化权利的前提下，以实现博物馆教育、研究、欣赏为目的，向社会及公众提供的各种博物馆文化服务和博物馆文化产品的总和"。博物馆公共文化服务的特征包括公益性、公共性和均等性。根据传统和新时期的服务项目实际，他认为博物馆公共文化服务内容包含配套完善的服务设施、举办高质量的陈列展览、开展丰富的社教活动、提供特色文创产品和推进数字博物馆建设等。此外，他认为国际博物馆协会认定的"教育、研究和欣赏"博物馆三大功能在新时期已经不能满足社会公众的期望且与当下发展情景不相符合，因此他在上述三种基础功能外，又新增了传播优秀文化、休闲娱乐和信息服务等功能。萧潇（2020）认为公共文化服务由各个具体分项服务组成，博物馆公共文化服务就是分项之一，其内涵是"由博物馆作为提供服务的主体，博物馆工作人员从博物馆的藏品、所在地的历史文化为主要出发点,通过收藏、研究再转化为社会公众接受程度较高的各项公共文化产品"。博物馆公共文化服务的目的从宏观来看在于为公众提供社会教育,从而提升国民素质与文化自信;从微观来看在于使人们总结历史规律、引发新思考。博物馆公共文化服务的内容包括陈列展览和社会教育。

博物馆公共文化服务实践方面的研究,包括存在的问题、原因分析及提升策略。汪琴(2016)以鄂尔多斯市博物馆为研究对象,发现鄂尔多斯市博物馆公共文化服务存在的问题为服务理念认识模糊,场馆利用率低、文化产品满意度不高、数字化建设相对滞后、与旅游业融合发展程度较低。她认为制约因素包括藏品种类不全且数量不足、人才培养重视程度不够、管理制度相对落后、资金不足、政府不够重视等,提出了树立服务理念、基本陈列突出地域特色、临展体现公众文化需求、重视数字化建设、提升社会教育能力、健全管理体制等措施。单驿(2018)以大连市博物馆为研究对象,通过在5—10月旅游旺季对游客进行问卷调查,发现大连市博物馆公共文化服务存在展馆数量较少且分布不均、硬件相对落后、服务质量不高、教育职能不充分、延伸产品单一、宣传推广效果不理想等问题。他认为问题背后的原因在于城市文化建设滞后、缺乏经济保障、缺少专业人才、资源单一、文创开发和经营能力弱、对新媒体重视不够等。在借鉴国内外其他城市成功经验的基础上,他提出加强馆藏资源建设、改革管理模式、提升教育职能、增强服务意识、培养引进人才、利用新媒体增强影响力、打造延伸产品等措施。蒋丽楠(2019)以内蒙古基层博物馆为研究对象,通过访谈各博物馆工作人员,结合文物局数据资料分析,发现内蒙古基层博物馆公共文化服务存在服务意识淡薄、产品服务同质化、供需脱节、公众对服务了解不够、工作人员积极性不高、文化资源相对分散等问题。她认为,问题背后的原因在于政府和博物馆对服务功能定位认识不足、供需双向沟通不畅、宣传不到位、缺少高效灵活的考评和激励机制、封闭式运行导致缺乏深度交流与整合等。在借鉴国内其他基层博物馆成功经验的基础上,她提出了确定以公众为中心的服务理念、提供以需定供的菜单式服务、加大宣传推广力度、促进人才队伍建设、推动博物馆之间优势互补等改进措施。

## 二、博物馆公共文化服务发展存在的问题

### （一）区域发展不均衡，基础设施有待完善

现代博物馆起源于17—18世纪的欧洲，而我国首座民办博物馆南通博物苑和首座国立博物馆中国历史博物馆都要比欧洲的博物馆晚近200年。在此期间人们一直在为解决温饱而奔波，在基本物质生活条件没有满足的情况下，缺少对于精神世界的追求，没有养成参观博物馆的日常习惯，长时间里博物馆在人们心中缺乏存在感，导致现在社会公众和博物馆之间产生了隔阂和疏离。

社会公众有着不同的文化教育背景，很多处于文化底层的人群经常会被忽视，社会上只有少数民众，比如学生、知识分子等群体对于博物馆有较多了解，而一些偏远地区的社会民众对于博物馆的了解十分有限，受生活条件和教育认知水平的限制，他们从未想过要进入博物馆参观，一些人甚至不清楚博物馆的存在。虽然随着经济的发展，目前我国博物馆的总体数量在逐年增长，但是分布不够均衡，大部分优质博物馆资源都集中在东部经济发达城市和交通便利的沿海城市，受路途、经济、环境等方面的不利条件影响，我国目前有相当一部分中西部偏远区域的民众无法享受到博物馆提供的公共文化服务，他们的文化融入和文化享有远远没有达到城市市民的水平，这些远离城市的民众同样渴望得到文化气息的熏陶，这就要求博物馆必须要更加扎实地走向基层，给予弱势群体更多的文化关怀。

目前在基础设施方面仍然暴露出严重问题，某些地方跟风现象十分严重，无视当地自身的经济发展水平和公众实际需要，投入巨额资金盲目建设了大量超出实际需求的博物馆，注重了博物馆的数量，而忽视了博物馆的内涵。另外，目前部分文物藏品的保存环境比较恶劣，这种情况不但严重影响藏品的自身属性，容易对藏品造成损害，还会给社会公众带来不够愉悦的参观感受。博物馆内的便民设施和休闲娱乐设施还不够人性化，没有考虑到观众的切身需求，比如供公众休息的位置有限，很多观众在公共区域席地而坐，既给自身造成了不舒适的体验，也严重影响了博物馆的文化氛围。从全国范围来看，博物馆整体基础设施建设亟须加强。

### （二）规章制度不完善，政策制定存在漏洞

博物馆的安全管理制度不够完善。管理工作是一项系统的工作，每个博物馆保管的文物藏品种类复杂多样，需要制定系统化和精细化的规章制度进行安全管理。根据中国被盗丢失文物信息发布平台的资料显示，截至2019年3月29日，

共发布了 246 件尚未侦破的文物案件中被盗文物的信息。一些博物馆管理者的安全意识淡薄，对安全工作缺乏重视，没有建立行之有效的管理制度，在安全防护方面存在漏洞。导致珍贵文物受损失窃，造成了难以挽回的巨大损失。

博物馆的陈列施工管理制度存在漏洞，陈列展示是博物馆传播文化的重要形式之一，然而它的重要性往往受到忽视或者轻视，存在忽视后期服务管理、内容更新延迟、公众参与度低等问题。在陈列展览施工设计过程中，缺乏从业基本条件和技术规范，导致整个工程十分混乱，严重影响展览的质量。施工单位对于文物藏品的价值缺乏认识，违反基本操作规范，在施工过程中造成展品的损坏，导致展览的失败。

博物馆的文创产业相关政策法律有待完善。在国家大力推动文创产品开发的大背景下，博物馆在进行文创开发合作过程中需要考虑很多政策法律问题，包括所有权、著作权等。当前的开发方式主要分为自主开发和授权开发两种形式，目前多数博物馆选择授权开发的形式，作为授权方的博物馆在合作过程中要重视可能存在的法律风险，比如可能存在的知识产权侵权行为。另外，受体制影响，一些博物馆文化创意开发能力欠缺，市场意识和创新意识不足，文化创意人才紧缺，对文化创意工作积极性不高，在开发文创产品时面临优胜劣汰的风险。

### （三）资源利用率不高，保障机制不够健全

博物馆的文物藏品资源利用率不高。以故宫博物院为例，2019 年文物展出率仅为 8%，大量文物藏品长期保存于库房之中不见天日，基本无缘与社会公众见面，耗费博物馆大量的资金成本和保存空间，却没有对外展出的机会，发挥不出应有的价值。很多博物馆自身拥有的资源有限，由于博物馆间文物藏品合理流动的机制尚未真正建立，很难从其他博物馆获得自己想要展示的文物藏品，那些资源丰富的博物馆也无法将这些长期无法展出的文物藏品转让给其他博物馆进行展示，导致目前的资源配置不能发挥出最佳效益，暴露了各个博物馆之间的交流与合作机制尚不健全的问题。

博物馆的藏品保障机制有待健全。以往博物馆在传统管理过程中注重文物防盗防火防损毁，然而在技术层面比较落后，虽然减少了人为损坏的可能性，但是忽略了这些藏品处在自然环境中，不可避免地受到环境中湿度、温度、光线等不利因素对其造成的损坏。由于缺乏资金，很多文物的保存环境达不到要求的标准，在库房中可能会对文物造成损害。

博物馆的应急保障机制有待健全。很多博物馆的风险管理意识和危机应对能

力还比较薄弱，风险防范手段和管理方式比较陈旧，很多基层博物馆都没有设置安防报警系统和负责应急处理的部门，难以应对可能存在的自然风险和人为风险。管理者安全意识淡薄，麻痹大意是最大的隐患，对管理要求不执行，对于标准规范不能确保达标，一旦发生火灾、恐怖袭击、设备故障、拥挤踩踏、斗殴行凶等突发事故，管理者将无法迅速反应，从容决断，导致手足无措，指挥混乱，将会造成公众生命安全和财产的巨大损失。

**（四）服务主体不专业，服务模式有待创新**

博物馆专业技术人员不足，已经成为制约博物馆发展的瓶颈，人才队伍建设滞后的问题十分突出。一方面博物馆属于事业单位，工作岗位一般都是终身制，内部编制有限，另一方面博物馆涵盖的知识类别众多，很多工作人员都是非博物馆学专业，导致专业性不足，需要重新学习专业知识，由于缺少系统的学习，很难在短时间内获得学习成果并应用到工作当中。由于人才管理机制的不完善，福利待遇和工作条件相对普通，有能力的高级人才往往选择其他行业，导致更加缺乏专业人才，严重束缚了博物馆的发展。

博物馆在进行一些活动策划时，面对不同层次的观众采用相同的讲解内容和解说方式，忽略了观众接收信息的能力和理解能力，由于参观人员知识储备和自身教育背景的差异，对博物馆展出的藏品信息会产生差异化的理解。另外，在所有观众中，除了少数观众属于被动参观之外，对于大部分观众来讲，进入博物馆属于一种自发性的行为，因此博物馆吸引观众的手段和方法就格外重要。很多观众参观博物馆出于一种娱乐的动机，然而博物馆作为具有教育功能的文化机构，在平衡教育和娱乐方面缺少一个衔接点，侧重了教育需求，忽视了人们的娱乐需求。因此现代博物馆不仅要注重教育需求，还应当关注观众的娱乐需求，增加更多的娱乐项目和设施，改变千篇一律的陈列设计，促使博物馆的陈列向生动性、娱乐性、趣味性的方向发展。

**（五）奖励机制不丰富，分配制度仍需改革**

我国博物馆对于员工的奖励机制比较单一，目前仍然处在依赖薪酬待遇激励、事业职位激励和感情精神激励的层面，这种奖励机制的力度和科学性难以适应新形势发展的需要，对于员工的主观需求认识不足，缺乏一套科学有效的奖励机制，在目前这种奖励机制下，员工干好干坏获得的奖励区别不大，员工的实际需求得不到满足，不能充分调动博物馆员工的工作主动性和积极性，造成人才流失的现象时有发生，从而对博物馆公共文化服务的效果起到消极影响。

博物馆在收入分配制度上也存在着一些弊端，由于博物馆经费来源具有特殊性，收入分配标准和绩效考核都存在一些问题，没有良好的分配制度不利于激励员工在工作中进行创新探索，导致在事业发展上受到很多局限。此外，员工的很多创造性的劳动无法进行量化，很难公平合理地给予奖励和激励，对员工的积极性起到消极的影响，导致员工对工作缺乏热情和归属感。

### 三、博物馆公共文化服务体系的发展策略

#### （一）加强基础设施建设，提高设施利用率

1. 拓宽资金来源渠道，提高公共财政资金投入

博物馆目前的资金来源主要依赖国家公共财政，根据我国的国情，在未来相当一段时间的发展过程中，博物馆的主要资金来源渠道依然是政府拨款。在2008年实行博物馆免费开放之后，客流量增多，一些大型博物馆的日常运营出现了资金缺口，政府需要对这类博物馆采取一定的财政补贴的措施，设立专项的资金进行补助，加大财政资金扶持力度，确保博物馆拥有固定的经费保障来维持日常运营和提供公共文化服务。然而目前单纯依靠政府财政的支持已经远远无法满足博物馆未来发展的需要，国家财政提供的资金虽然稳定但是不足，需要政府在相关政策法规上给予支持，针对不同博物馆的特点建立更多的资金来源长效机制来保证充足的资金供给。

资金是保障博物馆工作得以有序进行并可以取得实际效益的必备要素，资金来源渠道多样化是缓解博物馆资金压力的重要途径，可以从以下三个方面来拓宽来源渠道：第一为国家财政拨款，政府的财政投入是资金的重要来源，需要合理规划资金扶持数额。第二为本馆经营活动，在确保实现公益目标的前提下，依法开展相关的经营活动，将取得的经营性收入用于发展博物馆公益事业，这对于政府财政投入可以起到有效的补充作用。第三为社会捐助，积极鼓励企业、社会团体和个人进行捐助，帮助博物馆解决日常经费和发展资金的问题。为加快我国博物馆公共文化服务体系的建设，需要建立多渠道的资金投入机制，积极引导其他社会力量参与到建设国家博物馆文化事业中来。

2. 缩小区域差异性，加强公共文化服务均等化

博物馆要将农村偏远地区和经济欠发达的中西部地区作为服务的重点对象，国家要加大财政投入支持这些地区基层博物馆的建设，让这些地区的基层城乡居民享受到基本公共文化服务。在文化资源严重缺乏的地区，通过建立流动博物馆

作为辅助支持，从公众的需求出发，提供更优质的公共文化服务。博物馆公共文化服务应当加大对弱势群体的关注力度。弱势群体对于信息资源的获取渠道十分有限，一方面是由于自身条件限制，另一方面博物馆针对这类群体的公共文化服务还有不够完善的地方，给弱势群体的参观体验造成很多不便之处，久而久之他们就远离了博物馆，即便来到博物馆进行参观，对于文化服务的诉求也达不到心中理想的效果。因此博物馆应当按照中共中央关于"推进城乡基本公共服务均等化"的要求，为弱势群体提供便利的设施和服务，满足弱势群体对于文化获得的渴望，鼓励他们走进博物馆享受文化服务，同时用新颖的模式和精准的服务积极推进公共文化服务均等化建设，保障公众均等享有公共文化权益。

### （二）完善制度建设，提升制度体系规范性

#### 1. 借鉴研究经验，强化政策制度管理机制

全球化趋势越来越明显，博物馆建设不可故步自封，如果与外界缺少交流合作，必然会使自身的社会功能不断弱化，从而丧失生命力而走向衰落。应当加强与国外博物馆的密切交流合作，进行双方文化资源的优势互补，这样不但能够借鉴到国外先进的博物馆公共文化服务模式和理念，还能够在一定程度上扩大自身的国际影响力。

借鉴国外博物馆的消防安全管理制度。当自然灾害对博物馆造成威胁时，人身安全固然是救援人员考虑的第一要务，但同时也要意识到，在这种危急情况下，保护文化遗产也相当重要，因为博物馆保存的几乎都是独一无二、不可替代的珍贵藏品。在美国，除了有救人的消防人员，还有专门救助藏品的紧急救援队伍，他们在紧急事故发生时，通过专业的手段及时救护文物藏品，并对受损的藏品进行清理修复。另外，美国大型博物馆都有全面的应急预案，防护措施也非常完善，在博物馆设计之初就未雨绸缪，充分考虑了建筑材料的防火性，博物馆周围的建筑也是在考虑了阻燃功能之后设计建设的。美国博物馆还会定期对救援人员进行培训，告诉他们紧急情况下优先保护哪些藏品，提醒他们潜在的危险。目前我国还没有在紧急事故中专门救助藏品的专业队伍，可以借鉴美国的消防安全管理制度，加速制定适合我国实际情况的消防安全方案。

借鉴国外博物馆的陈列展示管理制度。如今我国博物馆已经从单一的陈列展览，静态陈列物品，向重视观众的文化体验感和动态交流进行转变，在陈列展示的形式上追求更大的创新。伊利诺伊博物馆运用全息技术、定制的控制系统、集成照明等手段，为观众创造了一个全息影院的体验，通过精心设计的灯光效果和

视觉显示层，让观众产生与虚拟人物进行真实对话的错觉。传统陈列方式呆板僵化，严重影响观众的参观热情，我国博物馆要进行陈列理念的革新，通过博物馆馆际的交流合作，更好地解决陈列展示经验不足、创新能力不够的问题，从而促进博物馆公共文化服务的发展。

2. 深入了解国情积极探索，加强政策制度科学指导

充分利用我国丰富的旅游资源，将博物馆和旅游业紧密联系起来。博物馆作为人类文化遗产的重要保护单位，是文化旅游资源的重要组成部分，也是旅游者的重点参观目的地。随着国民经济的不断发展，旅游业呈现出更加旺盛的市场需求。国内外的旅游者每到一个城市，往往都会选择参观当地的博物馆，通过参观博物馆，旅游者能够详细地了解当地的历史沿革、社会发展状况、风俗习惯和风土人情。同时，博物馆通过旅游业，也能更好地发挥出文化传播的历史使命。因此，将博物馆事业和旅游业相结合，作为一种有益的尝试和创新，建立起互相协调促进机制，拓宽双方合作路径，合理分配收益，这将是一个双赢的合作方式。为了促进全国博物馆与各地旅游机构之间的紧密合作，需要政府研究制定相关的政策制度来进行推动助力，探索出一条"旅游＋博物馆"合作共赢的发展模式，为运用旅游的方式传播博物馆文化提供制度支撑。

营造适合博物馆文化创意产品发展的政策环境，通过政策鼓励和法律保障激发博物馆自身活力。博物馆属于公益性事业单位，非营利性组织，过去不能直接从事商业经营类的活动，这为博物馆文化服务事业的发展带来了一定阻碍。2015年3月20日正式实施《博物馆条例》，明确指出允许博物馆从事商业经营活动，这为博物馆合法发展文创产业提供了制度保障。因此应陆续制定颁布相应的法规文件，鼓励博物馆通过多种渠道筹集资金，挖掘博物馆文创产业的发展潜力，明确博物馆文创产业的发展途径，指导博物馆文创产业的发展方向。通过法律文件的规定和科学性指导，加大政府推动力度，支持博物馆与高校、设计协会等社会组织深度合作，建立互利共赢的合作机制，促进博物馆文创产品的宣传推广，逐步解决版权开发、产品营销、销售渠道、利益分配等问题，打通整个文化创意产业的产业链，让文化创意产品起到服务社会公众的作用，共同促进博物馆公共文化服务创新发展。

（三）稳固保障工作建设，激发协同治理能力

1. 增强风险防护意识，健全文物保护应急机制

提高博物馆管理者的危机管理意识，建立健全博物馆风险管理和应急机制。

首先，博物馆应遵循预防为主的方针，建立相应的预警系统。通过对危险信息的收集，在出现紧急情况时，及时发布信号，引起注意，从而做到准确及时地应对突发事件，把损失降到最低。通过加大投入和加强管理来消除风险隐患，制定科学合理的应急预案和事故处理的大致流程，以便于快速妥善处理突发事件，例如博物馆"防抢劫、防暴乱、防劫持"应急预案、博物馆应对蓄意闹事或人员伤亡突发事件应急预案、博物馆文物及现场设备故意损坏应急预案、博物馆关键部门突发情况保卫应急预案等。

其次，对于一些具有不确定性的潜在危险，博物馆应当有意识地提高预测辨别的能力。对发生的危机事件进行分析和衡量，采用最科学、合理、经济的方式方法，来避免、减少或者抑制意外事件的发生，降低各类风险给博物馆造成的损失。

最后，建立和完善应急事件风险责任制，做到责任到岗、人人有责。建立对风险的全员防控机制，有效应对博物馆可能面临的各种风险。在博物馆免费开放之后，还要制定人流控制以及开放过程中突然停电、发生火灾、文物盗窃、观众突发疾病等突发事件的应急预案，保障免费开放后博物馆文物、公共设施和观众的安全。

提高博物馆管理者强大的心理情绪控制能力和统筹协作的能力。当突发事件发生时，面对巨大的冲击，不可避免地会产生焦虑、恐惧、悲伤等消极情绪，这些情绪带来的负面影响对于处理危机事件的管理者来说不容小觑，因为管理者的个人情绪在很大程度上会影响决策判断，为危机处理带来一定难度。因此管理者要提高自身的心理承受能力和抗压能力，遇事要处变不惊，在复杂多变的高压环境中迅速调节自身情绪，保持冷静清醒的头脑。同时还要充分协调各方力量，发挥整体优势，自上而下进行指挥控制，和相关部门联手共同应对危机，统一指挥分工合作，通过有效沟通保障各部门之间信息交流顺畅。

2. 打造专业人才队伍，培养博物馆复合型人才

随着社会需求的不断变化，博物馆对馆内自身人员的综合素质、队伍结构层次的要求也逐渐发生了明显变化，尤其是在藏品保护、展览策划、社会传播、信息技术、文物修复等方面亟需相关专业人才。博物馆即便拥有最先进的馆舍环境、公共设施与装备，如果缺乏现代化人才，也只能是徒有其表，仍然谈不上博物馆实现真正意义上的现代化。要提高博物馆从业人员的准入标准。

首先，建立公开招聘和公开考试的选人用人制度，严格监督，竞争择优。在招聘流程中设立社会监督机制，提高选人用人的透明度，严禁任何人运用任何非

正当手段获取博物馆岗位，确保真正有能力的人才能够被选拔出来。其次，建立博物馆人员结构整体规划，根据博物馆实际工作内容需要，结合当前人员结构，合理安排人员，防止人员安排的混乱和盲目。最后，设立博物馆职业资质认证制度，研究出台博物馆专业人员准入办法，逐步实行人员持证上岗制。

提高博物馆在编人员中的专业人员比例。博物馆明确界定为知识密集型科研教育机构，可以参考其他高等院校、科研院所的相关政策，推动博物馆的人才体制改革，优化人员结构，提高博物馆的科研能力和科研水平。依据博物馆属性，重新核定公布博物馆岗位设置管理办法，提高专业人员岗位中的高、中级专业技术岗位比例。制定博物馆复合型人才培养方案，加大培训投资力度，强化高校博物馆专业师资队伍，健全适合高级人才发展的培养体系，扩大高校博物馆专业招生规模，提高各类专业培训的质量，解决人才紧缺的问题，全面提升博物馆复合型人才队伍的整体素质。

### （四）增强服务管理能力，及时处理公众反馈意见

#### 1. 树立创新合作意识，建立合作共享共建机制

博物馆之间只有加强合作交流，才能取长补短。建立长期良好的文物藏品资源合作共享机制，实现博物馆之间藏品的资源共享，通过互换资源的模式，探索新颖的合作方式，为观众提供更加优质的社会服务，在实践中不断推动博物馆公共文化服务事业的共同繁荣。

第一，加强博物馆和博物馆之间的合作，通过藏品流动管理，对文物资源进行更为有效的配置，提高藏品的利用率。藏品资源合作共享的具体方式包括馆际学术交流、联合办展、文物藏品巡展、互相分享文物数据库和影音资源等方式。2019 年中国国家博物馆联合"一带一路"沿线的 12 个国家的国家博物馆共同举办了"殊方共享——丝绸之路国家博物馆文物精品展"，观众在展览中欣赏到了234 件（套）精挑细选出来的文物，了解到不同国家文明发展的历程，获得了极大的精神满足感，同时此次展览充分展示了各个国家的文物藏品资源优势，为共谋发展带来新的机遇。

第二，加强博物馆和学校之间的合作，组织学生到博物馆参加社会实践活动，与教育部门联合开展学习课程、研习活动和知识竞赛，安排博物馆讲解员到学校开展专题讲座，激发学生群体对博物馆的兴趣。2018 年京津冀"博物馆进校园示范项目"对进一步探索博物馆与学校合作的新模式起到了很大作用，因此，博物馆要积极发挥公共教育职能，举办更多的富有创造性、知识性和趣味性的教育

活动，建立更多的以文化教育为目的的共享共建机制。

2. 转变服务运行模式，扩大社会公众参与通道

博物馆要积极创新服务载体与服务运行模式，探索多种社会化网络服务模式，与公众形成良好的互动交流。第一，运用虚拟现实技术，创建博物馆 VR 游戏、线上展览和导航等业务内容，通过这种模式让观众与展览对象进行虚拟互动，激发观众的兴趣。用新的视角和创意给观众带来全新的文化服务体验。第二，运用直播形式进行"云展览"，借助 5G 技术和云计算带来的高速率传播，让观众不必走出家门就能看遍中华文明，节约时间和费用。第三，运用数字化技术对藏品信息进行归纳分类，建立数字资源库，深入研究高水平文化遗产保护数字化技术。运用幻影成像技术将实物和数字影像结合起来，丰富博物馆的展示手段，紧跟数字技术的发展步伐，努力发挥出博物馆公共文化服务更大的价值。

博物馆应当建立制度化的社会公众长效参与机制，广泛听取公众对于博物馆工作提出的建议和意见，通过多种渠道了解公众的诉求，使博物馆的服务更加贴近民心所想。博物馆的受众群体十分庞大，其中有很多能力出众的积极观众对于博物馆事业的发展抱有极大的热情，他们对博物馆有着无限的热爱，这些观众是推动博物馆不断发展的强大外在动力。博物馆应该积极探索与这些稳定的观众群体建立长久往来的方法和途径，为积极观众提供参与博物馆建设和管理的联络沟通平台，拓宽和观众的交流渠道，充分利用积极观众的聪明智慧和社会资源，借助公众力量改进博物馆的各项服务，提升博物馆公共文化服务水平。另外，博物馆要完善志愿者服务机制，规范志愿者的管理工作，缓解人力资源不足的问题。根据各个博物馆自身的情况，建立志愿者资源信息库，制定相关规章制度，让志愿活动有章可循。设置多种培训方式，让志愿者尽快了解工作流程，培养团体的团结协作精神，为公众提供更加优质的公共文化服务。

**（五）提升组织工作效率，优化绩效评估机制**

1. 完善监督问责机制，健全服务考核评价制度

博物馆要建立问题督促整改机制，对日常公共文化服务过程中发现的突出问题进行反馈，明确问题责任的主体，健全岗位责任，督促相关部门找到根源，要通过整改取得明显成效。要强化责任追究制度，深入核实相关问题，给予公众切实可信的回应，对于工作中由于瞒报谎报、不担当不作为造成严重后果的人员进行严肃追责。要建立典型问题通报机制，定期收集博物馆公共文化服务建设中普遍存在的问题，分析问题原因，提出改进措施，对处理结果的相关信息进行全社

会公开，从而发挥震慑作用和警示教育作用。

博物馆应遵循公益性事业内在的发展规律，科学地制定服务考核标准和评价制度，稳妥地推进绩效考核工作。在制定考核标准时，第一要紧扣公益性服务来制定绩效指标，注重与岗位职责紧密结合，考核内容要全面具体。第二要将定性考核与定量考核相结合，只注重定量考核会使整个考核过程过于机械化，因此需要科学地划分两种不同模式的考核，依据现实情况采用合适的考核模式。第三要强化博物馆的服务定位，在评价制度中，多从公众对公共文化服务满意程度的角度对员工工作进行评价，进而达到为广大人民群众提供更加优质的公共文化服务的目的。

2. 强化员工激励机制，提高服务主体的积极性

博物馆可以根据不同类型员工的需求制定分类激励标准，对于资深研究型人才，可以为其提供更专业的研究环境和工作条件，鼓励他们进行更深入的科学研究。对于年轻学习型人才，可以为他们提供更多的专业知识培训和实践机会，激发他们的工作热情，提高职业满足感。另外，所有的激励机制必须落到实处，不能纸上谈兵，博物馆员工是博物馆日常运行中最基础的力量，需要充分调动他们的积极性，这样才能有更充足的条件去提升公共文化服务能力。

博物馆在多元化发展的同时，要为自己的员工多谋福利，提高博物馆员工的节假日福利待遇。由于博物馆的特殊性，在节假日期间观众参观数量暴增，往往是员工最为忙碌的阶段，需要经常性加班、值班，如果没有奖励补偿机制，员工的工作动力和效率难免会大打折扣，展览质量和服务能力也会受到影响，进而影响博物馆整体的公共文化服务质量。目前博物馆正在不断探索拓宽收入来源的渠道，改善员工待遇也应当尽快提上日程，除了基本工资，还可以设置其他奖励机制，激励博物馆员工更加努力地工作。

# 第五章　博物馆免费开放与安全管理

# 第一节　博物馆免费开放政策的发展

　　我国博物馆免费开放的尝试始于 2002 年，广东省湛江博物馆、番禺博物馆于当年 4 月率先提出全年向社会免费开放，陕西省部分博物馆从 5 月开始对一些特殊群体观众实行优惠政策。2003 年 5 月，杭州市民迎来了杭州历史博物馆、中国茶叶博物馆、南宋官窑博物馆、苏东坡纪念馆等 15 家杭州市属的博物馆宣布取消收费制、免费向公众开放的福利。2004 年 1 月，浙江省博物馆举行免费开放仪式。杭州由此成了全国第一个免费开放所有博物馆的城市。同年间，故宫博物院、北京市属 16 家博物馆等，针对未成年人、老年人、现役军人等不同参观对象，推出了多项优惠政策。

　　2005 年 12 月，《博物馆管理办法》颁布，提出博物馆应当逐步建立减免费开放制度。2007 年 11 月，湖北省博物馆正式向社会免费开放。同年底，《关于落实博物馆向社会免费开放试点工作的报告》发布，就公益性文化设施实行免费开放达成共识。可以看出，从部分地区的大胆尝试到全国范围内的普及，从以未成年人、老年人、残疾人、现役军人等特殊社会群体为主到面向整个社会，博物馆免费开放的地域、对象两个范围都不断拓展延伸，最终促成了免费开放政策的正式出台。

　　2008 年 1 月，中共中央宣传部、财政部、文化部、国家文物局联合下发《关于全国博物馆、纪念馆免费开放的通知》，规定全国各级文化文物部门归口管理的公共博物馆、纪念馆，全国爱国主义教育示范基地全部免费开放；其中，文物建筑及遗址类博物馆暂不实行全部免费开放，继续对未成年人、老年人、现役军人、残疾人和低收入人群等特殊群体实行减免门票等优惠政策。

　　为了保证免费开放政策的顺利实施，2010 年 1 月，中宣部、财政部、文化部、国家文物局发布《关于进一步做好公共博物馆、纪念馆免费开放工作的意见》；2013 年 6 月，财政部、文化部颁布《中央补助地方博物馆、纪念馆免费开放专项资金管理暂行办法》。免费开放政策日渐形成体系，稳步推进，成为我国公共文化服务体系建设中至关重要的一个举措。

## 一、免费开放政策内容的概述

### （一）免费开放的重要意义

党的十七大报告中提出了"推动社会主义文化大发展大繁荣"的要求。博物馆、纪念馆是陈列、展示、宣传人类文化和自然遗存的重要场所，是国民教育体系的重要组成部分。免费开放政策正是这一要求的具体实践。政策的提出及实施，政治上，提升了政府的公共职能，是提高政府公共文化服务的重要举措，实现和保障了人民群众最基本的文化权益；文化上，完善了现代国民教育体系，履行了教育职能，推广和宣传了中华民族的优秀文化，加强了社会主义核心价值体系和公民思想道德的建设；行业发展上，符合行业的发展趋势，也有利于文博行业的持续发展。

### （二）免费开放的实施范围和步骤

政策的实施范围，包括全国各级文化文物部门归口管理的公共博物馆、纪念馆等，其中包括中央级文化文物部门归口管理、各省级综合博物馆，各级宣传和文化文物部门归口管理、列入全国爱国主义教育基地的博物馆和纪念馆，省（自治区、直辖市）文化文物系统归口管理的全部省、市、县级博物馆等。考虑到运营成本、旅游发展、文物安全等因素，文物建筑及遗址类博物馆暂不实行全部免费开放，对特殊群体继续实行减免门票等优惠政策。2008 年，中央级、省级、各级宣传和文化文物部门归口管理，以及浙江、福建、湖北、江西、安徽、甘肃、新疆等 7 省（自治区）文化文物系统归口管理的省、市、县级博物馆全部向社会免费开放。同时，鼓励有条件的博物馆探索实行免费开放，对于暂时不能免费开放而对特殊群体有相关优惠政策的博物馆，国家持鼓励态度，并要求向社会承诺定期免费日，制定灵活的门票制度。

### （三）免费开放的保障机制

保障机制主要有三方面。首先，各级财政部门应将免费开放后的相关经费纳入财政预算，切实予以保障，包括门票收入减少部分，并希望博物馆工作、服务能力得以提升；其次，要研究制定博物馆、纪念馆相关文化产品的税收优惠政策，鼓励拓宽经费的来源渠道；最后，科学界定博物馆等级，按照不同的等级，国家有所侧重地承担更多的投入和管理责任，同时也是为了加强资源整合，避免重复投资。

### （四）免费开放的工作要求

此部分所讲的工作要求，主要是针对博物馆自身和管理部门两方面。实际工作中，要求博物馆改善管理和服务，满足观众需求，积极借鉴已经免费开放博物馆的经验；同时，坚持以人为本，提高展示传播水平，在展示传播的内容、形式上，更加积极探索和创新。管理部门也要加强管理，切实做好博物馆、纪念馆等的免费开放工作，协调、指导和督促各组织机构，并对各单位实施情况进行检查和考评，及时沟通问题、解决困难。

## 二、免费开放政策的优势

杨道田在《公共政策学》一书中提出，公共政策是以一个"系统"的形式存在的，这个系统包括政策的主体、客体、环境，及整个系统的运行。政策主体是指在特定的政策环境中直接或间接参与公共政策的制定、实施、评估的个体、团体或组织。公共政策的客体，是指公共政策要处理的社会问题和所要发生作用的社会成员（目标群体）两个方面。如果把博物馆的免费开放政策也比作一个"系统"，就其内容来说，是"系统"中的核心部分。

通过政策主体，可以看出一项政策所针对的领域、涉及的部门、实施和监管机构等方面。我国文博行业政策的制定主体具有多样性，也会根据政策的关联性确定主体，如有国务院、文化部、财政部、国家文物局以及地方政府等。免费开放政策是由中共中央宣传部、财政部、文化部、国家文物局联合下发的一项政策，归属于文化领域的公共文化政策，政策的制定、实施、修订、监管等一系列过程，由四部门负责。免费开放政策的出台，是国家首次针对博物馆免费开放制定的法令文件，填补了行业法律体系的空白，符合行业发展趋势和国际惯例。

任何一项政策的制定，都是围绕着问题，即政策客体而展开的。其性质不一定是困扰社会、危害社会的问题，也可能是一种社会现象。通过缓解这一现象，从而完善或促进某一领域的发展。在免费开放政策中，所要解决的问题，就是使原本实行收费参观制度的博物馆、纪念馆，逐渐对公众免费开放，让公众享受文化，保证其文化权益。博物馆的免费开放，强化了政府职能的同时，也促进了公共文化事业的建设，符合社会发展的必然趋势。从博物馆体制上看，国内的多数博物馆都在其实施范围内。在此政策的"监督"下，一方面有利于提升行业整体的管理水平，另一方面也扩大了观众的参观选择，提高了博物馆的利用率。从实施过程上看，正式实施之前有局部的试点工作，对后期博物馆的政策执行工作有借鉴意义。且采取分级分层、分批开放的方法，有助于通过分析实施过程中出现的问题，及时改进、完善其内容和程序。

公共政策的环境，是指政策所处的条件和背景，主要包括政治、经济、文化、国内外形势等，社会性因素构成的环境。博物馆和纪念馆是国民教育体系的重要组成部分。博物馆的免费开放，贯彻落实了党的十七大精神，是加强公民思想道德建设、提升政府服务水平的重要举措。博物馆的免费开放，有利于发挥其作为公益性文化机构的社会价值，也有利于加强国际间的文化交流，促进我国文化的宣传和推广。从政策的保障机制上看，财政经费保障和优惠税收政策，为博物馆的免费开放提供了强大的支撑，确保了工作的顺利进行。从工作要求上看，在内部工作和外部环境两方面，对博物馆及相关部门的工作提出了指示和要求，有效明确了工作方向。

## 三、免费开放政策的局限

宋向光在《英国国立博物馆免费开放的反思》一文中指出，政府是社会的公共管理者，其职责在于关注并推动社会发展和满足社会需求，在制定关系到特定类别博物馆的政策时，要注意到左邻右舍，避免对其他类型博物馆的发展造成消极影响。在《惠民，先要亲民——博物馆免费开放随想之一》一文中，又分析了博物馆免费开放。并指出人们对免费开放后博物馆组织性质认知的错位，是导致免费开放后一系列问题的根本。博物馆要在认识上放下精英文化的身架，回归公益性社会文化服务机构的角色，构建博物馆与观众平等交流的关系。一项政策从最初的提出、制定，直至实施，是一个需要逐渐完善、补充、修改的过程。就免费开放政策的内容来说，也存在一定的局限性。局限性分为政策本身和实施不力两个方面，本文重点谈政策本身的局限性。同时介绍了政策的实施范围和步骤，全国多数的国有博物馆都在其实施范围内，只有少数文物建筑及遗址类博物馆不包含在内。针对特殊群体实行减免门票等优惠政策，并可根据实际情况，确定门票价格。门票是影响人们是否进入博物馆的一项因素，门票的价格更是人们所关心的。生活水平的逐步提高，依据自身的经济条件与消费理念，更多的人愿意在精神上、文化上去消费。如果门票价格合理，人们也会愿意像去看电影一样，去博物馆里"消费"。私人博物馆和民办博物馆，即非国有博物馆暂时也不在实施范围内。如今非国有博物馆的数量日益增多，在行业中的地位也越来越重要，成为不可忽视的一部分。国家对于博物馆的关注与支持，不应仅局限在国有博物馆上，非国有博物馆，也应逐步惠及。

博物馆一旦实行了免费开放，也就意味着其没有了门票收入，而对于这一部分资金的缺失，国家采取设立专项资金、重点补助的政策。各级财政部门将相关经费纳入财政预算，切实予以保障，地方的财政部门要保障资金的投入使用，统筹使用中央和地方财政资金。这一保障机制，可以说是一把双刃剑。对于以往门票收入能负担馆内支出，且有盈利的博物馆来说，免费开放，国家补贴，无疑是弊大于利的，遏制了其自身发展的机能。一方面馆内的收益降低，没有了最主要的收益渠道，另一方面，客流量大，支出却更多。在收入减少支出增加的情况下，更多的馆选择从其他方面来获利，比如文创产品、餐厅，但有时却顾此失彼，忽略了博物馆的本职工作。

对于以往门票收入就负担不起馆内支出的博物馆来说，又被免费开放后国家的补贴"救"活，这样容易疏松馆内的管理，秉着吃"大锅饭""饿不死"的心态，无论工作好坏、展览多少，国家还会有补贴。以统一的政策应对不同的情况，其影响及实施效果也是因"馆"而异了。而且，涉及财政方面的政策，经费的运转、落实、使用等都要有着严格且透明的执行过程，监管力度的大小是保障资金能否有效使用的关键。国家给予的资金保障，一方面是承担免费开放单位门票收入减少的部分，一方面是补助免费开放所需的资金，包括改善布展陈列、举办临时展览、配套设施建设、改进服务手段等几方面工作。这些都是国家希望通过资金补贴，给博物馆带来改变和进步。但如何确保资金的利用？是否博物馆都做到了资金的合理利用？改善了馆内的管理和服务？效果似乎并不明显。

## 四、博物馆免费开放政策有待优化之处

通过上述分析，我们认为当前的博物馆免费开放政策虽一定程度实现了吸引公众参观博物馆和充分发挥博物馆教育、服务、交流功能的目标，但若要该政策能持续发挥效用、进一步提高博物馆服务效能，则仍存在一些有待优化之处。

### （一）现有博物馆免费开放政策未考虑观众需求的动态性、多样性

免费开放可以有效降低享受博物馆基本公共文化服务的有形门槛，但门票只是影响公众参观博物馆的众多因素之一。从生存型社会向发展型社会过渡的过程中，社会主要矛盾发生重大变化，人们对美好生活形成了新期待，公众文化需求现已不囿于基本的服务范畴，而是呈现出多样化、多层次的特点。忽视公众需求的同质化博物馆文化内容和"配给制"公共文化服务供应方式显然无法对公众形

成持续的吸引力。因而博物馆,特别是中、西部地区博物馆,要提升对公众的持续吸引力,势必要采取一些优化措施提高自身服务竞争力。

**（二）现有博物馆免费开放政策未考虑不同场馆参观人次的非均等化现象**

当前我国博物馆免费开放的相关政策文本和学术研究成果普遍认为博物馆免费开放将导致博物馆人气"爆棚",这是由于它们大多着眼于少数地理位置较好、特色较强、社会知名度较高的博物馆免费开放的实际经验,却忽视了场馆之间的悬殊差异。公共文化服务非均等化问题已成为当前学界重点关注的议题,公共文化服务的区域鸿沟、城乡二元结构、阶层群体差异等备受关注。馆均参观人次的差异即是公共文化服务资源配置差异、服务水平差异、受众需求差异等的综合体现。

**（三）现有博物馆免费开放政策未考虑场馆建设,尤其是服务升级对观众参与的反作用**

免费开放政策预期中的政策实施、观众参与、场馆建设三个环节依次推进,将场馆改进服务、提高接待能力作为参观人数的增加对其工作提出更高要求、工作负担不断加重后的应激反应,而非主动行为。它着重强调观众参观人数变化对场馆改进服务的敦促作用,而忽视了场馆服务水平的提高对于调动公众参与积极性的关键作用。从公众参观博物馆的满意度程度来看,2013 年和 2015 年公众对我国博物馆的满意度仍有较大提升空间,尤其是设施设备、服务内容的满意度水平较低。而且这两年公众除了对场馆环境的满意度有所上升,对于设施设备、服务内容、服务水平的满意度不增反降。这一方面是社会进步导致人们对博物馆的预期日益提升的结果,另一方面也说明近年来博物馆相关工作力度不足,未能顺应市场需求快速发展。

**（四）现有博物馆免费开放政策缺乏对场馆建设的激励机制,财务制度对服务升级的推力不足**

政府利用公共财政资源实现博物馆免费向社会提供公共文化产品和服务的实质是政府购买公共文化产品,因此政府应当从微观管理转变为宏观管理,充分发挥博物馆的自主权和积极性。《中央补助地方博物馆纪念馆免费开放专项资金管理暂行办法》的颁布虽然为免费开放工作提供了重要的资金支持,但一方面对于民办博物馆的补助力度有限,另一方面资金分配主要依据级别差异等固有差异,与绩效挂钩的激励机制不足。现有财务制度下,一方面政府面临着巨大的财政、管理压力,另一方面政府投入的边际效益递减,博物馆逐渐陷入"空转"的内耗型体制，根本无法实现保障、激活、助推和引领社会价值取向的预期文化目标。

**（五）现有博物馆免费开放政策忽视了服务升级对财务升级的反作用**

经费支撑是博物馆事业发展的基本要素之一，但服务升级也是博物馆实现财务升级的重要方式。我国文化体制改革和国家公共文化服务体系建设的目标都是解放和发展生产力、提升公共文化机构的服务效率，满足人民群众对文化的需求，保障人民群众基本文化权益的实现。虽然博物馆的主体功能是提供公共文化产品，但可以通过衍生服务获取合理的经济补偿和收益。服务质量优化、服务内容多元化才能促进场馆保持健康、可持续的财务状况，继而反哺场馆服务升级，实现财务升级和服务升级之间的良性互动。然而，当前场馆运营对财政的依赖性太强，未充分发挥场馆自主性，以丰富多彩的服务内容促进场馆形成多元化的筹资模式。

# 第二节 博物馆免费开放的改革历程

## 一、免费开放后的博物馆环境变化

随着免费开放的不断深化，博物馆逐步实现从内到外、从孤立分割到整合互联的工作重心和工作方式的转移，朝着综合化、多元化、特色化方向发展，结构和面貌发生根本性变化。博物馆本身也出现分化，呈现出不同的发展路径。

### （一）西方国家在博物馆建设方面的成绩

1. 英美等国陆续推出博物馆文化建设工程

近年来，西方国家重视加大软实力建设的投入，加强价值观的打造和输出。如英国政府近年力推"非凡英国"项目（GREAT Britain Campaign）。2017年英国大英博物馆（The British Museum）与 BBC 广播公司（British Broadcasting Corporation）合作推出广播节目《100 件文物中的世界史》（*A History of the World in 100 Objects*）。"大英博物馆 100 件文物中的世界史展"和"大英博物馆百物展：浓缩的世界史"相继在中国国家博物馆和上海博物馆推出。法国推出了卢浮宫（Musée du Louvre）在海外建分馆的"阿布扎比"模式。

2. 维护世界文化多样性成为博物馆重要职责

2015 年，联合国教科文组织（UNESCO）第三十八届大会通过了《关于保护和加强博物馆与收藏及其多样性和社会作用的建议书》（*Recommendation Concerning the Protection and Promotion of Museums and Collections, their Diversity and Their Role in Society*），明确指出保护和宣传文化和自然多样性是 21 世纪的重大挑战。博物馆成为保护自然和人类文化的物质和非物质见证的主要手段，是文化传播、文化间对话的场所，在教育、社会和谐和可持续发展中发挥着重要作用。

### （二）中国博物馆成为社会文化建设中的重要力量

我国文化领域正在进行广泛而深刻的变革，推动文化大发展大繁荣已具备许多有利条件。博物馆在意识形态建设、传承发扬中华优秀传统文化、培育社会主义核心价值观、促进社会文明进步方面的作用显著，国家对博物馆事业更加重视，博物馆面临的任务和挑战也更加重大和艰巨。

1. 文旅融合、文教结合下博物馆的新机遇

2018 年文化和旅游部的成立意味着文旅融合跃升为国家层面战略思维。在 2019 年国庆节假期，66.4% 的游客参观了人文旅游景点，59.45% 的游客参观了历史文化街区，41.26% 的游客参观了博物馆，36.36% 的游客参与了两项以上文化活动。在文旅融合下，博物馆积极拓展服务渠道和方式，提供更好的文化产品，促进带动旅游相关产业发展。自 2017 年以来，在全国高考中，多地语文和文科综合试卷以文物、博物馆知识为题。博物馆研学、游学活动也日渐升温。

2. 区域协调发展下资源整合的新动向

"一带一路"建设、京津冀协同发展、长江经济带发展、粤港澳大湾区建设等重大战略为博物馆的区域发展和布局，以及博物馆区域间的资源整合和馆际合作提出了新的发展思路。为此，各地也都响应建立了"丝绸之路国际博物馆联盟""京津冀博物馆协同创新发展联盟""长三角博物馆联盟""粤港澳大湾区博物馆联盟""大运河文化带博物馆联盟"等，积极推动博物馆区域交流合作，提升区域内公共服务水平。

## 二、博物馆免费开放存在的问题

博物馆免费开放有力提升了博物馆总体水平，推动博物馆加速发展，但是博物馆事业相对于我国社会发展、相比于西方发达国家而言，仍然处于起步阶段，面临的一些问题和困难阻碍着整体事业的健康可持续发展。

### （一）体制机制存在障碍

1. 部门条块分割，缺乏顶层设计和统筹规划

按照现行管理制度，国有博物馆作为事业单位在各级事业登记管理局登记，非国有博物馆作为民办非企业法人在省级民政部门登记。在实际管理中，又按照不同系统的隶属关系，财政上"分灶吃饭"，建设上"属地管理"，发展上突出"行业特色"。文物部门要发挥"业务指导"作用，各种管理关系难以统筹协调。博物馆建设发展需要争取不同部门支持，文物部门制定博物馆发展政策，需要协调发改、财政、编制、民政、宣传、教育、文化、科技等多个部门，协调难度大。行业博物馆因为在博物馆业务管理关系上难以由直接对口部门管理，在行业建设中处于被忽视地位或者仅起辅助性作用。国有博物馆与非国有博物馆享受不同的政策待遇，博物馆地区间差别也很大。

## 2.博物馆现代管理制度没有建立，人才队伍建设不健全

博物馆理论研究滞后。当前我国博物馆学发展明显滞后于博物馆事业的发展，特别是免费开放以后博物馆发展的新情况、新问题、新趋势缺乏系统研究梳理。

人才队伍建设滞后。博物馆人才队伍建设不足，从业人员的规模和质量都需要提升。博物馆存在人才结构性缺乏的现象。

缺乏评价和激励机制。博物馆从业人员职业发展路径不清晰。博物馆职称职数和比例都不利于博物馆发展，高级职称职数少，比例结构不合理，且缺乏自主性。

## 3.政府干预过多保障不足，体制机制僵化

窄向补助与全面免费开放不匹配。中央财政补助经费增长缓慢，地方财政保障不足。当前每年30亿元是基于2008年对1854家博物馆运行开放经费基础上测算的，十余年来物价水平和人力成本大幅上涨，且实际免费开放的博物馆数量也在增长，2010年以后的新建博物馆、行业博物馆以及非国有博物馆都没有纳入。2018年，财政部修改了免费开放经费补助方式，允许地方将2010年后免费开放的博物馆纳入补助范围，但是"僧涨粥少"，平均每馆实际的补助额反而下降。

低水平保障与高质量发展要求不匹配。免费开放以来，观众需求日益多样化、高质化，博物馆为满足人民群众美好生活需要，不断拓展服务内容，提升服务品质，举办展览、教育和公益活动数量及服务观众人数都加速增长，运行成本大幅增加。但是财政保障的是基本人员费和事业经费，保障非常有限，很多发展经费需要自筹。

政府管理过多与博物馆的主体作用不匹配。目前博物馆管理领域体制日益僵化、政事不分，上级主管单位和相关部门指令性要求、事务性要求过多。博物馆事无巨细都需要请示，既增加了成本、降低了效率，也影响到博物馆的自主性和工作积极性。

### （二）藏品利用不充分

#### 1.藏品来源匮乏

一些地区机构改革中将考古部门从博物馆独立出去，导致一些重要发掘成果未履行移交手续。与此同时，博物馆征集购买藏品和接受社会捐赠也举步维艰。特别是文物征集经费的使用受限，从国外征集购买文物面临着许多政策和技术上的难题。对现当代社会发展见证物收藏意识不强、数量不多。因此，造成很多博物馆藏品单一，多年不更新和拓展。

2.资源开放性不足，展示利用率不高

根据第一次全国可移动文物普查（普查标准时点为2013年12月31日）结果，全国国有可移动文物超过1.08亿件。2018年，国家文物局在网站上公布了346万件可移动文物信息，故宫博物院也向社会公布了院藏文物目录。但是这些仅占全国博物馆藏品信息的一小部分。公众了解博物馆藏品信息的渠道非常有限，一些考古出土文物的资料长时间得不到公开、研究成果迟迟未能公布，也引发社会的关注。

3.馆际协作不够，资源缺乏整合

我国很多博物馆都建立在区域性考古发现基础上，因此藏品的地域性、时间性特色鲜明，藏品类型集中，有大量重复品，同时又缺乏不同地域不同文化的对比参照物。当前馆际藏品交流不畅通，博物馆之间互换藏品的方式难以得到推广。互换展览、共同开展学术研究实践还需要进一步加强。

**（三）展览质量不高与教育供给不足**

学术水平下降，策展能力不足。目前，博物馆基本未发展出完整的展览学理论体系。随着展览举办周期缩短和举办频率增加，博物馆展览"快餐式"生产和消费的倾向严重。展览研究和策展队伍青黄不接，有些博物馆基本没有独立策展和办展能力，基本依靠展览公司。而展览公司策展人员良莠不齐，有些甚至没有基本的专业背景和知识、缺乏系统训练，根本没有学术支撑，造成展览同质化、低水平化严重。

展示和传播手段单一。由于展览内容匮乏，很多展览不得不大量使用场景复原、人物蜡像、半景画、多媒体等，既造成投入成本的大幅度增加，又冲击了以藏品为核心的基础，一些多媒体的使用对参观环境和秩序也是一种破坏。一些博物馆讲解内容和说明文字语言晦涩，不够准确清晰，缺乏必要的信息和知识解读。博物馆展览网上展示和传播能力有限，缺乏统一的标准。

教育项目与课程开发适应性不足。博物馆举办教育活动主要立足于博物馆的特色资源和展览，对于不同培养阶段的学生细分不够，缺乏对于不同年龄段学生群体的针对性强的课程。除一些大型的综合性博物馆外，普遍缺乏专业性教育人员，对青少年群体和学校学习内容掌握深度不足，与学校教学内容衔接不够，一些教育项目只是对现有展览内容的简单剪辑。

教育空间拓展不足。教育项目的组织实施多停留在博物馆内，真正走进学校、走入社区的还不多。我国存在数量众多的社区活动中心，但却没有充分利用起来，博物馆与社区的联系及其辐射作用需要进一步提升。

博物馆研学旅行质量不高。博物馆在研学旅行中主动性作为不足、较为被动。很多研学活动假借博物馆名义，没有与博物馆充分沟通和衔接，在线路设计和旅行的组织上体现不出当地文化的特色资源和重点，与在博物馆中参观一般展览并无二致，缺乏深度研究和启发式教学，现场的讲解人也往往不是专业人员。全国博物馆研学旅行没有形成体系，重点不突出，缺乏评价机制和标准，参与项目的教育机构良莠不齐，让中小学生和学校、家长无从选择。

### （四）部分博物馆管理有待提升

博物馆的标准化、规范化不足。总体来说，现代管理制度没有建立，博物馆的标准化体系也尚不完善。博物馆的发展主要依靠博物馆领导层的视野与行动力，很多单位管理以"人治"为主，处于粗放式管理层次。

信息公开有限，缺乏外部评价。博物馆作为重要的公共资源和资产，有义务向社会公开信息，主动接受社会监督。我国博物馆缺乏必要的外部评价，信息公开和接受社会监督的范围有限，公众对博物馆的年度运行情况缺乏获取渠道。

## 三、博物馆免费开放改革路径

### （一）加强顶层设计与统筹规划，推进部门协作

加强宏观管理和政策设计。加强博物馆宏观政策研究，做好博物馆改革发展顶层设计，对博物馆布局、发展类型、管理机制、保障措施等进行系统设计。积极推动将博物馆发展纳入经济社会发展总体规划和城乡建设、土地利用、基础设施建设、生态环境保护等相关规划，纳入文明城市创建考核，促进博物馆建设与城市有机更新、美丽乡村建设相结合。系统梳理、整合、挖掘和凝练区域博物馆文化品牌，提升城市文化含金量，促进博物馆与旅游业融合发展。

建立中央直管的国家博物馆体系，加强中华民族精神标识建设。在历史文化资源丰厚的旅游发达地区和边疆少数民族地区，加强文物资源梳理和价值挖掘，做好博物馆规划、设计和建设，建立一批中华文明精神标识类博物馆。健全中央地方共建国家级博物馆和国家一、二、三级博物馆名录动态调整机制，支持国家级博物馆创建世界一流博物馆，提升国际影响力，为世界博物馆发展贡献"中国智慧"和"中国方案"。

加强部门沟通协作，建立部门协调机制。积极推动建立博物馆建设发展部际协调机制，积极争取和协调发改、财政、民政、教育、人社、国土、税务、规划

等部门支持博物馆发展，在博物馆纳入地方建设管理、争取相关政策支持和保障方面给予持续支撑。

### （二）推进博物馆理论研究，加强人才队伍建设

推进高校博物馆学研究。要巩固和发挥高校等研究机构在博物馆学理论研究方面的基础地位和龙头作用，支持高校文博专业发展和人才培养，优化专业设置和课程体系，向高校开放共享博物馆基础信息资源，鼓励高校积极参与各级行政部门的政策研究和课题项目承接。

建立全国性博物馆研究中心。依托理论研究和实践能力强的机构，整合博物馆相关学术期刊、媒体、高校力量，建设博物馆研究中心，对国际博物馆界学术成果、各国博物馆相关政策制定和建设发展动态进行梳理，对国内博物馆发展情况、藏品管理、展览、教育、公共服务和公众评价情况进行总结，定期发布相关报告和信息，承担起对全国博物馆发展研究的职责，为博物馆宏观政策制定提供基础准备。

加强博物馆人才培养力度。拓展博物馆人才培养和培训渠道，加大管理人员、专业技术人员的培养和交流，实施博物馆领军人才、博物馆青年策展人扶持计划，加强博物馆研究型、应用型、复合型紧缺人才联合培养。形成一支高素质的从业人员队伍。加强博物馆职业技能培训，继续发挥好各级培训中心作用。

鼓励博物馆学术研究和成果转化。支持博物馆领域核心期刊建设，明确藏品研究的基础性地位，加强对藏品当代价值、世界意义的挖掘阐发，促进研究成果及时转化为展览、教育资源。搭建博物馆资源共享网络平台，促进学术交流与研究成果转化推广。

加强国际交流合作。加强与国际博物馆协会（ICOM）等国际组织合作，持续跟进和参加国际博物馆学热点研究和理论发展，参与国际组织管理，拓展与各国在博物馆管理和理论研究方面的合作广度，加强博物馆领域的国际学术交流和人才培养合作。总结推广我国博物馆免费开放、第一次全国可移动文物普查的重要成果与经验，向世界提出博物馆管理的"中国方案"，贡献"中国智慧"。

### （三）加大投入保障力度，提升发展质量

加大中央财政保障力度。深化博物馆免费开放政策，健全完善保障措施。将符合条件的博物馆都纳入支持范围，并加大补助力度，特别要加强对中西部地区和基层博物馆的补助力度。完善现有补助结构，突出产出导向，增加文物展览、社会教育、文物征集的补助渠道，特别是在中央财政层面增加全国性重点展览的

经费获取渠道，集中力量办大事和引领示范兼顾。加大中央和省级财政转移支付力度，重点向老少边穷地区、中小型博物馆、特色博物馆倾斜，支持可移动文物预防性保护和数字化保护与利用。

加强地方保障配套。要增加地方在免费开放经费分配和使用等方面的自主权，同时加强对地方经费保障情况进行督导，确保经费保障到位，切实履行地方公共文化服务建设应当承担的职责，加大对博物馆事业、人员和运行经费的保障力度。

加强绩效考评和动态管理。加强绩效考核和动态管理，将博物馆运行管理和公共服务产品作为安排经费、动态调剂的因素。根据绩效考评情况，对于一些公共服务水平高的博物馆予以鼓励奖励，对于一些达不到基本要求的博物馆需有相应的惩戒措施。

积极探索建立博物馆发展基金支持博物馆持续性发展。创新博物馆发展投融资机制，在加强监管、防范风险的前提下，鼓励设立博物馆发展基金并实行市场化运作。通过成立博物馆专项发展基金等方式，支持国家重点博物馆建设、重要藏品征集、重点展览特别是文物入境出境展览及联合展览项目、全国性博物馆教育项目。

### （四）扩大资源开放与信息公开，加强社会监督评价

加强博物馆资源开放与共享。推动博物馆资源共享，依托互联网等方式，向社会公开博物馆藏品和展览等信息，便于公众查询研究。开门办馆，欢迎社会研究人员和各研究机构到博物馆开展研究合作，实行资源共通、成果共享。

建立博物馆年报和公报制度。博物馆作为公共资源管理和公共服务机构，应当向社会公布博物馆资产和藏品管理、博物馆运行和开放服务等情况，并主动接受社会监督。各地文物部门应该编制本区域博物馆事业发展年度报告，并向社会公布。

加强博物馆社会评价与监督。加强博物馆内部评价制度建设，吸收社会大众对博物馆的建设运行情况的建议。在博物馆评估定级和文明城市评选中，将博物馆的社会评价作为重要因素。

### （五）引入社会力量，拓展多元化发展途径

引导社会力量参与博物馆建设。制定社会力量购买博物馆服务指导性目录，明确社会资本参与博物馆公共文化服务的范畴、标准和认定程序。针对不同地域、不同类型博物馆，采取项目补贴、定向资助、贷款贴息、以奖代补等措施，扩大博物馆服务供给。

　　落实博物馆领域优惠政策。落实博物馆作为非营利组织接受捐赠收入等免税政策的规定，以及鼓励社会组织、机构和个人捐赠公益性文化事业所得税税前扣除的政策规定。适时扩大享受进口藏品免税政策的博物馆名单，促进海外流失文物回流。

　　大力推进博物馆志愿服务。积极发挥"博物馆之友"和志愿者作用，增强与社会的联系和纽带作用，构建参与广泛、内容丰富、形式多样、机制健全的志愿服务体系。

## 第三节　博物馆对外开放的安全管理

### 一、博物馆免费开放所面临的安全问题

#### （一）博物馆安全系统设置问题

针对博物馆安全系统设置问题，关键部分在于内部结构的安防系统。博特馆所收藏的历史文物具有极高的研究价值，对于公众来说具有一定吸引力，加之免费的前提，必然会涌现大量参观者。在实际管理过程中务必从文物保护的角度出发，应用特定的软件、硬件产品建立联动机制。从实际管理中来看，在安防方面存在一定漏洞问题亟待解决。如自动门禁系统、联动消防系统、内部监控与周围监控系统、报警探测器系统等。目前来看，以上几方面的安防问题仍无法充分满足"免费开放"这一条件，不同模块之间的灵敏度和综合性有待提高。

#### （二）游客参观秩序问题

游客参观秩序问题主要从两个角度展开分析：第一，大部分向公众免费开放的博物馆虽然已经设置预约、限流、安检等制度，在现场通过排队依次参观，既能保护文物安全又能提升内部参观秩序，但仍有一些游客认为秩序并不合理，无法展现个性化，基于这种思想的引导，在共同参观或按照队伍路线进行参观时经常由于个人原因而打乱秩序，在博物馆内宣扬无障碍观赏，不配合排队和安检工作，甚至出现插队或拒绝安检等不良行为。第二，部分游客缺乏对参观秩序的认知，将博物馆商业化，尤其一些营销号作者或培训机构的导游为了给自己增加流量而在博物馆内借助现有文物展，大声喧哗，以直播或录播形式讲解一些文不对题的野史，不仅会影响其他人参观博物馆的体验感，还会误导其他听者。博物馆作为文化教育基地需要传达正确的历史文化知识，针对这一情况博物馆内人员虽会立刻制止，但部分游客仍旧理直气壮投诉管理者。

#### （三）内部监督与社会舆论矛盾问题

在知识经济时代下，我国博物馆事业发展前景广阔，社会对于免费博物馆开放的包容性极大，已经基本普及其价值，公众对博物馆的关注度也有所提升。此外，相关部门也肩负起各项监督职能，其中特别应注意监督投诉问题。为进一步提升公民的博物馆体验感，相关部门赋予博物馆一定监督权利，从而保证博物馆

经营管理的科学性，但在实际管理过程中存在小部分人仍旧无视公共秩序，尽管自身有不文明行为被博物馆工作人员劝导或指责，也会向社会机构提出投诉。以某博物馆为例，出现不文明行为后的游客不服从管理的同时与工作者出现口角甚至动手行为，但事后却向社会机构提出投诉并借助舆论发酵此事件，形成公民抵制效应，严重影响博物馆声誉。

### （四）扰乱公共治安的游客问题

治安与秩序的差异主要在于其行为的合理性和合法性，从治安角度来看，在免费博物馆开放环境下，博物馆管理方面存在一定的压力。我国作为包容性较强的大国，经常会有外国友人前来拜访，他们最常光顾的地方便是国家博物馆以及地方博物馆，其对博物馆的评价存在两极分化的情况：一方面，针对内部环境和展览品的评价极高，能够彰显出千年历史古国的文化底蕴；另一方面，一些外国友人对于中国游客以及治安管理问题存疑。如因为宗教信仰与博物馆陈设不符而大打出手；在博物馆中部分游客的态度并非虚心学习，而是观光浏览；存在破坏展品、乱丢弃垃圾、随意摆放可移动展品、在场地内乱跑乱撞等情况。这些行为不仅会影响现场治安，对文物造成损坏风险，还会拉低外国友人对中国游客素质的评价。

## 二、博物馆安全风险因素的控制措施

### （一）服务性与控制性相结合的管理模式

服务性管理方式主要从心理层次实现对不文明行为的控制，而控制性管理方式则侧重于利用硬性的法律法规来约束游客行为，形成一种威慑力。在免费开放式博物馆管理过程中，可以将服务性管理与控制性管理相结合，从而实现对不同层次游客行为的弹性管理。

从服务性管理的角度出发，其管理核心主要在于提高游客的公德心、责任心以及道德修养，通过耐心引导和劝解来传达博物馆工作人员的爱心，从而让游客从心底生出更多欣慰感和满足感。如在免费开放式博物馆中，经常有顾客不顾及周围环境和其余参观者，对某一艺术品或展品评头论足大声喧哗，不仅会破坏馆内的整体艺术感，还会影响其他游客的心情；部分携带子女的游客不能防止子女在馆内乱跑乱跳的情况发生；部分游客在入馆前会购买周边商场出售的零食并带入馆内，在没有找到垃圾桶、卫生间时经常会存在随意丢弃、不合理存放垃圾的情况；个别游客在馆内与他人发生冲突而大打出手。

针对以上问题，博物馆的工作人员应当采用服务性管理的方式进行心理层次的交流与劝导，如引导喧哗且评头论足的游客离开现场，并为其深刻讲解艺术品或文物背后的故事，使其深度了解其内涵并产生敬畏之心；对于孩子在馆内乱跑的行为可以与其家长沟通，并从子女安全的角度进行劝导；针对一些乱扔垃圾的行为可以从"榜样"角度出发，引导其关注馆内有素质的人员。学生或儿童正处于价值观和行为习惯养成阶段，乱丢垃圾的行为会对其产生道德方面的影响。通过以上措施减少这类不良行为的发生。

服务性管理方式不仅能够解决很多问题，还能使那些有不文明行为的观众或游客意识到自己并非一人在馆，不良行为会对周围群体产生不利影响。但仅仅依靠服务性管理无法真正维护博物馆治安，还需融入控制性管理，借助治安管理制度和现行的法律法规来提升博物馆管理的威慑力。这方面管理主要针对一些屡教不改的游客，需要制定相应的管理规则及惩罚措施，同时配备一定的安保力量。控制性管理重点在于"严格"，并做到一视同仁，以展现治安管理规则的公正性。具体可以参考《国家旅游局关于旅游不文明行为记录管理暂行办法》中对不文明行为进行的描述，包括破坏公共环境卫生、公共设施；违反旅游场所规定，严重违反旅游秩序；破坏生态环境；不顾劝阻和警示而威胁他人财产安全的行为；损毁、破坏旅游目的地文物古迹等。这类过分的游客行为可以按照法律法规来解决，如旅游不文明行为当事人违反刑法，信息保存3—5年；旅游不文明行为需要受到行政处罚或法院判决承担相关责任；针对已经形成"不文明行为"的记录期限进行动态调整等。在服务性管理无法发挥作用时，通过法律法规中的明文规定能够对游客心理产生一定硬性约束作用，将二者进行有机结合，能在心理因素的驱动下让游客意识到自己行为的危害，进一步了解哪些行为属于不文明的行为，做到对症下药，提升博物馆管理的威慑力，实现良性发展。

## （二）部门联动建立"大安全"格局

针对内部监督和投诉制度方面的问题，需要从部门管理的角度入手，建立"齐抓共管"的管理体系。博物馆内部需要完善安全责任制，编订明确的岗位责任手册，确保每位工作人员均能遵守相关规定，同时各司其职实现部门联动。此外，还需与其他机构相结合，如公安部门、社会投诉机构等，建立良好的沟通关系，一旦出现不好的社会舆论，博物馆能够立即获得信息并采取应对措施做好充足准备，拿出真实且大量的证据。同时，还需定期开展"周查""月查"活动，从内部提升博物馆工作质效，降低安全风险。

### （三）建立并全面落实安全管理制度

博物馆安全风险来源主要在于相关群众对法律法规的认知程度较低。针对这方面情况可以从普及法律知识的角度提升群众思想水平，同时利用法律知识形成约束力。相关管理者需要以博物馆内部组织为切入点展开教育，尤其是针对安全保卫部门，使其明确各项规章制度，并作为忠诚的制度捍卫者，能够根据游客行为立刻推断其所违背的章程，并及时制止以免恶化，同时加强对相关应急规定的演练，使其管理行为成为本能反应。针对不了解法律规章的游客，可以在入口处或排队处播放相关法规的音频，在排队过程中每位游客的内心普遍表现为迫不及待，在这种情况下利用音频刺激其思维，更能加深印象，如《博物馆条例》《布展期间安全管理规定》《中华人民共和国文物保护法》等，从而约束其行为。

### （四）重点关注要害部分的安全监督

博物馆中拥有很多宝贵的藏品，要害部分众多，如展厅、文物库房、食堂以及配电室等。其中展厅是接触游客最多、直接展示物品的区域，加之部分博物馆为提升互动性，会摆放一些裸露的展品，很大程度上带来了被盗风险。此外，展柜质量也是造成安全风险的一项因素。食堂和配电中心的安全风险主要表现为火灾隐患。针对以上问题，需要加强内部监管，除了保卫部门外，其他现场工作人员也要时刻警惕周围环境，不定期组建安全督查组进行突击检查，同时提升工作人员的"三防"能力，将风险扼杀在摇篮中。

### （五）改进沟通方式，加强心理引导的针对性

良好的沟通是构建和谐博物馆环境的基本前提。到博物馆参观这一行为，大部分人都会秉持学习和鉴赏的态度而来，但有时也存在一些特殊的情况，因此，工作人员在解决相关问题时，先要明确游客的态度以及内心诉求并展开心理引导，切忌按照工作人员自己一贯的讲解和服务流程来引导。如部分游客来访只是为了满足自己的娱乐性需求，一旦发现所展示内容与自己的需求不符，则会生出烦躁感，更容易与人发生冲突。针对这类群体管理人员则要优先安抚其情绪，转移注意力，并为其指明带有互动性的博物馆场所，从而降低其烦躁感。针对一些想要获得更多服务又对结果表示不满意的游客，则要改进沟通方式，如对自己行为做出反思，并寻找其他工作人员或层级更高的管理者进行协调。而针对故意刁难工作人员且行为十分恶劣的游客则要向其传达博物馆参观准则，若仍旧不依不饶，则要将其带离人群密集的区域再由保卫部门处理。

# 第四节　博物馆夜间开放管理

## 一、博物馆夜间开放的发展

### （一）夜间开放的类型

#### 1.文化节日型

文化节日型是指在每年固定的国际博物馆日、文化遗产日、建馆周年日等文化纪念日或春节、元宵节、中秋节等传统节假日举办博物馆夜间活动。例如：在2020年中秋佳节期间，东莞展览馆首次"夜间营业"，举办了"中秋之夜"活动。当天晚上不仅安排了汉服走秀、古风舞蹈等传统表演轮番上阵，而且还设置"担灯笼"夜游展览馆环节，当然也少不了冰皮月饼DIY、放河灯、猜灯谜等互动体验活动，400多位市民沉浸其中，深深感受到展览馆里独特的节庆味与人情味。

#### 2.延长时间型

延长时间型是指为满足游客日常夜间参观博物馆的需求，将固定的营运时间延长到晚上，从而形成常态化夜间开放模式。当前，各地博物馆按照国家发布的《国家基本公共服务标准（2021年版）》要求，在寒暑假期间适当延长开放时间。随着夜间开放呈现常态化趋势，原本在夜间处于闲置状态的博物馆能够更好地发挥其"造血"功能，为游客提供夜间文化活动新去处。例如：广东省博物馆决定从2022年7月22日到8月26日暑假期间，每周五延时开放到20:30，并举办"2022年暑期博物馆之夜"系列活动，点亮暑期"夜羊城"。

#### 3.专项活动型

专项活动型是指博物馆在举办有影响力的展览、有特色的社教活动期间，针对特地慕名而来的游客实行的延期夜间开放。例如：东莞展览馆在举办"弦歌不辍薪火相传——华南教育丰碑'坪石先生'专题展"期间，策划推出了"坪石夜校"配套教育活动，以"演出""游戏""导赏"等多元化的方式解读"坪石先生"，再现烽火岁月中的坪石校园生活。

### （二）夜间开放的作用

合理分流游客。随着我国文化旅游市场的快速发展，在周末、节假日期间众多博物馆人头攒动、一票难求，参观预约人数远远超过博物馆当天最大的游客承载量。主要原因在于当前众多博物馆闭馆时间为17:30，而在工作日开馆期间人们都忙于工作和学习，即使一些本地游客想下班之后去博物馆参观打卡，但因较早的闭馆时间而吃上"闭门羹"，唯有选择在周末或节假日等放假期间扎堆前行。而博物馆的夜间开放模式可有效分流博物馆旺季的参观者，解决当前博物馆游客集中参观的问题，为游客带来更好的参观体验。

突出夜间特色。博物馆在夜间开放别有一番景致。不同于白天的宁静氛围和视觉感受，夜色为博物馆增添一层神秘的色彩，是博物馆得天独厚的资源。人们早已看惯了白天博物馆"严谨肃穆"的常态面貌，而别样的"夜游"体验对于游客来说更具有吸引力，能够让博物馆"精彩不打烊，越夜越精彩"。特别值得一提的是，2022年，东莞市博物馆携手东莞科学馆共同举办"七夕乞巧夜，文物话良缘"主题活动，活动现场除了有夜游集市、科普知识闯关等常规活动外，还特别策划"观星乞巧"环节，用天文望远镜"拜月"，以科普"乞巧"，使传统浪漫情怀与现代科学理性有机融合，让此活动"叫好又叫座"。

### （三）博物馆夜间开放的溯源

1857年落成的南肯辛顿博物馆（South Kensington Museum）一周开放六天，其中三天开放至22时，开创了博物馆夜间开放的先河。英国中上层社会希望通过博物馆教育改变工人阶级"放荡粗野"的休闲方式，为每天工作十余小时的工人阶级提供下班后有意义的娱乐方式。就像南肯辛顿博物馆建设者亨利·科尔（Henry Cole）所说："博物馆夜间开放，是让劳工阶级接触艺术的最佳途径。"此时的博物馆夜间开放只是个例，是带有一定个人意志的行为。南肯辛顿博物馆在晚间向公众开放，方便了工人阶级前来参观，满足了公众的好奇欲和探索欲，让普通人近距离地认识了博物馆。随着19世纪末电灯在公共建筑中的广泛应用（1879年大英博物馆成为伦敦最早使用电灯照明的公共建筑之一），越来越多的人开始寻求博物馆美妙的夜晚，面向公众的夜间开放加速了博物馆社会化进程。

#### 1. 20世纪初期

一般人们认为博物馆夜间开放起源于19世纪80年代的英国，也有学者认为1997年柏林的"博物馆长夜"是博物馆之夜的起源，然而，1907年大都会艺术博物馆（The Metropolitan Museum of Art）经过董事会会议决定每周六早10点至22点向公众免费开放，是最早有确切记录的博物馆自发进行的夜间开放活动。大都会艺术博物馆延迟开放主要是为了让工作日没有时间参观的公众能够在周六半天假期（Saturday halfholiday）走进博物馆，在夜间观看展览并在博物馆内享用晚餐。20 世纪初期工业革命结束后，民众工资不断增长，周六下午休息半天变得越来越普遍，大都会博物馆周六夜间的开放正是在这一历史背景下诞生的。

1922 年克利夫兰艺术博物馆（The Cleveland Museum of Art）在 10 月第一周举办了一场名为"艺术博物馆周"（Art Museum Week）的公共活动，在这期间，周一至周六早 9 点至 22 点（周日中午 13 点至 22 点）免费向公众开放。观众不仅可以在馆内尽情欣赏藏品，还可以聆听每天 20 点 15 分举办的演奏会和专业讲解。该活动的目的是让公众更加了解博物馆对社会的意义，让人们认识到博物馆的价值，为博物馆获取更多的资金支持，当年的《克利夫兰艺术博物馆公报》（*The Bulletin of the Cleveland Museum of Art*）详细列出了博物馆当前的财政状况、捐赠情况以及相应的会员活动，言辞恳切地希望通过公共活动争取公众对于博物馆的支持。这一时期是博物馆夜间开放的早期探索，一般有固定的日期，免费开放到晚间，并提供一定的服务，产生的背景主要与社会经济密切相关。随着欧美等国进入了经济高速增长阶段，以及社会的发展和文明的进步，人们愈发认识到人文社会科学素养与自然科学素养的重要性，而博物馆自身发展需要社区和公众的支持，夜间开放便成了更多博物馆的尝试。

2. 二战时期

20 世纪 30 年代末至 40 年代中期，并不是所有博物馆夜间开放都受到广泛认可。1937 年《科学通讯》一篇报道以《博物馆夜间照明提供"幽灵"观光》（*Night-Illuminated Museum Offers"Spooky"Sights*）为题，戏谑地调侃了挂在博物馆天花板的海洋生物骨架，形容灯光照射下的骨架让人害怕，并且还把照片放到了刊物的封面，称之为"夜行之物"（"Seein Things at Night"）。

1941 年 10 月，布鲁克林博物馆（Brooklyn Museum）馆长宣布为了回应个人和团体在工作日无法参观博物馆的反复要求，以及一些学校夜间教育的请求，从 10 月 7 日开始博物馆周二 18 点 30 分至 21 点 30 分开放。晚间开放期间，博物馆特意为公众安排了一系列免费活动，包括与纽约市合作举办音乐会，放映电影，邀请布鲁克林爱乐合唱团演出，举行临时展览的讲座或讲解等。这项活动虽然在第二次世界大战最为严重的时候中断过，但总体持续了很多年。而学校教育和各博物馆之间的密切合作也主要是从这个时期开始拓展的（早期为 19 世纪末期英国确立的实务教学方法）。

二战时期的欧洲饱受战火摧残，许多博物馆被迫关闭，然而仍然在开放的博物馆还有夜间开放的时刻。1943 年苏联在音乐学院博物馆基础上成立了国家中央音乐文化博物馆（现格林卡中央音乐博物馆），当时馆藏大约为 8 万件藏品，覆盖整个俄罗斯音乐发展史。该博物馆每周末晚间都会举办音乐会，作曲家新作首演、古典音乐重演、宏大的合唱在此轮番上演，尤其是爱国主义歌曲的合唱点燃了人们的情绪，吸引了大量民众、士兵的到来。经历了第二次世界大战，各个国家的博物馆都认识到博物馆的宣传作用，正义者通过博物馆的陈列展览向普通公众传播重要的思想观念，而非正义者也试图利用博物馆为法西斯主义服务。此外，学校教育因战争无法正常实施时，博物馆也起到了有效的补充作用，尤其是当时盛行的夜间教育(夜校)，学生晚间到博物馆学习成了一些国家和地区的常态。

3. 战后至 80 年代

二战结束后，第三次科学技术革命影响到社会的各个方面，西欧、北美等地区国家的中产阶级人数显著增加，第三世界国家也有了发展，全世界各国人均收入明显提高，经济发展带来了生活水平的改善，人们开始重视闲暇时间的生活质量，也愿意在晚间走进博物馆。维多利亚和艾尔伯特博物馆（Victoria and Albert Museum）自 1953 年开始，一定时期里每周三 18 点 15 分面向所有公众举行免费的晚间讲座。圣路易斯艺术博物馆（Saint Louis Art Museum）于 20 世纪 60、70 年代开始在晚间延长开放时间让公众参观，并举办会员讲座、音乐会、展览开幕仪式等。此时的博物馆已经形成较为固定的夜间开放模式，公众也习惯于晚间去博物馆参加讲座和一些活动。

4. 20 世纪 80 年代至千禧年前后

20 世纪 70 年代末的石油危机，以及蔓延至 20 世纪 80 年代的经济危机，使得博物馆资金短缺成为一个世界性问题。"为解决这个问题，博物馆做了许多尝试。博物馆结构的变化、资金来源的多渠道化以及随之出现的对资金筹措管理的需求等，使博物馆的运作呈现出独立化的趋势。""在博物馆界，人们日益接受了这样的观点：博物馆的'非营利性'，不等同于'不能营利'，而应当是'不以营利为目的'。这种观点使博物馆出于事业发展需求而向公众提供有偿服务在理论上找到了依据。"

在这个背景下，博物馆夜间开放开始变得愈加常态化。它一方面回应了人们的文化休闲需求，另一方面也是博物馆自身经营的需要。1983 年，日本长野市立博物馆设立了专门晚间开放的天文学习教室——"天体学习室"让人们进行"天体观望"。1989 年，新扩建的大都会艺术博物馆修改了开放时间安排，将每周五和周六延长开放至晚间 20 点 45 分。1990 年，菲尔德自然史博物馆（Field Museum of Natural History）、美国自然历史博物馆（American Museum of Natural History）相继开展了"留宿"（Sleepover）计划，允许公众在博物馆内过夜。至此各博物馆也开始研究夜间开放，并且活动形式从单一博物馆举办，变成由多家博物馆联合组织。1997 年，德国柏林市政府联合当地的 13 家博物馆共同发起"博物馆长夜"，同时还为这个不眠之夜组织了音乐会、戏剧表演等多项特别活动。该活动一经推出就取得了巨大成功，各博物馆纷纷响应，开始结合本土特色打造自己的夜间开放活动，如 1999 年开始的法国"欧洲博物馆之夜"、2002 年开始的俄罗斯"博物馆之夜"、2003 年开始的阿姆斯特丹"博物馆之夜"。不仅如此，此时欧洲以外的其他地区，包括像南美洲的阿根廷和亚洲的菲律宾等国家也开展了这一类型的活动。

博物馆夜间开放至此经历了一个多世纪，无论是形式、功能，还是运作模式，都发生了很大的变化，呈现出前所未有的繁荣。促进该现象产生的社会背景是广阔而又复杂的，是政治、经济、文化、公众等多种因素共同作用的结果。

**（四）博物馆夜间开放政策演变**

2000 年以来，我国博物馆开始探索延长开放时间、举办夜间活动等新尝试，大致经历萌芽期、探索期、兴起期三个发展阶段。在文化政策的引领下，博物馆正以更加积极开放的姿态与公众贴近，持续释放夜间经济的新活力。

1. 从自发到自觉：博物馆夜间开放的实践历程

第一阶段是萌芽期（2000—2009 年），零星散落，自由生长。北京和华东地区的博物馆首先尝试夜场活动。2000 年南京太平天国历史博物馆首次开放夜瞻园，延时至 20 点 30 分；故宫博物院从 2005 年起每逢中秋节举办"太和邀月"活动；2005 年浙江温州博物馆尝试开放延时至 22 点；2007 年浙江宁波天一阁博物馆借"海上丝绸之路文化周"之机举办夜游活动，次年宁波博物馆（今宁波博物院）举办夜间开馆酒会。这一阶段，博物馆各种夜间开放形式初现雏形，呈零散自发状态。

第二阶段是探索期（2009—2019 年），延伸服务，以文惠民。随着博物馆免费开放政策的全面推行，2009 年以来我国博物馆进行了更加积极的夜间开放探索，主要表现为三个方面。一是延长时间型的开放制度逐步形成。如 2011 年四川博物院作为首家将夜间开放制度化的博物馆，在每月第一个周六 18 点 30 分—20 点 30 分延时免费参观；2013 年西安源浩华藏博物馆宣布全年夜间开放；2017

年成都市属博物馆的闭馆时间推迟 2—3 小时，夜间开放制度逐步完善。博物馆还从简单延时向满足观众更多需求转变，增设重要特展夜场，如 2014 年中国国家博物馆将特展"名馆、名家、名作——纪念中法建交五十周年"延时开放至 20 点，首次根据展览实际需求开设夜场，据统计，当日 16 点后接待的观众数占全天的 24%。二是文化节日型的开放活动不断探索新形式和突出新主题。博物馆在重要节假日延时开放，如成都金沙遗址博物馆自 2009 年起在春节期间举办"成都金沙太阳节"，延时开放至 23 点，打造博物馆里的文化年；2013 年"5·18"国际博物馆日，上海全市博物馆共同开展"博物馆之夜"活动；2016 年"5·18"国际博物馆日，苏州博物馆举办"吴中风雅·夜苏博"活动，观众在夜色中品鉴文物、聆听古琴演奏。三是专项活动型的开放活动形式更为丰富。多家博物馆举办夜宿活动，如 2009 年北京自然博物馆举办"与恐龙同眠"夜宿活动，2016 年中国园林博物馆举办"仲夏夜之梦"首届夜游活动。

　　第三阶段是兴起期（2019 年至今），集群常态，多彩绽放。2019 年博物馆夜间开放加速发展，以故宫博物院在元宵节举办"紫禁城上元之夜"活动为标志。此阶段主要表现为三方面。一是延长时间型从零散开放发展为集群化开放。如上海市 14 家博物馆于 2019 年 7—9 月每周五晚上延时开放；广州市属 8 家博物馆从 2019 年 8 月起每周五—周日及重要节日延时至 21 点；武汉市科技馆、江汉关博物馆等 4 家博物馆在 8 月 17 日—10 月 31 日，每周末和重要节日延时至 21 点。全国多地博物馆在 2019 年暑期统一开放夜场，业界人士表示此举是 2008 年博物馆免费开放以来文博界又一次主动变革。二是文化节日型在节日选择上更为多元、地域上更为普及。更多博物馆选择在七夕节、重阳节等非主要节日举办活动，地域上从东部沿海向内陆地区城市深入。如 2021 年兰州市博物馆在春节期间推出"博物馆之夜·大明风华"活动，江西九江市博物馆于国庆节期间开启夜间模式。三是专项活动型通过技术赋能，打造出沉浸式、互动式夜间场域。如 2020 年 8 月 15 日武汉自然博物馆举行"大河之歌·动物狂欢节"博物馆奇妙夜活动，将梦幻长江、4D 电影体验项目与夜游结合，增强观众的互动体验感；2021 年河南博物院推出"元宵奇妙夜"活动，将科技与传统艺术融合，观众可跟随"唐宫小姐姐"穿越不同的夜间场域，体验具有中国亮点的"博物馆之夜"。

　　2. 从活化到融合：博物馆夜间开放的政策导向

　　从文博视域看，博物馆夜间开放旨在"让文物活起来"。党和政府高度重视文物资源的活化利用。2017 年 1 月中共中央办公厅、国务院办公厅《关于实施中华优秀传统文化传承发展工程的意见》提出："推动休闲生活与传统文化融合发展。"博物馆夜间开放契合了当代人的生活节奏，有利于推动优秀传统文化深度融入公众生活。2018 年 10 月中共中央办公厅、国务院办公厅《关于加强文物保护利用改革的若干意见》强调："合理利用文物资源，提供多样化多层次的文化产品与服务，促进文物旅游融合发展。"博物馆夜间开放是"大文创"，有利于发挥文化资源的独特优势，让文物在夜间"活起来"。地方政府也相继出台相关政策，如 2020 年 4 月吉林省委办公厅、省政府办公厅《关于加强文物保护利用改革的实施意见》强调"鼓励博物馆文创产品参与城市'夜经济'流通"，推动搭建文博产品与夜间经济的沟通桥梁。从产业视域看，博物馆夜间开放重在繁荣夜间经济。近年来党和政府加大对夜间经济的扶持力度，为博物馆夜间开放创造了良好的政策生态。

在中央层面，2019 年 8 月国务院办公厅《关于进一步激发文化和旅游消费潜力的意见》（国办发〔2019〕41 号）强调："发展假日和夜间经济，鼓励有条件的旅游景区在保证安全、避免扰民的情况下开展夜间游览服务。"同月印发的《关于加快发展流通促进商业消费的意见》提出："鼓励主要商圈和特色商业街与文化、旅游、休闲紧密结合，适当延长营业时间。"2020 年 10 月文化和旅游部、国家发改委、财政部《关于开展文化和旅游消费试点示范工作的通知》（文旅产业发〔2020〕71 号）要求："发展夜间文化和旅游经济，鼓励博物馆、美术馆延时开放或优化开放时间。"2021 年 3 月文化和旅游部、国家发改委、财政部《关于推动公共文化服务高质量发展的意见》（文旅公共发〔2021〕21 号）提出："促进公共文化服务提质增效，进一步加强错时开放、延时开放，鼓励开展夜间服务。"一系列顶层设计出于对我国夜间经济历史与现实的考量，激发出博物馆夜间开放的有利要素和潜力。

在地方层面，2019 年 7 月北京市文物局率先出台专项政策《关于倡导博物馆夜间开放、助力繁荣夜间经济的通知》，鼓励"全市博物馆选择适当时间延时开放或开设博物馆夜场"。上海、江苏、广东等 15 个省（直辖市）以及哈尔滨、成都等 10 余座城市均出台了夜间经济政策，明确鼓励公共文化服务机构延时开放，涌现出诸多亮点，如北京将夜场开放经费列入年度预算，山西探索开通文化艺术场馆的夜间旅游巴士，甘肃对开放延时的博物馆执行分段电价，哈尔滨打造100 处夜间文鉴艺廊，成都打造 10 处夜间文鉴艺廊和亲子乐园，南京打造"夜之金陵"品牌等，均为博物馆夜间开放进一步创新发展营造了良好的政策环境，促进了文旅融合和夜间经济的发展。

### （五）国外博物馆夜间开放现状

　　近20年来的世界博物馆，更加突出以观众为本的价值理念，重视通过观众的参与、互动来实现知识和科技的普及。大型综合博物馆也开始顺应时代的变化而转变思维，以服务者的姿态，为公众提供更加丰富的文化产品。博物馆不断走进人们的日常生活，成为人们了解历史文化艺术、获取科学知识乃至休闲旅游的重要场所，博物馆夜间开放也逐渐成为社会趋势。国外一些博物馆夜间开放形式较为多样，且运营具有一定规模，观众参与度较高，相对成熟的博物馆夜间开放，不只是"延时开放"，而是基于博物馆对自身经营管理研究后的产物，将开放模式分为单一博物馆夜间开放和"博物馆之夜"联合活动来分析更为合理。

　　单一博物馆夜间开放。当前，全球各大博物馆均在开发具备自己特色的博物馆夜间开放活动。以英国博物馆为例，2018年Culture（组织英国博物馆夜间开放活动的机构之一）发表了一项研究报告，专门研究博物馆夜间开放及其在夜间经济中的作用。报告显示，从2009年到2018年间，共有2555家博物馆和艺术场馆机构在Culture登记了18198次夜场活动。其中泰特现代美术馆（The Tate Gallery of Modern Art）每周五晚的活动人数常常突破8000人，英国自然历史博物馆（Natural History Museum）的夜场活动每年接待的观众超过6万人。博物馆一般每周实行夜间开放一至两天，每次闭馆延迟三到四个小时，其中大部分博物馆都会举办特殊的夜晚活动，像展览讲座、音乐会、艺术表演、晚宴、电影放映等。讲座、导赏大多时候不会另外收取费用，但特别策划的活动会收取一定费用，像音乐会、夜宿、兴趣课程、工作坊等。

　　除去博物馆自身策划的各类夜间开放活动，一些大型博物馆还会承担文化交流的职责。2019年12月9日晚在英国自然历史博物馆举行"万物有灵·四川之夜"主题活动，以大熊猫人偶形象舞蹈为开端，通过数字化演示和"非遗"实物展示中国文化，促进了中英文化交流。而中央广播电视总台《国家宝藏》节目2019年在日本东京国立博物馆晚间举办了由中日两国艺术家联袂演出的"国宝音乐会"，其中演奏家方锦龙所使用的琵琶是按照日本奈良正仓院收藏的唐代螺钿紫檀五弦琵琶仿制并改良而成，可算是一段两国交流的佳话。

　　"博物馆之夜"联合活动。"博物馆之夜"是近年来博物馆界最成功的夜间开放活动之一，而2006年上映的电影《博物馆奇妙夜》将这一联合活动推向了快速发展阶段，同一区域的博物馆纷纷加入"博物馆之夜"联合活动之中。比较成功的是由联合国教科文组织、欧洲委员会和国际博物馆协会主办，法国文化部、教育部参与组织的"欧洲博物馆之夜"，每年 5 月第三个周六举办（因受疫情影响 2021 年为 7 月 3 日），至今年已是第 18 届，全球有 2927 项夜间活动在此期间共同开展。

另外一个是德语区国家的"博物馆长夜"，由德国和奥地利发起。柏林"博物馆长夜"由柏林市政府主办，每年 1 月和 8 月最后一个周六晚间举行，全城近百家博物馆共同开放至次日凌晨 2 点。奥地利"博物馆长夜"由奥地利国家电视台创办，在每年 10 月的第一个周六晚间举行，今年已有约 650 家博物馆、画廊和文化机构参与，覆盖范围甚至突破了奥地利全境，邻国意大利、斯洛文尼亚、列支敦士登、瑞士和德国南部部分地区的博物馆也加入了进来。类似的还有阿姆斯特丹"博物馆之夜"，俄罗斯"博物馆之夜"等。20 世纪 90 年代，欧洲城市去工业化发展及零售业去中心化发展导致市中心活力日渐丧失，日本泡沫经济破裂，全球经济驱动力下降，欧美日韩等国政府推出一系列政策措施以期实现城市复兴，这些政策都涉及一部分夜间经济，为夜间经济发展创造了基础和条件。与此同时，随着苏联解体，东欧国家向市场经济转型，新自由主义开始盛行，民众参与夜生活的意愿不断加强，而以节事为主导的夜间经济活动更是在提升城市活力、吸引游客参观、增加就业机会和吸引外来投资等方面效用巨大，随之便产生了以政府机构或基金会为主导，多家博物馆共同参与的"博物馆之夜"活动。

以"欧洲博物馆之夜"为例，法国文化部 2019 年发布的统计数据显示，当年 5 月 18 日"欧洲博物馆之夜"活动期间，全球约 3000 座博物馆夜间免费开放至凌晨，部分博物馆还组织专题讲解、美食品尝、音乐演出、游戏体验、读书分享、主题展览等一系列文化活动，共接待参观者超过 200 万人。

## 二、博物馆夜间开放的优化

### （一）博物馆进行夜间开放存在的问题

文物安全难保障。博物馆延长夜间开放时间，等同于延长文物的展出时间。当前我国博物馆主要是以古代建筑为架构，本身的设计并不适合夜间开放，需要后期大规模地增加照明设备，光照时间较长和不稳定、难以控制的展柜环境会对文物长期摆放造成潜在的影响。而且相较于白天开放，夜间开放发生文物被盗的概率会有所提高，会大大增加文物保护的工作难度，对安保工作来说是一个巨大挑战。

人员数量难补充。博物馆实施常态化夜间开放，预示着需要投入更多的人力服务夜间开放后的游客。陕西历史博物馆党政办公室副主任许晨曾在采访中表示，陕西历史博物馆在举办一些主题专场夜游活动时，仅夜间一场活动就需要配备80多人进行保洁、安保等工作。但由于博物馆工作人员数量本身就相对短缺，一时间增加大量的讲解、保洁、安保等服务人员是一件比较困难的事情，唯有采取轮班制才能满足群众的参观需求。沉重的工作量不仅增加博物馆人力资源的运营成本，容易打击工作人员的工作积极性，而且也容易陷入"小马拉大车跑不长"的困境，难以拥有"夜以继日"的活力。

活动形式难创新。当前夜间开放仍处于一个试行阶段，开展的夜间活动较为单一，与白天开展的"社教"活动大同小异，夜间开放的与众不同仅体现在时间概念范畴上。久而久之，当满足了游客对夜间开放的好奇心后，夜间活动可能收效甚微。

周边设施难齐全。虽然博物馆进行夜间开放是一件非常值得推广的事情，但是周边配套设施不齐全难免成为实行过程中的"拦路虎"。有的博物馆位于郊区，交通配套设施不完善，公交、地铁的停运时间较早，无法满足游客夜间参观的需求。另外，博物馆夜间开放活动往往是自行组织的独立活动，并没有与周边的吃、住、娱等关键要素共同形成一条完整的消费产业链，夜间活动消费空间小、氛围感不强、吸引力不足，最终导致游客停留时间短、回头参观次数少。

### （二）博物馆进行夜间开放的对策

保障文物安全。文物安全既是文物保护的底线、红线，也是生命线，必须把保护文物安全放在首要位置。为有效消除博物馆夜间开放带来的安全隐患，必须多措并举提升博物馆夜间开放的安保系数，营造适合夜间开放的馆内环境。首先，调整和更新馆内设施，安装既节能环保又安全可控的灯光照明设备，加强对文物展柜内部环境的精细化监测与监控，定期检查和维修文物防盗报警设备；其次，加强夜间开放期间的安保人员力量，增加巡查检查频率，利用云监控、大数据等先进技术，及时发现和纠正游客违规不文明行为；此外，夜间还可以有选择性地不对外展出一些不易保护的文物，确保文物安全万无一失。

补充志愿力量。面对博物馆工作人员数量有限的情况，对比招聘新员工，充分利用志愿者这一社会资源进行人员补充无疑是一个最便捷、最有效的手段。志愿者能够在简单培训后以较快速度投入到博物馆的夜间运营管理服务工作当中，而且也是为一些热爱历史文化和博物馆事业的志愿人士提供一个实践平台，大大减轻了因夜间开放带来的服务压力。北京自然博物馆在举办连续 5 天的"博物馆之夜——绿地球之夜"活动期间，19 名志愿者积极报名上岗讲解，有效补充了讲解服务队伍力量，让活动有条不紊地开展下去。

挖掘夜间亮点。社会是博物馆赖以生存和发展的土壤，时刻关注社会变化始终是博物馆的"生存之道"。游客对博物馆夜间开放的期待，并不仅仅是延长开放时间错峰参观展览，而是要融入有趣、特色的元素。夜间环境与白天有所不同，开展的活动应结合夜间特色与白天区分开来，夜间比白天更具神秘体验和休闲氛围，相对轻松的主题活动更能调动游客参与的积极性，符合开展夜间活动的初衷。对此，博物馆应在充分挖掘自身文化元素、彰显历史文化价值的基础上，对现有的参观方式、游览路线、活动内容等进行重新规划、提档升级，添加"身临其境"般的沉浸式互动娱乐体验元素，打造文化体验与本地生活相融合的活动场景，策划推出一系列符合年轻一代的夜间活动，让博物馆夜间活动"一时火"变成"一直火"。值得一提的是，内蒙古自然博物馆巧妙利用该馆的展陈资源，打造别开生面、精彩有趣的"与恐龙同眠"品牌活动，小朋友们化身小探长，现场学习恐龙知识、探索化石秘密，并在调动多感官的实景中感受独一无二的夜宿体验，整个活动既能让小朋友在科普中增长知识，又能让小朋友在游戏中收获快乐，大幅提升了活动的影响力、美誉度和传播力。

完善配套服务。博物馆的夜间运作不仅体现博物馆的公共文化服务水平的高低，也是对城市综合服务管理能力的重大考验。为做好博物馆夜间开放工作，政府应多管齐下，不断完善博物馆周边的配套设施，为其营造优越的夜间开放运营环境。一方面，通过将公交、地铁等公共交通运行时间延长，增加博物馆夜间交通专线，提供出租车定点接客服务等手段，为游客夜间出行提供便利，让游客参观更加安心、方便，减少夜间出行的后顾之忧；另一方面，通过政策、资金支持周边餐饮娱乐休闲业与博物馆联动发展，打造动静相宜、业态融合、包容多元的"文化生活圈"，满足游客高品质、多层次夜间消费需求。不得不说的是，2019年，广州市文化部门在广州首批 11 家博物馆实行夜间开放之后，精心打造并推出千年古迹之旅、红色传承之旅、都市寻味之旅、珠江魅力之旅、西关风情之旅、活力都市之旅这 6 条"夜游广州"精品旅游线路，而且每条线路行程均至少涵盖一家夜间开放的博物馆，充分为文旅融合发展提供新思路，为文化供给提供新动能，为消费需求提供新潜力，让博物馆"金字"文化名片擦亮城市底色。

避免盲目跟风。从当前博物馆夜间开放所遇到的问题来看，夜间开放的运营模式并不是都能适用于每一个博物馆。博物馆不能一哄而上，需要因地制宜，在综合考虑馆内基础设施建设、文物安全保卫、人员管理安排、周边交通配套、参观游客流量等因素后再作出适当决定，坚决不能强行要求一些不具备夜间开放条件的博物馆采取夜间开放新模式，这样只会造成不必要的资源浪费。例如：南京某纪念馆曾经把闭馆时间延长到晚上9点，在尝试7天后发现晚上参观的游客寥寥无几，最后果断放弃了夜间开放的做法。

# 第六章　文旅融合背景下博物馆的研学活动创新发展

# 第一节 文旅融合与研学活动概述

## 一、文旅融合

文旅融合的要素包括融合内涵、融合主体、融合路径与融合模式。文旅产业融合，其外部条件为管制条件的放松与群众精神追求的提升。后疫情时代，随着防疫政策逐步放宽，民众旅游需求日益强烈，从初始的游山玩水转变为能够满足精神需求的文化旅游，单一风景旅游模式被风景文旅复合模式所取代，文旅融合主体日益多元，文旅融合内涵也不断拓展。

### （一）文旅融合内涵

文旅融合内涵包含资源融合、产品融合、转化创新与要素融合。资源融合又分为资源挖掘与资源整合。有效挖掘并整合本地特色文化资源，再以生动的旅游形式加以设计与展示，以文塑旅，打造地方旅游独特品牌从而吸引游客，推动旅游产业发展。同时，地方旅游的发展也能加速文化产业发展，具有以旅彰文的作用。产品融合又分为产品开发与转化创新。产品开发指推出地方文创产品、增设景区文化体验项目等，且地方文化内涵能够为产品开发提供借鉴参考。转化创新指依托现代技术在当地原有旅游资源基础上实现旅游项目升级，如在河流增设文化漂流项目，在传统文化村落增设文化体验项目等，旅游产业能够有效活化地方特色文化产业。要素融合又分为要素优化与要素聚集。其中，要素优化聚焦于服务要素优化提升、产业链要素优化提升、市场要素优化配置等。要素聚集具体指业态融合、综合效益的可持续发展融合，以及产业链、价值链、创新链"三链"重构等。总体而言，文化产业与旅游产业相互补充，相得益彰。前者为后者提供创意，后者为前者提供市场，文旅融合促进地方文化与旅游产业的高质量发展与产业结构重构，衍生出新业态与新形式。

### （二）文旅融合主体

在文旅融合实践中，政府与企业是文旅融合机制的主要领导者，资源主体、居民主体是文旅融合机制的提供者，游客则是文旅融合的受众，同时也是驱动者。政府主体通过政策宣传、落实实施、规划设计景区布设与城市交通、建设基础设施等，在文旅融合工作中发挥引导和撬动作用。企业主体通过运营管理景区、打造旅游品牌提升景区吸引力、培养文旅专业人才等配合政府工作。资源主体例如协会、非营利组织等，通过提供资源整合方案、提供交流平台，以及人才输送等助力文旅融合。居民主体在文旅融合大背景下，需要接受外地游客的文化差异及文旅政策实施对本地的影响，以化解冲突、社区参与等方式参与到文旅融合中。游客主体作为文旅融合的受众，通过文旅体验、感受异地文化冲突、输出评价体验等参与文旅融合。一方面，游客对地方文旅开发的领悟和接受程度影响政府主体的文旅融合工作的方向和进程；另一方面，游客对地方文旅开发的喜爱程度直接影响经济效益，从而推动地方文旅融合工作。

## 二、博物馆研学活动

### （一）内涵

研学活动在一定程度上可以等同于研学旅行，我国较早就已出现游学、修学、研学等术语，关于研学旅行的探讨较多。研学旅行有广义与狭义之分，广义上的研学旅行从旅游学的角度对其定义，是指"以研究性、探究性学习为目的的专项旅行，是旅游者出于求知的需要，暂时离开常住地，到异地开展的文化性质的旅游活动"。狭义的研学旅行是从教育学的角度进行定义，2016 年教育部、文化部等 11 个部门联合印发了《关于推进中小学生研学旅行的意见》，指出"中小学生研学旅行是由教育部门和学校有计划地组织安排，通过集体旅行、集中食宿方式开展的研究性学习和旅行体验相结合的校外教育活动，是学校教育和校外教育衔接的创新形式。"2017 年 5 月 1 日，国家旅游局颁布《研学旅行服务规范》指出："研学旅行是以中小学生为主体对象，以集体旅行生活为载体，以提升学生素质为教学目的，依托旅游吸引物等社会资源，进行体验式教育和研究性学习的一种教育旅游活动。"博物馆研学活动是由博物馆作为主导方，面向中小学生开展的有组织的学习探究性活动，主要以博物馆资源为基础进行组织策划，包括馆内研学与馆外研学。馆内研学主要在博物馆开展，有系统的课程内容；馆外研学按照研学线路走出博物馆进行游学。

### （二）博物馆研学活动的意义

促进博物馆自身发展。博物馆作为爱国主义教育基地，开展教育活动是进行社会教育的重要手段，有利于更好地发挥社会教育的功能，加强自身宣传，促进自身发展。首先，博物馆利用馆内文物资源，通过展览讲解、课程学习、动手实践等不同形式，将更多的知识进行宣传普及，培养青少年从小养成热爱文物、热爱历史文化知识的习惯，发挥社会教育的功能。教育活动的开展与学校教育能够形成配合，丰富了中小学生的课外学习，拓宽了社会教育的途径，有利于形成家庭教育、学校教育、社会教育的良性循环。其次，博物馆开展教育活动加强了对博物馆的宣传。博物馆教育活动通过馆内馆外不同类型活动让更多青少年参与进来，丰富多样的活动内容以及具有馆藏特色的学习课程，能够让更多人了解博物馆内的藏品，了解文物背后的故事，提高博物馆知名度。最后，博物馆部分教育活动收取活动费用增加了博物馆收益，缓解了博物馆经费紧张的问题。

促进青少年全面发展。博物馆教育活动能够促进青少年全面发展，提高沟通与实践能力。"在现代博物馆的各项业务中，教育不仅是博物馆对社会的责任，也是其首要目的和功能。"博物馆藏品资源丰富，涉及科学、历史、艺术、民俗等不同层面，通过博物馆教育活动，青少年可以了解更多的科学文化知识、考古文博知识以及文学艺术知识，利于提高青少年综合素质。博物馆是青少年学习的第二课堂，走出去的研学游活动作为学校课堂的补充，能够拓宽青少年视野，增强对国家历史文化的了解，培养青少年的爱国主义精神与民族自豪感、自信心。此外，还可以提高青少年团结协作能力、沟通交流能力。博物馆组织具有研学需求的青少年共同组成班级进行授课，通过一起上课，日常相处，可以让青少年更好地融入集体，学会与他人相处。"博物馆教育采用的是非正式的教育方式，除了依托文物的讲解导览外，博物馆也越来越重视开展操作性强、富有趣味性的灵活多样的教育活动。"博物馆教育相比学校教育更加多元开放，博物馆研学课程有较多动手实践的机会，可以利用馆内外资源，将课程中学习的内容进行自主实践，培养青少年动手实践能力。

促进校外教育健康发展。博物馆教育活动有助于形成健康的校外教育模式。活动面向的受众主要为青少年，家长为让孩子开阔视野以及解决托管问题，会选择兼具旅游与学习功能的研学机构。尤其在寒暑假期间，研学市场尤为火爆，较多研学机构涌入，导致研学市场混乱，问题频发。"不少社会研学机构打着博物馆的旗号，却一心只为了谋取高额的利润，既没有专业的讲解，也没有精心策划的活动内容，走马观花、只游不学，让博物馆成了他们牟取暴利的工具。"众多研学机构在教学质量、导师资质以及收费标准等方面存在问题，学生的学习效果难以保证，不仅浪费学习时间，学生安全也缺乏保障。博物馆研学活动属于校外教育活动的形式之一，一般在节假日举办，尤其在寒暑假活动形式更为多样。博物馆作为一个地区历史文化的缩影，是地域文化的典型代表，博物馆内举办的研学活动大多以馆藏文物为基础,较研学机构在质量与安全等方面都有保障。相比之下,博物馆教育活动的开展不仅能为青少年提供丰富的学习内容,更有利于提高青少年学习的积极性,形成良好的校外学习氛围与学习风气。

### 三、文化旅游概述

文化旅游是旅游的一种类型,主要指以人文资源为主要内容的旅游活动,不断受到国家层面的重视。"旅游从本质上说,是一种文化体验,文旅融合是文化和旅游发展的大趋势,20世纪90年代,文化旅游成为旅游产业中的重要经济增长点。"随着国家经济不断发展,人们生活水平不断提高,对旅游也提出了新的要求。新时代人们更加注重精神追求,更倾向于具有丰富文化内涵的旅游产品,文化体验成为现代旅游的核心内容。中共中央办公厅、国务院办公厅印发的《关于实施中华优秀传统文化传承发展工程的意见》指出:"要把优秀传统文化融入生产生活,大力发展文化旅游,充分利用历史文化资源优势,规划设计推出一批专题研学旅游线路,引导游客在文化旅游中感知中华文化。"2018年,国家机构改革将文化部与国家旅游局合并为文化和旅游部,统筹文化和旅游的融合发展,文化和旅游融合从国家顶层设计层面得到支持。

目前关于文化旅游的概念还未形成统一的观点,本书借用驼高远对于文化旅游的定义作为观点,"指通过旅游来达到感知、了解、体察人类文化具体内容之目的的行为过程。其泛指以鉴赏异国异地传统文化、追寻文化名人踪迹或参加当地举办的各种文化活动为目的的旅游"。在以文塑旅、以旅彰文政策的指导下,文化旅游受到文化界与旅游界的共同重视。文化旅游依托于文化资源,利用地域特色发展旅游,世界旅游组织提到文化旅游包括节庆旅游、风情民俗旅游、古迹旅游、演艺旅游、修学旅游及朝圣旅游等。

发展文化旅游对旅游者与旅游地本身来说都具有重要意义。对旅游者来说,文化旅游可以丰富旅游内涵,打破了传统旅游只为游览休闲的目的,在旅游过程中人们可以学习到各地不同的文化知识,感受不同地区的风俗习惯,在休闲放松的同时提升自身,感受中华文化的博大精深,提高游客的旅游质量。对旅游地来说,能够促进当地的经济发展。文化旅游打破了传统的产业模式,通过对地区文化资源的深入挖掘,结合独特创意,把文化资源转变成旅游产品,吸引更多游客,在旅游过程中游客的消费带动了经济的发展,提升了地区影响力。此外,可以保护地区文化。通过挖掘文化内涵,继承与弘扬优秀传统文化,将传统文化与现代手段相结合，为传统文化赋予生机与活力。

## 四、博物馆教育概述

博物馆研学活动属于教育活动的形式之一，研学活动的开展只有符合博物馆教育的理论与实践才能从根本上得到提升与完善，达到博物馆教育的目的。我国博物馆教育活动与欧美国家还存在差距，博物馆的教育功能未充分发挥，了解并借鉴学习欧美博物馆的教育理念十分必要。

### （一）博物馆教育理论

博物馆作为重要的社会教育机构，其教育职能经历了长时间的发展演变。中世纪，博物馆是贵族的私人收藏室，以保存、研究为主要目的，仅供少数人观赏。18 世纪，英国不列颠博物馆、法国卢浮宫艺术博物馆向社会开放，但主要面向精英贵族，开放程度有限。启蒙运动时期人们观念发生改变，开始注重公众教育，为近代博物馆发展提供了动力。19 世纪后期，博物馆的教育功能逐渐受到各方关注，其教育职能逐渐发展起来。

20 世纪之后，博物馆教育职能不断扩大，博物馆成为正式的教育机构。1962 年，国际博物馆协会章程指出，博物馆建立的目的包括研究、教育与欣赏；1974 年，国际博物馆代表大会指出博物馆为公众提供学习、教育、欣赏的机会。美国、苏联以及日本对博物馆的定义中，明确了博物馆的教育功能。2007 年，国际博物馆协会将博物馆定义最新修订为："博物馆是一个为社会及其发展服务的、向公众开放的非营利性常设机构，为教育、研究、欣赏的目的征集、保护、传播并展出人类及人类环境的物质及非物质遗产。"首次将"教育"提至博物馆社会功能的首位。博物馆定义中对教育的不断重视，凸显了博物馆的价值。

周婧景认为博物馆教育包括广义与狭义两个层面，广义层面指展览、收藏、研究；狭义层面指博物馆内实施的一般教育项目。美国博物馆专家乔治·E·海因提出的博物馆教育理论成为欧洲博物馆教育的指导思想，包括教导解说型、刺激—反应型、发现型与建构知识型。教导解说型与学校教育相似，指导者进行讲解，学习者被动接受知识，具有机械性，此种教育理论目前仍流行于博物馆之中；刺激—反应型是指通过刺激形成某种反应，并强化这种反应，从而通过不同的反应获得不同的结果。与教师教、学生学的传统教育模式相似，但强调教育方法，具有一定的互动性；发现型是一种主动性教学，学习者在学习过程中，以自身心智与外界信息不断交互作用并产生变化，学习者的主动性增强，体现在博物馆工作人员引导观众进行探索从而提出问题；建构知识型是学习者主动建构自己的知识经验的过程，强调学习者自身的主动性，以学习者为中心，可以亲自参与，动手操作。

1. 博物馆教育的职能

博物馆教育由博物馆、博物馆所组织的教育活动、观众三部分组成。教育是博物馆的重要职能，以博物馆学为基础，结合传播学理论和教育学理论。博物馆的科学研究是一切教育的基础，博物馆教育活动可以分为：以语言传递信息为主的学术研究及博物馆出版的相关期刊资料。以直接感知、欣赏为主的陈列展览。以引导探索为主的主题活动等内容。博物馆教育以实物、馆内资源、科研为基础通过教育活动扩展延伸，引发观众的感悟和思考，从而达到教育的目的。国际博物馆协会下属 ICOFOM 提出："博物馆教育的产生是综合馆内所获取的知识，在激发感知、获得新体验的同时帮助观众获得成就。"从现实来说，博物馆利用馆内教育资源，依据大众学习能力和发展需求开展教育活动，其目的就是培养和改变大众的认知、态度和行为模式。

博物馆作为博物馆教育的主体，有计划地组织教育活动，有目的地培养人、促进人的发展。博物馆教育根据社会的需求，向公众提供终身教育的学习场所，不以教育的结果为考核目标。博物馆教育肩负着精神文化建设的重要使命，有承上启下的历史责任。博物馆教育可以提高人们的思想道德修养和文化认同感，增强观众的爱国情感、培养观众的民族自豪感。发挥博物馆的教育功能向公众传播文化知识，可提高观众的欣赏能力，为人民日益丰富的精神文化需要提供保障。博物馆教育总体上是希望通过文化的传播，达到发展观众的认知能力及提升认知水平。

2. 博物馆教育的特征

博物馆教育具有开放性、公益性的特点。博物馆面向社会公众开放的教育空间，为各个年龄段的观众提供平等学习、开放学习和自主学习的场所。所有公众都可以自由参观博物馆的展览，参加博物馆举办的活动。

博物馆教育具有实物性、直观性、自主性的特点。博物馆教育注重实物陈列，博物馆的实物性是区别于其他文化教育组织的主要特征。博物馆是以实物为基础，为观众提供直观性的展览。博物馆展示中传播者和受众之间带有即时反馈性质的交流。博物馆具有自主性的特点。观众自发来到博物馆，具有自主选择的权利，观众在馆内不会存在强制学习的压力。观众在博物馆中自主观察、以休闲娱乐的方式吸收知识，接收博物馆教育内容。博物馆作为非正式教育的场所，区别于学校教育。博物馆教育更重视观众的思维能力发展，以寓教于乐的形式推进博物馆教育，满足民众不同阶段的学习兴趣。

博物馆教育具有多样性、持续性强的特点。博物馆呈现的内容不是单一对历史学、考古学的阐释，也不是单一对文物进行展览。博物馆作为一个综合体具有广博性，是各种信息知识的整合。博物馆的多样性表现为馆藏内容的丰富、教育活动的多样、教育信息广泛等。博物馆具有丰富的资源和多样的活动策划，可充实观众的参观体验。博物馆教育的过程是一个知识的积累、运用和创造的过程。面对社会快速发展，知识更新速度快，传统的学习模式不能满足社会公众的需要，学习不是人生阶段性的任务，而是持续不断的过程。为了人的全面发展，终身学习也为社会所提倡。博物馆是终身学习的场所，只要博物馆存在，就会通过教育影响着博物馆观众。博物馆教育具有持续性强的特点。博物馆教育是一种长期效果，对观众产生潜移默化的影响。

3. 博物馆教育的发展

博物馆作为一种文化现象是社会发展到一定阶段的产物。同样，博物馆教育不是博物馆生来就有的，是人类历史发展到一定阶段的产物。在欧洲中世纪，教育是贵族的特权，平民接受教育并不普遍。博物馆的起源原因之一是贵族为了显示自己财力及地位，对珍贵宝物的收藏。直到17世纪末，欧洲经济思想快速发展，公众对文化教育的渴望，使博物馆逐渐向公众开放。教育从一种特权变为权利，公众普遍获得受教育的机会。随着社会发展，博物馆中的藏品越来越多，人们对博物馆的认识不断加深，美国哈佛大学博物馆的阿卡西斯博士提出"二元配置"的概念，主张为观众参观安排专门的空间。这个空间是将藏品按计划摆放所形成的，也就是现在意义上的展厅。原来博物馆把放藏品的库房当作展览的空间被这种新展厅的出现所取代。自博物馆有计划地设计陈列对观众施以影响，博物馆教育这一职能便应运而生。博物馆的教育功能逐渐面向社会公众并被大众所接受，与收藏、研究共同成为博物馆的主要职能。博物馆逐渐成为全社会共享的文化资源，使社会公众获得了平等的文化权利。

中国博物馆的教育发展略晚于欧美，中国近代第一座国人独立创办的博物馆当属1905年张謇所办南通博物苑。博物苑分四部，以"设为庠序学校以教，多识鸟兽草木之名"为办学宗旨，以教育民众、激发民族觉醒和辅助学校教育为目的。我国在很长一段时间将博物馆重心放在"博物馆是为科研服务的"，这也为博物馆教育的发展打下坚实基础。在 1912 年至 1949 年间，我国许多博物馆在成立之初便以教育博物馆定名，且隶属于国家教育部门。到了改革开放后，中国的经济快速发展，人们在保证生活的同时，开始重视文化的力量。回归教育、成人教育、职工教育快速兴起，博物馆以丰厚的教育资源为基础，逐渐成为仅次于学校教育的教育系统。2008 年中国开始推行博物馆免费开放，促进更多民众走进博物馆。2019 年 12 月公布的《博物馆定级评估办法》将博物馆社会教育作为评选标准，其中包括博物馆内是否有社会教育机构及专门的教育人员，馆内是否设有教育服务区等博物馆教育相关内容，增强各博物馆对其教育职能的重视。

### （二）博物馆教育活动

"博物馆教育活动以馆内现有资源与特色产品为依托，在此基础上进行活动开发与设计。"博物馆展览、藏品以及研究都与博物馆教育有紧密联系，从不同层面发挥博物馆教育的功能，尤其通过展览与教育活动开展社会教育。在此基础上，博物馆开展的教育活动有不同类型，相较于学校教育在教育方式与内容方面有其自身特色。

1. 活动类型及特点

最初，博物馆借助馆藏文物、陈列展览与场地环境等博物馆资源，通过展览、讲解等形式向观众传递知识，达到教育的目的。随着博物馆类型的多样化以及公众知识水平的提高，博物馆教育活动不断多元化。学者黄淑芳将博物馆教育活动划分为三部分，包括馆内的基本教育活动、辅导学校的教育活动以及社区服务的教育活动。馆内基本教育活动包括解说导览、示范表演、专题讲座、动手做、视听欣赏、研习课程与研习营等。辅导学校的教育活动包括到校服务、函授课程、教具教材的开发制作、教具教材外借服务等。社区服务的教育活动包括巡回演示与巡回展、配合节庆及假日的特别活动、关怀社会的公益活动。陈璇将博物馆教育活动划分为参观导览与文化体验两种类型，参观导览包括博物馆网络服务、专题讲解与学习单；文化体验包括配合展览的活动与配合节假日的活动。博物馆教育活动类型多样，重视"以人为本"，注重活动主体的体验。

博物馆教育活动与学校教育不同，在学习过程中能够将理论与实践进行结合，学习更具有持续性。结合目前学者对于博物馆教育的讨论，将博物馆教育活动特点总结为实践体验性、互动交流性以及终身学习性。首先，博物馆教育活动相较于学校教育多以动手实践为主，注重参与者的体验性，通过动手实践获得感知。博物馆开展的活动通过动手做、角色扮演等形式引导学生进行探索学习。另外，博物馆场景布置更注重体验感，通过复原陈列、沉浸体验等措施突出观众参与感。其次，活动的互动性强。在博物馆教育活动中，注重人与人、人与物之间的互动，观众与博物馆指导者、同伴有较为频繁的交流，在指导者的引领下，与共同参与者合作完成活动中的任务，通过音频、视频能够与部分展品进行一定互动。最后，博物馆是终身学习的场所。博物馆具备丰富的教育资源，儿童、青年人、老年人都可以随时随地到博物馆参观学习。博物馆是进行继续教育的重要场所，为完成学校教育的民众提供再教育的机会。

2. 国外博物馆教育活动

博物馆是进行社会教育的重要阵地，是国民教育体系的重要组成部分。博物馆教育在欧美国家发展较早，青少年教育活动优势明显。宋娴等认为欧洲博物馆教育项目设有多样化的教育菜单，注重全过程的营销项目，强调多元化的教育合作模式。美国、英国、法国等国的国家博物馆教育对我国博物馆具有重要的借鉴意义。美国政府对博物馆教育活动十分重视，尤其是儿童博物馆数量多、发展快。美国大、小型博物馆都有专门的教育部门，开办专供儿童参观的陈列室，绝大多数博物馆开展由幼儿到少年的教育项目。美国印第安纳波利斯儿童博物馆将博物馆教育与家庭学习相结合，通过学习体验改变儿童不良的生活习惯，在展览与教育活动中贯彻家庭学习的理念。英国较早重视博物馆教育，1988 年设置"国家课程"，指出学校课程与博物馆教育相互连接，针对不同年龄阶段的学生分阶段制定学习手册。

此外，博物馆十分重视对残障儿童的教育，伦敦科学博物馆每年面向 5—14 岁视力障碍儿童举办"视觉发现日"活动，通过声音表演秀、沉浸式故事体验等呈现不同的主题。法国是世界上博物馆最多的国家之一，自 2004 年开始，法国每年举行"博物馆之春"活动，由博物馆与教育部门联合推出，邀请儿童参与博物馆活动。法国每周三下午，小学与初中停止学校课程，学生进入博物馆、体育馆等进行社会教育，被称为"星期三现象"。尤其是艺术类博物馆注重对儿童的教育，对孩子进行长期持续的关注。欧美国家更加重视对青少年的博物馆教育，强调"以人为本"在教育理念与形式方面具有较大优势。

3. 博物馆教育活动现状分析

（1）陈列展览

博物馆陈列展览的目的在于增加一般人的普通知识。①博物馆内实物陈列并不能直接表达其教育意义，只有将它置于陈列体系中，才能与观众进行交流。通过展览内容设计与视觉表达，向观众传达知识、艺术、情感等多元信息。陈列展览是博物馆教育最基础的方式，是博物馆教育最直观的手段。陈列展览客观反映一个博物馆藏品的数量和质量、学术研究的广度与深度。陈列展览应具有鲜明的主题、准确的内容、展览氛围的创设。博物馆展览不仅要具有美感，还要通过科学的展览方式将文物及辅助展品按照主题组合，运用空间结构、色彩等背景设计，挖掘文化内涵、表达文化价值。博物馆展览分为基本陈列和临时展览。基本陈列较为稳定，不会轻易变动。应以基本陈列为基础，从不同视角入手，开展教育活动，丰富基本陈列的教育表达。临时展览既可以对博物馆内的基本陈列起到补充作用，也可以结合社会需求与时俱进，关注新颖题材和热点话题，通过举办特展、巡回展览等形式，形成博物馆教育的长效机制。将博物馆与观众紧密联系在一起，为观众提供可持续的教育。

博物馆展览作为博物馆教育的传播媒介，通过合理设计展览内容进行有效传播，化繁为简。展览不仅要能被观众理解，还要能引起观众的兴趣，适应观众的知识结构和学习能力。通过展览进行教育，是观众接受展览外部信息并在人体内部进行信息处理的活动。观众通过感觉、表象、推理等要素对展览中认知信息进行深度加工。通过对藏品内涵的传播，使观众实现自我认知以及满足人的精神和心理需求等。通过对展览主题的确定、展品的挑选、展览形式设计等阐述展览主题，达到传播博物馆教育内容的目的。

我国博物馆现阶段所办展览已经改变过去按照类别、时间排序的展览形式。对于博物馆来说举办一个具有教育意义的展览包括：展览主题、展览形式、氛围营造、场景复原、多媒体技术、交流互动等环节。在设计之初，展览主题已然固定，但表现形式、组合方式存在多种可能。从认知心理学的角度分析，展览可以通过合适且深刻的方式增强观众的记忆。以此将博物馆展览教育表达分为：叙述性内容展览、抽象历史形象化、展览内容可视化、复杂历史简单化等展览形式。

叙述性内容展览。基于丰厚的学术研究及对历史客观性认识，叙事性的表达，是一种新文化符号下真实性重建与文化再生产的过程。叙述性内容展览注重展览的整体化设计和展览的逻辑性，通过恰当的逻辑线索，将与主题相关的内容构建联系。观众在展览所构建的叙事框架下，进一步了解展品、历史和文化内涵。

例如南京博物院承接故宫养心殿文物在国内举办的巡展《走进养心殿——大清的家国天下》。南京博物院对其进行重新规划，加强展览的叙述性内容及内在联系。展览从导览开始，便扮演引导者的角色，启发观众在展览中观察和发现。

展览采用景观复原的方式将养心殿场景复原，把文物还原到历史场景中。展览设计了十个与养心殿相关的故事：军机处的设立、养心殿造办处、十全老人、垂帘听政等内容，以单独的小故事的扩展串联成相对完整的大故事，用明确的主题将零散的历史内容串联，由小及大，以此讲述大清的兴衰历程，给观众讲述一个来自养心殿又超出养心殿的故事。

展览通过创新设计方式，将抽象历史形象化、把问题具体化，将研究成果转化为通俗易懂的展览内容。

例如首都博物馆策划以霸国相关研究作为主题的展览，展览通过联想和创新展览形式，以现有研究成果和资料，从新的策划视角，将历史中鲜有记载的霸国通过展览的故事叙述展开。展览以随霸伯下葬的一件提梁卣上的九字铭文为切入点，通过创新设计描述了一个故事，在西周时期社会背景下，依托这件出土的文物，讲述燕国公主嫁到霸国后，在霸国所经历的各种礼仪例如婚礼、祭礼、丧礼等，反映西周霸国文化。这一展览通过创新设计，将历史研究成果形成展览展现在观众面前。

展览内容的可视化。虽然在展览中，展览的文字介绍必不可少，但展览内容并非全部要用文字解释。通过加强文物在展览中"叙述"的主体地位，增强展览内容的可视化。通过展览的形式设计，注重建构主义、注重启发性，将事实和逻辑展现给观众，让观众自己推导结论，推动观众在展览中直接获取知识，培养观众的思考能力和认知能力。

例如南京博物院展览《法老·王——古埃及文明和中国汉代文明的故事》，将古埃及法老与汉代诸侯王对比进行展览，通过对比联想增强文物与展览间的联系。在展览设计中用红、蓝两种强烈的色彩进行对比，强调两种文化的类型、时代和地域性的差异。虽是看起来毫无联系的两种类型，但通过文物展示形成对比，逐渐揭开他们的共同点，使文物成为观众获得知识的来源和载体。由此突出古埃及和古代中国不同的历史文化和通过木乃伊及金缕玉衣追求永生的相同主题，使观众从展览中探寻历史发展的共同规律和特殊规律。

展览将复杂历史简单化，为展览教育服务。通过展览的形式，对专业知识层层解析，清晰地传达博物馆教育。这种循序渐进的展览形式需要有明确的思路，既让展览有内涵和深度，又能让观众看得懂也愿意去看。展览的内容阐释要从观众角度出发，兼顾不同水平的观众。

例如备受关注的夏王朝。夏王朝的相关问题具有不少争议，而通过二里头夏都遗址博物馆的基本陈列《第一王朝》展览，将专业知识通俗化，用通俗的语言，系统阐释对夏代文化的探索过程。通过展示一系列与夏文化相关的遗址如王城岗遗址、禹会村遗址、二里头遗址等，结合《竹书纪年》和《史记·夏本纪》等历史文献记载，循序渐进，有理有据地讲述夏王朝通史。展厅分为三个单元，展出我国现存最早的地理学著作《禹贡》，详细介绍大禹治水的过程，并结合相关历史记载和文物，为大禹治水提供有力证据，证实其真实性。展览利用图表、模型、视频动画等方式系统介绍了夏王朝的统治范围。通过层层分析，使观众参观完展览，能够对夏王朝由兴到衰的发展历程有清晰的了解，从而得出对夏王朝认知的结论。博物馆通过举办展览，使观众获得广泛了解知识的途径，获得对事实与价值进行判断所必要的知识素养，将专业知识通俗化，拉近专业与非专业的距离，打破行业和学科间的限制。

博物馆展览与观众的关系已经发生改变，博物馆在举办展览时也要站在观众的角度注重观众与文物之间的联系，考虑观众在展览中可能遇到的问题。在展览未来发展中应注重从传输式教育变为引导式教育，提高观众参展体验感。例如数字化技术在展览中的应用。

随着科技大力发展，数字展览的建设以及多媒体在展览中的应用，都作为展览的辅助手段丰富展览的形式。基于馆藏文物和相关研究，结合创意元素，利用多媒体等数字化技术，让文物插上现代科技的翅膀，以生动的形式呈现。就像最近流行的"让文物活起来"，通过数字化技术处理和工作人员合理布局设计，让文物发出自己的"声音"。中国国家博物馆基于馆内典藏《乾隆南巡图》设计数字展示，《乾隆南巡图》是我国顶级书画珍品之一，记录乾隆皇帝第一次南巡的情景。仅将画卷展出，观众在欣赏过程中可能难以发现一些值得注意的细节，用文字依次介绍的形式又难免过于冗长。国家博物馆选择将画面与多媒体技术结合来解决这一问题。数字版《乾隆南巡图》影片长达14分钟，将平面静止的画卷立体展现。设计制作的三维模型多达2500个，通过长30米高4米的巨幕荧屏进行呈现。它使静止的街道热闹起来，人物比画中更加生动，图中每个人物都有自己的表情和动作。这不仅是电子技术的应用，背后还包含了工作人员的规划设计和研究。在静止画卷的基础上利用视听结合等新颖的展览方式，激发观众的参观兴趣，加深观众对展览内容的理解，让画卷自身"说"出它的故事。成都博物馆《花重锦官城——成都历史文化陈列·民俗篇》利用大型多媒体展示技术，为观众提供场景式观看体验。其中"茶馆的一天"将幻影成像技术与民俗完美融合，将茶馆内一天发生的事用影片展示，其中包括喝早茶、出堂水等风俗，将民俗表演融入其中，与展览内搭建的茶楼模型相辅相成。

通过多媒体等数字手段增加对文物内容的延伸，增强与观众的互动性，再现历史情境和活动。重庆三峡博物馆内的全周数字无缝环幕影厅是馆内重要展厅之一，它是全国第一座全周数字无缝环幕影厅，通过环幕电影的形式最大限度地呈现神奇三峡的壮丽景色，给观众极强的体验感。南京博物院的数字馆也是在数字技术与展览结合中极具代表的例子。这是中国第一家数字博物馆，位于南京博物院负一层。序厅以时光做题，引领观众进入时光之旅，通过多媒体及在声光电转换设置的作用下感受时光的变换。数字馆用灯光效果展示、集合分列式多屏幕、透明屏等多媒体呈现形式打造展厅，结合可动模型用光影效果的动态展示将历史故事串联在一起。用实物模型和巨幕影片的展现手法为观众营造立体的展示环境，深化展览内涵。馆内设置多个游戏活动：拼图、烧造瓷瓶、文物修复等，利用动作捕捉等数字技术实现展览与观众的互动。展厅内通过网络连接观众的手机和馆内互动设施，将观众想表达的内容投入展览的特定板块中。这一形式在为观众带来参展的新奇体验的同时，收集观众意见和想法，拉近观众和展览的距离，提升博物馆教育的效果。数字馆建设既可以丰富观众观展体验，提高展览的视觉效果。也可以将展览与观众相连接，即使观众走出博物馆，数字博物馆可以通过线上的方式继续影响着观众。利用数字技术在展览中增强教育效果，改变观众对博物馆的刻板印象，促进观众对教育的吸收。但值得注意的是多媒体应用设计要以展览的主题内容为主，根据展览内容增加点睛之笔，不能流于热闹的形式，缺乏应有的内涵。通过多媒体技术的应用，提高展览的教育效果，激发观众的学习和参观热情，增进观众对展览内容的理解。纵使新技术使用在展览中有很多益处，但多媒体应用作为一种展出手法不能喧宾夺主，削弱文物展览的主体地位。

总之，数字媒体技术在博物馆中的应用多种多样。随着科技的发展，再加上工作人员的创意设计，以及对观众习惯更加深入的研究，利用数字媒体技术可做出更多更好的尝试。陈列展览应妥善利用文物的独特优势，合理利用场景复原、多媒体展览等辅助展览的手段。注重创新形式，注重展览的科学性和人性化的设计，使展览的教育目的充分发挥。首先，在展览设计之初就应该为展览制定教育策略，以教育的有效传播为目的。其次，充分发挥观众的主体作用，促进观众对展览内容的思考，并依托博物馆展览鼓励观众提出问题，发表自己的见解。

（2）讲解与导览服务

博物馆通过讲解、导览服务等手段扩充展品及展览的更多信息，其达成目标的基本方式一是印制展览信息的说明手册，二就是讲解工作。博物馆讲解是直接面对观众进行的教育活动，也是决定博物馆教育能否有效发挥的关键步骤。讲解可以完善展览，起到教育、引导观众的作用。传统讲解模式是由讲解员走进展厅为观众讲解，这一模式促进博物馆与观众的有效沟通。人工讲解虽有众多优势，但也存在局限性。这是跟随讲解员参观展览的观众人数下降的原因。首先，人工讲解有时间段划分，人工讲解时段和部分观众个人时间安排可能冲突，以至于让他们错过讲解。跟随人工讲解也要受到时间、场地等因素的限制。相较之下，使用语音讲解器可以更为自由地安排参观计划。其次，人工讲解服务面对的观众数量较多，会影响部分观众的收听体验。虽然现在每个博物馆都已经有许多优秀的讲解员，还有志愿者朋友们的助力，已然形成各自的讲解体系和特色，但面对越来越多的观众，人工讲解应对众多情况还是逐渐有些"力不从心"。观众在对博物馆教育讲解方面的建议中也写到，可以增加扫码讲解等自助获取讲解的服务。博物馆须通过日益丰富的讲解形式，为观众提供更多的选择。各博物馆已推出形式多样的语音导览服务，供观众根据自己的需求进行选择。包括语音导览器、基于微信平台的自主语音导览、二维码扫码讲解等。南京博物院分别为观众提供成人语音导览、儿童语音导览、数字导览等。馆内提供的语音导览为蓝牙耳机形式，当观众走到感应范围内，耳机将自动播放语音讲解。数字导览器是一个平板电脑，平板电脑通过无线接收或通过无线射频技术与馆内展览的文物相连接。在数字导览器中不仅有讲解，还有动画演示等相关扩展。南京博物院也为没有租借语音导览器的观众提供自助语音导览的服务。关注南京博物院的微信公众号，输入对应的展品编号或者扫描二维码就可以获取文物的讲解信息。在语音导览形式多样的基础上，其还呈现个性化发展。例如金沙遗址博物馆为观众提供三个版本的讲解，分别是旁征博引型、娓娓道来型、幽默风趣型。

人工讲解详细丰富，语音导览异彩纷呈。但现阶段博物馆提供的讲解服务无论是人工还是机器都应从"讲解"的桎梏中脱离出来。观众来到博物馆观看展览，博物馆提供的讲解不只有对于展览的介绍，观众的学习也不是仅限于展内。博物馆讲解的主要目的，是教会观众在博物馆进行自我学习，引导观众独立思考问题和解决问题。所以博物馆提供的讲解服务意在引导观众如何在博物馆内自主学习，使观众自发地探索博物馆，享受博物馆教育。

（3）主题活动

主题活动是指博物馆以教育为目的，依托博物馆资源策划实施的一系列有组织的活动或项目的总称。主题活动使博物馆教育传播方式更加多样，是博物馆教育的重要手段，也是丰富群众业余生活的有效途径。主题活动可以细分为专题讲座、课程等内容。博物馆教育不是展览所独揽的，应重视展览和主题活动的紧密结合，通过各式的活动满足观众多层次的学习需要并获得参与博物馆学习的乐趣。

讲座既可以是展览的补充延伸，也可以是特定主题内容及对当今社会热点问题的关注。讲座既可以是科普类知识讲座，也可以就某专题进行深度讲解。例如山西博物院推出的"晋界"讲坛系列活动，是结合馆内基本陈列《晋魂》和山西悠久的历史文化开展的，讲坛内容结合山西考古成果，分享考古背后的故事，融入国内外最新考古发现、热点话题等。从历史、技术、考古等多方面向观众阐述晋国的崛起和发展，为观众构建起晋地历史发展脉络。讲坛的开展是对馆内展览的延伸，使观众基于馆藏展览对晋文化有更深入的了解。讲坛的举办同时也丰富了观众的考古文化知识，激发观众对考古的认识和兴趣，使考古成果更好地惠及公众。

教育活动的开展形式丰富多样，选题内容广泛。将博物馆内的教育内容结合传统节日、二十四节气、纪念日等举办活动。例如四川博物院在 2019 年中秋节举办的中秋特别活动，活动设定"在古代过中秋节"的主题，邀请 20 多名观众身穿古代服饰来博物馆参加活动。博物馆讲解人员带领观众参观以中秋为主题的文物展览，现场还有古琴和琴箫合奏的琴曲表演，烘托中秋的气氛。博物馆还邀请面点师带领观众亲手制作玉兔和月亮形状的唐果子，唐果子的创意由来是根据馆藏文物西王母画像砖及十二花卉杯的相关元素。这一活动符合当下节日氛围，利用博物馆自身的特点和合理的活动策划，安排众多活动，展示现代博物馆与古代中秋节的碰撞，给观众带来新奇体验，加深对传统文化的认知。通过举办与传统节日、现代节日相关的教育活动，使博物馆与观众生活息息相关，弘扬中国优秀传统文化，感受中国历史源远流长，一脉相承。

博物馆可以根据自身实际情况，利用馆藏和馆内优势开发相关活动。例如体验式教育，体验式教育更加注重观众的亲身实践和现场感受。秦始皇帝陵博物院开展"学修兵马俑"活动，活动中先有讲解员详细介绍兵马俑的出土、发掘过程中如何防止损坏和加强保护等相关知识，再通过图片及影像的形式展示文物如何修复，最后观众在讲解员的指导下，亲自动手操作模拟修复兵马俑，并且还可以将自己修复好的复制品带回家。活动中每位观众都可以体验文物修复师的工作，通过亲身体验加深对兵马俑及文物修复工作的了解，并在此过程中学习文物修复相关知识，了解文物修复的过程和方法。通过相关教育活动的开展可以更改观众对于博物馆"曲高和寡"的印象。通过合理设计、有序组织，加上工作人员的耐心引导，博物馆教育活动一定会取得更好的效果。

## 第二节　博物馆开展研学活动的现状

### 一、文旅融合背景下博物馆文化传播的作用

实现博物馆的多元化发展。博物馆承担着保护和传承文化遗产的重任。博物馆中的文物见证了历史的变迁，有着独特的历史文化价值，有助于启迪后人，使后人以史鉴今。博物馆的文化传播功能多数是依靠文物实现的，文物是人类社会经济、科学和艺术不断演变的成果，是探索过去人类社会发展状况的依据，也是中国传统社会经济基础和上层建筑发展的重大体现，是中华民族宝贵的历史财富。在文旅融合背景下，积极探索博物馆文化传播的策略，有助于充分发挥文物的历史文化价值，通过文物将精神文化转化为实际符号，从而使精神文化长久发展下去，并在不同的时间和空间内得到传播。博物馆人流量的不断增加有力地提升了博物馆文化传播的时效性，促进了博物馆文化的多元化发展。游客可以通过参观博物馆，感受博物馆文化的魅力，追寻历史文化的丰富内涵，更好地感受我国文化的多样性和丰富性。此外，在文旅融合背景下积极开展博物馆文化传播工作，有利于提升游客参观博物馆的体验感，能够丰富游客对博物馆认识的同时促进从博物馆到游客、再从游客到博物馆等多种渠道的文化传播，同时博物馆工作人员也可以在此过程中及时发现和处理游客面临的问题，更好地服务游客，从而提高文化的传播效率和发展潜力，促进文化传播，推动文化发展。

促进研学活动开展。博物馆是一类以实体展品为依托，通过展示和讲解展品传播历史文化和科学知识的机构。其以独特的形式为公众提供了一种无法被替代的教育方式，具有重要的文化传播价值和作用。我国的博物馆中有着丰富的历史文物和自然科学展品，它们是中华民族五千多年社会发展史的缩影，是我国人民智慧的象征。博物馆拥有开展研学活动的优势，且在青少年教育方面有着独特价值。在开展学校教育活动期间，学生不应局限于从书本上了解中华民族五千年的悠久历史和传统文化，而应深入博物馆内部进行实地参观。在参观的过程中，可以将书本知识与实物进行对比，以便更好地了解我国的历史文化；也可以将理性与感性进行有机结合，在参观的过程中体会祖先的聪明才智和精湛技艺，感受先辈为保卫祖国而不畏牺牲的精神，并且为我国古老灿烂的优秀传统文化感到自豪。

博物馆研学活动可以丰富学生的知识，提高他们的文化修养，让学生在大量的实物展示中充分领略历史的厚重，提高认识世界、理解世界的能力。总之，博物馆文化传播能促进研学活动的开展，对于学生而言意义重大，因此，有关部门应重视在文旅融合背景下开展博物馆文化传播工作。

促进文创产业发展。文化创意产业是一种以文化为基础，通过创新思维和艺术手段将其转化为商品的产业。它不仅能够传播文化，还能创造出独特的文化商品。博物馆文创产品是文化创意产业进入博物馆领域的产物，是一种将博物馆藏品的文化价值和经济价值相融合的产品，是一种独特的艺术作品形式。与一般文创产品不同，博物馆文创产品所依托的出土文物具有独特的传统文化内涵，这些内涵得到消费者的认可，能够为博物馆带来美誉，博物馆文创产品的"商誉""商标"更是将出土文物和博物馆的文化底蕴融合在一起，形成了一种新的文化形态。文旅融合背景下博物馆文化的传播，有利于促进博物馆文创产品的开发，彰显博物馆的品牌形象，助力历史文物走进人们的生活，结合文化与创意，以动态的形式对历史文物加以保护与传承，让博物馆的主题或特色形成独特的品牌形象，走进当代人的视野和生活中。

## 二、博物馆研学旅行优势分析

### （一）博物馆与研学旅行存在天然联系

由教育部等 11 部门联合制定的《关于推进中小学生研学旅行的意见》（以下简称《意见》）中详细指出，研学旅行应符合我国素质教育的要求，并以社会主义核心价值观为指导，积极引导学生形成文明旅游的意识，并且要求在具体实施时需要把育人当成主要目标，这有利于博物馆发挥社会教育功能。《意见》中还指出，在实施研学旅行活动时，应确保充足的经费，同时要具有较高的安全性，这也符合博物馆公益性、权威性和安全性的特征，并且因为博物馆具有公益性特征也可以让研学旅行的费用减少。

除此之外，博物馆具有众多馆藏资源以及经验丰富、专业素养过硬的工作人员，同时秉承普遍服务、人本思想、公平正义等服务理念，可以为中小学生提供足够的校外教育支持，如引导学生亲近自然、探索式学习等，通过寓教于乐、自然休闲式教育，促进中小学生综合素养的提升。因此，博物馆和研学旅行在教育理念方面具有一致性，以博物馆为载体，实施研学教育活动，可以有效推动研学旅行体系的进一步发展。读万卷书，行万里路。研学旅行教育是深入贯彻落实教育部号召的产物。目前研学旅行教育在全国遍地开花。以广东省肇庆市为例，由肇庆市包公文化博物馆、肇庆市旅发委、肇庆市教育局联合打造的中小学实践研学基地——肇庆市包公文化博物馆，让广大中小学生在研学旅行中接受优秀传统文化的熏陶，开阔视野、陶冶情操、增长知识，促进学生德智体美劳全面发展。

## （二）博物馆实施研学旅行活动的政策支持

目前，我国为博物馆研学旅行提供了多种助力，如在制定的有关增强中小学德育教育的政策中明确表示，需要充分利用博物馆资源，定期组织学生在博物馆进行研学旅行活动。在博物馆、纪念馆等公益性场所的开放通知中，也明确指出，博物馆应积极参与中小学生教育活动，如开发研学旅行项目等，更好地发挥自身的社会教育功能。在《"十四五"文物保护和科技创新规划》中明确表示需要以博物馆为场所组织中小学生进行一系列教育活动，为学生研学旅行教育提供场所，让博物馆的教育功能充分展现出来。有多家博物馆已被列为第一批中小学研学实践基地。由此可以发现，我国各个地区的博物馆已经成为学生开展研学旅行活动的主要场所，是中小学生接受校外教育的重要课堂。同时，研学旅行可以补充博物馆文旅融合服务的内容，有利于加深博物馆文旅融合的程度。

实践是检验真理的唯一标准。学校有组织、有目的地开展研学旅行活动，将会带来许多好处。例如，由广东省文物局推出的"烽火中的课堂"与丹霞山主题研学路线，研学点中覆盖了粤北多个博物馆及革命遗迹，研学活动引导学生通过项目式的学习模式，充分发挥主动性与创造性，进行自主学习与知识构建，并在探索岭南文化遗产的同时实现学生对自我、对当下、对未来的真实思考。

## （三）博物馆实施研学旅行活动的资源保障

博物馆拥有丰富的馆藏资源，在开发研学旅行项目时，可以利用博物馆藏品等文化元素，总结知识点、梳理教学材料、对知识单元展开设计，为中小学生设计主题鲜明、逻辑性强、内容丰富的研学旅行课程体系。

除此以外，多种类型的博物馆让研学的内容变得更加丰富，如历史博物馆可以利用自身的优势，设计历史文化研学课程。博物馆结合自身优势，开发可以展现自身特色的研学课程，以此丰富博物馆研学旅行教育体系。同时，每个博物馆都拥有一支专业知识精深、研究能力突出的博物馆员队伍，具有丰富的教育实践经验，可以为中小学生提供优质的教育服务。我国《博物馆条例》明确要求博物馆应该关注专业人员的配备情况，结合中小学生的学习需求，开展个性化服务。博物馆在开展研学教育活动时，应充分了解当前我国中小学教育的具体情况和学生产生的学习需求，根据馆藏资源和研学旅行流程，对研学旅行教育项目进行系统设计和研发。

## 三、博物馆研学旅行发展的背景

### （一）研学旅行的兴起

#### 1. 国家相关政策的助推

2012 年，教育部开展中小学研学旅行的相关研究项目，并在多个省、市开展研学旅行试点工作。此后，试点工作范围逐步扩大，研学旅行实验工作在多地实践并发展。2016 年 3 月，《关于做好全国中小学研学旅行实验区工作的通知》对研学旅行工作提出要求，推动研学旅行的健康发展。2016 年 12 月，《关于推进中小学研学旅行的意见》出台，其指出将研学旅行纳入中小学教育计划，并从研学旅行教育基地建设、研学旅行组织管理、经费筹措、安全责任体制等多个方面对研学旅行的建设提出指导意见。国家文物局会同教育部将 95 家博物馆及相关机构列入全国中小学生研学实践教育基地名单。2017 年 9 月，中华人民共和国教育部颁布《中小学综合实践活动课程指导纲要》，指出综合实践课程要包含研学旅行。2017 年 11 月，教育部基础教育司将 204 个博物馆单位和 14 个青少年实践学校评为研学实践基地、营地。

此后，全国多个省、市纷纷响应中华人民共和国教育部关于研学旅行的政策号召，相继出台了关于研学旅行的相关政策并落实解决研学旅行的问题。

2018 年，国家文物局发布资讯《社会机构组织博物馆研学旅行应规范管理提升质量》，对提升博物馆研学旅行质量提出要求，促进博物馆研学旅行的优质发展。同年，为持续推动研学实践教育的良性发展，经多方推荐、评议、核查，教育部办公厅公布 377 家研学教育实践基地，26 个研学教育实践营地，其中研学教育实践基地中博物馆尤为多见。博物馆已经成为研学旅行的主要选择之一。2019 年 11 月，在北京召开研学旅行研讨会，探讨完善研学旅行发展机制，为研学发展提供有益启示。研学旅行不断系统化、完善化。2019 年国家教育部发布的《普通高等学校高等职业教育（专科）专业目录》，增补专业"研学旅行管理与服务"，标志着研学旅行将固定下来且长期执行。研学旅行指导师也将成为研学旅行发展的储备人才，被纳入学校培养计划。

2020 年，教育部、国家文物局发布《关于利用博物馆资源开展中小学教育教学的意见》，指出要充分利用博物馆教育资源，开展研学旅行教育实践活动。博物馆在研学旅行发展的过程中逐渐从"资源基地"转变成"主导基地"之一,加之博物馆本身的公益性和教育职能,博物馆自身发展研学旅行已然成为必然趋势。

通过以上对国家政策的梳理,不难看出,自研学旅行兴起以来,博物馆就凭借其资源优势,被纳入研学发展的规划之中。从博物馆被首次列为研学基地至今,各个地区、省市纷纷响应,将"博物馆"与"研学旅行"相结合,博物馆在提供社会教育服务的同时,也将研学旅行定位为自身的教育形式,并谋求不断发展,博物馆逐渐成为研学旅行市场中的中流砥柱。

2. 市场的积极反应

研学旅行热潮的兴起不仅仅得益于国家相关政策的支持,还有研学市场的积极反应。从"研学"与"旅游"相融合起步,研学旅行市场日渐"热闹",各省市、研学机构、旅游机构等纷纷加力,从研学基地、研学营地的申请建立到系列研学活动推出、研学线路的规划等,这一将"教育"与"旅游"相结合的"新鲜"学习模式,成为中小学生追捧的"新兴偶像",学生热情高涨,家长愿意买单,从而掀起了"研学热潮"。据不完全统计,现已有22个省份将博物馆、文化园、地质公园等列为省级研学教育基地,且分为自然生态教育、优秀传统文化教育、国情教育、革命传统教育四个类别,从多个方面丰富研学的主题,满足研学需求,实现研学的目的。

随着社会的发展,人们的精神追求日渐丰富,"高质量""定制化"的文化供给成为教育服务型产业的转变趋势,研学旅行成为中小学生综合素质教育、核心素养培养的新型教育形式之一,受到市场的高度关注,各方纷纷参与掀起"博物馆研学热""农业体验热"等研学潮,研学主导队伍从最初的教育机构和学校不断外延,或是吸引,或是"席卷"研学机构、博物馆等成了其中的一员。博物馆本着教育服务职能和公益性,成为诸多研学团队的热门"打卡地",而这一突来的热潮也让诸多博物馆倍感压力,一是管理存在压力,二是服务机制与研学热潮不匹配,因此博物馆应尽快制定馆内管理研学团队的制度,建设研学服务设施,完善研学服务体系,同时,积极发挥博物馆的教育优势,开发博物馆研学课程,成为研学旅行的主导方之一。从社会的发展、人们日益增长的精神需求、中小学生核心素养的教育要求出发,各地不断申报、建设研学基地,研学旅行还将持续升温。教育主管部门、旅游机构、研学机构、学校、博物馆等还将发力,进一步完善研学体系。

### （二）博物馆事业发展的现实需求

#### 1. 完善教育服务职能

随着国民教育体系的完善，博物馆教育发展势在必行。2008 年中共中央宣传部、财政部、文化部、国家文物局发布《关于全国博物馆、纪念馆免费开放的通知》，将全国博物馆、纪念馆向全社会免费开放，并指出博物馆是国民教育体系中的重要组成部分，有着重要的教育价值。国家对博物馆教育功能的肯定，使得博物馆不再是关起门来搞研究的收藏馆，其社会服务功能被社会公众所期待。博物馆完善社会服务职能，创新教育模式成为必然。2016 年中华人民共和国教育部将研学旅行纳入教育计划，多个省市的纷纷响应使得研学旅行兴起。之后，国家又将博物馆等单位纳入研学教育基地，进一步将博物馆与研学旅行相联系，博物馆在国民教育体系中的作用越发凸显。面对社会公众日益增长的文化需求、教育服务要求、研学旅行教育资源分享需求，博物馆积极投入到教育功能发挥与完善的探索中去，探索出满足公众文化需求，服务国民教育，服务社会的发展方式。

#### 2. 参与培养博物馆研学师资

研学旅行的发展，使得旧有的博物馆教育体系难以很好地支撑现下呈现高质量、多元化发展趋势的博物馆研学教育服务，加之博物馆研学"游"等研学乱象丛生，博物馆本身要保持自身教育的专业性、公平性，故而要加入规范博物馆研学的行列中。上海博物馆首先制定了应对措施，为旅游机构、研学机构的研学老师提供相关培训课程，以此规范此类"博物馆研学"，来符合博物馆管理的要求。但是，这样的规范行为是具有局限性的，面对偌大的博物馆研学市场，需要专业"博物馆研学指导师"进行指导。然而，对于博物馆研学旅行师资欠缺的现实情景，培养人才服务于博物馆研学，博物馆事业发展必然需要转向。博物馆研学导师是集讲学、组织、负责安全于一身的综合性专业人才，现下研学师资极度缺乏，为满足博物馆研学旅行发展的人才需求，文博系统在培养博物馆研学老师资源的过程中至关重要。博物馆研学旅行本身就区别于一般的研学旅行，需要研学导师对文物与博物馆的相关知识、博物馆的管理制度、馆内资源、陈列展览情况等有基本的认识和了解，需要博物馆相关专业人员参与培训，补充研学导师的博物馆知识空白，助力博物馆研学师资培养。

### （三）博物馆教育高质量发展的趋势

#### 1. 博物馆教育地位的提升

博物馆在城市生活中发挥着重要的作用，是满足社会公众文化需求的资源宝库，也是文化展示的重要空间，更是接受教育的重要场所。随着社会需求的变化，博物馆的职能定位和功能也随之发生变化，从"收藏""保护"到"研究""陈列"再到"传播"和"交流"，是职能地位的逐渐转变，也是教育功能的逐渐加强。再从重"物"向重"人"转变，是博物馆定义和职能定位的调整，使得博物馆无限接近于"人"，无限地发掘其作为精神文化宝库的潜力。博物馆作为文物库房的时代已经渐渐褪色，而作为非正规性教育机构发挥其教育功能传播精神文化的时代已悄然而至，为社会及其发展而服务是博物馆的责任。

首先，博物馆的建设是城市构建中的"文化型规划"，是提升城市文化软实力的重要力量，博物馆的教育功能日益突出成为博物馆服务社会公众的核心。其次，博物馆从以"物"为中心向以"人"为中心转变，是为了更好地服务社会公众，通过各种活动最大限度地满足社会公众的文化需求，更好地发挥博物馆的教育功能。在博物馆的功能中，"教育"不仅是博物馆的社会责任，也是其核心功能和首要目的。随着博物馆管理观念和发展目标的转变，教育功能的实现日益成为各项基础业务（征集、保管、研究、展览等）的共同目的。最后，博物馆要充分发挥教育资源的独特优势，完善教育体系，深化教育功能，突出教育特色，改进教育方法，加强教育效果，与学校教育和其他社会教育紧密结合，从而履行其社会教育的责任和使命，特别是青少年教育和公民素质教育。

2. 博物馆高质量发展的要求

习近平总书记强调"一个博物馆就是一所大学"，指出了我国博物馆事业高质量发展的趋势，而博物馆的社会教育服务是博物馆与社会及社会公众直接产生交集的职能体现，博物馆教育高质量发展，显然已经成为博物馆事业发展的任务之一。2019 年，"全国博物馆高质量发展论坛"召开，会议中，博物馆专家指出博物馆高质量发展是时代赋予博物馆的责任，博物馆本身要努力创新、不断发展，为社会的发展和满足社会公众的精神文化需求而服务，同时实现博物馆自身的创新、发展。博物馆教育地位的转变，为博物馆教育高质量发展奠定基础，博物馆教育功能的发挥，会随着社会公众日益增长的文化需求，从博物馆常规性教育活动（展览、讲座、讲解、体验等）向具体化、动态化、专门化发展，针对不同的观众，设计不同的博物馆教育形式、内容，开展相应的教育活动，以充分发挥博物馆的教育功能，实现教育价值，完成教育使命。

## 四、博物馆在中小学研学方面的现状

### （一）国家高度重视，政策扶持有力

2020 年 9 月 30 日，教育部、国家文物局联合印发《关于利用博物馆资源开展中小学教育教学的意见》，明确指出推动中小学生利用博物馆资源开展学习，促进博物馆与学校教学、综合实践有机结合，并取得显著成效，为提高青少年思想道德素质和科学文化素质发挥了重要作用，从而进一步健全馆校合作机制，促进博物馆资源融入教育体系，提升中小学生利用博物馆、纪念馆学习的效果。

新时期新形势下，党和国家对博物馆在中小学教育教学中所扮演的角色提出了更高的要求与标准，促使博物馆重新定位自身在中小学教育教学中的地位，由被动地讲解接待或配合转为主动地组织和施教。政策不仅提供了明确的方向性指导，还给予了有力的组织保障，全方位地支持博物馆在中小学教育教学方面的开拓创新。联系 2021 年的"双减"政策，不得不佩服党和国家的高瞻远瞩，提前号召和支持博物馆介入与承担起中小学的校外教育教学，让博物馆有充分的时间探索研学模式，为"双减"政策出台后丰富学生课余生活做好准备工作，从而实现中小学生教育教学的方向引导和无缝衔接。

### （二）市场快速发展壮大，盛况下暗藏隐患

研学机构鱼龙混杂，资质良莠不齐。之前旅行、教培是热门行业，研学市场虽说也有数年的运作，但一直不温不火。结果风水轮流转，研学市场一下火爆起来才暴露出行业标准尚不完善的问题，入行门槛不高却有利可图，于是像哥伦布发现新大陆，大量旅游、教培甚至完全不搭界的机构纷纷转行进入研学市场，导致市面上研学机构整体素质不高。研学本是研究性学习，以教育教学为目的，结果硬生生地被一些机构做成了春游活动，转转景点、拍拍照、吃吃饭，孩子的宝贵时间没了，家长的钱也花了，但什么都没学到，因此有人调侃这些研学机构"只不过是换了马甲的旅行社"。

师资力量薄弱，研学经验不足。国家旅游局在《研学旅行服务规范》中明确指出，在研学旅行过程中，每个团队必须由研学导师带队，导师是能具体制定或实施研学旅行教育方案且能指导学生开展各类体验活动的专业人员。但实际情况是，目前许多研学机构的导师是兼职的，跟工程游击队一样，有活干就拉一帮人做一做，活干完了人员也就散了，而从事导师的工作者可能是导游、教育咨询人员、客户服务人员等，一切资质无从考证，更有甚者是毫无经验的非从业人员。

研学效果不佳，学生难有收获。从目前研学旅行的整体效果来看，重游轻学的现象还是比较严重的。但也可以理解，研学机构是以经济效益为目标的，接受研学的主体是中小学生，现如今生活水平提高了，物质丰富了，作为父母的掌上明珠，不少孩子从小娇生惯养、吃不得苦。真正的研学毕竟是枯燥的、有难度的、要吃苦的，可能导致孩子不喜欢、家长不高兴之类的问题，所以与带孩子舒舒服服地玩，既讨好客户群体又轻轻松松赚钱的模式相比，研学机构大多会选择后者，孩子爱参加才是最重要的，变相地帮家长带带孩子，至于能不能学到东西反而是其次的了。

研学市场火爆，家校对博物馆研学极为期待。自推行中小学研学以来，经过十多年的发展，各类研学活动遍地开花，户外探索、红色之旅、科教、军训等形式五花八门。2021 年携程发布的数据显示：暑期旅游的大数据主要集中在定制化的亲子市场和研学旅行体验，相比 2020 年的暑假研学，2021 年增长超过了650%。研学市场的持续火热带动大量教育机构迅猛发展，中国旅游研究院发布的《中国研学旅行发展报告 2021》透露，截至 2021 年 11 月，全国研学企业数量高达 31699 家。以之前的一次研学活动为例，厦门市博物馆于 2022 年国庆期间举办了一期主题为"博物馆里的闽南文化"的研学活动，设定的 40 个名额一经发布直接秒光，随后仍有大量家长联系参加事宜，但囿于人手、经费等多方面问题，未能进一步扩大规模。活动结束后，学生、家长和老师一致给予高度的评价，纷纷表示以后再有类似的研学活动将第一时间报名参加，希望博物馆能多策划些研学活动，扩大研学规模，让更多的学生参与进来。见微知著，大家对博物馆研学的积极响应和热情参与，充分体现了社会对博物馆在探索中小学研学方面所给予的高度关注和极高的欢迎度。得天独厚的历史文化资源，广大的群众基础，也奠定了未来博物馆探索推广研学方式、扩大研学规模的坚实根基。

博物馆研学旅行的人力资源。博物馆拥有一支以文博馆员为主的专业知识精深、研究能力突出的师资队伍，有着长期为中小学生服务的实践经验。《博物馆条例》中明确规定应当配备适当的专业人员，根据不同年龄段未成年人的接受能力开展个性化服务。研学旅行需要文博馆员熟悉中小学教育现状与学习需求、了解馆藏资源、熟练掌握整个研学旅行流程，参与研学旅行项目方案调研、设计、申请立项、项目实施、结项、评估等，文博馆员要为博物馆研学旅行提供智力支持。博物馆通过开展科研服务、讲座、培训、阅读推广等业务积累了大量优秀人力资源（文博馆员、志愿者、研学导师等），为研学旅行提供了人才支持。此外，博物馆研学旅行的优势还包括有独立的馆舍和相应的设施、设备（含安防、安保）；博物馆文创中心（如文创商店等）在研学旅行项目策划方面具有旅行社和其他机构无法比拟的独特优势。

## 五、文旅融合语境下博物馆研学旅行的难点

### （一）博物馆研学旅行发展的意识不足

目前我国大多数博物馆在研学旅行教育体系建设方面意识不足，未能跟上博物馆文旅融合的整体发展要求。在研学旅行教育项目开发方面，通常是被动接受相关部门的安排，态度比较消极，这也导致博物馆在研学旅行教育方面的优势无法有效展现出来。很多博物馆在策划研学实践活动的过程中处于被动局面，被动为学校提供相关服务，很少有机会可以和其他社会组织进行交流与沟通，和区域内博物馆开展合作的机会有限。这一情况，让博物馆无法充分利用当前资源。

### （二）博物馆研学旅行的市场机制不健全

博物馆和教育都具有公益性特征，但是旅行和二者不一样，具有商业性特征，这也导致博物馆研学旅行在商业性与公益性之间存在一定的矛盾，导致利益分配不平衡。从博物馆角度来看，博物馆在开展各项教育活动时，都会得到政府的财政支持，属于公益性。而营利性社会机构参与研学旅行运作时，具有营利性，需要借助市场经济杠杆进行调节。但是因为在当前中国博物馆开展的研学旅行教育活动中，政府占据主导地位，负责统筹安排，没有把整个活动向市场普及，导致博物馆开展的研学旅行具有盲目性，让政府的财政压力不断增加，还会让相关利益者的权益受损。除此以外，现如今很多博物馆在建设研学旅行教育体系时，并未建立完善的合作机制，在责任划分、利益分配、风险控制等方面都存在一定的缺陷。这主要是因为，在博物馆方面，由于自身的公益性，在开展研学旅行教育活动时更重视自身的社会声誉，而营利性社会组织在参与研学旅行教育活动时更重视自身的获利水平。因此，博物馆在与营利性社会组织联合构建研学旅行教育体系时，存在难以调和的利益冲突，并对文旅融合语境下博物馆研学旅行的可持续性发展造成了很大的阻碍。

### （三）博物馆研学旅行品牌项目缺乏

在文旅融合的背景下，各地区博物馆的研学旅行教育体系在运行的过程中出现了很多问题，比如规模有限、同质化现象非常普遍、竞争力比较弱、缺乏影响

力等，尚未建立起优质的研学旅行品牌项目。这主要是博物馆对自身资源挖掘不够充分、开发和利用能力有限等原因造成的，从而让研学旅行教育体系缺少文化特色，学生能够获得良好体验的项目比较少，整个行业在发展的过程中缺少动力。

## 六、文旅融合背景下博物馆研学产品开发存在的问题

博物馆具有丰富的馆藏资源、深厚的文化积淀、浓郁的文化氛围，在进行人文教育及开展研学活动方面有着天然的优势。我国多地推出了系列研学活动，例如京、津、冀三地博物馆联合推出的"燕国达人"研学活动，山西博物院推出的"魅力古建"研学活动，四川杜甫草堂博物馆根据杜甫的文学作品和当地的地方特色创办的"草堂一课"研学活动等，这些研学活动一经推出就获得了很好的反响，社会效益可见一斑。但与此同时，博物馆研学作品的开发也存在设计理念陈旧、内容同质化现象严重、开发深度不足且缺乏内涵、体验性与研学性不足等一系列问题，还需要不断完善。

### （一）研学产品设计理念陈旧

博物馆除了拥有丰富的文化资源之外还具有自由开放的教育环境。对于研学机构而言，如何利用博物馆的资源优势开展有特色、实践性和创新性强的研学活动，是其始终要思考的问题。但当前仍然有部分博物馆只拘泥于表面，对研学产品的理解不够深入和透彻，在产品设计方面也缺乏创新理念且形式单一，缺乏丰富的教育形式，仍然以问答、讲座等传统形式为主，未能结合中小学生群体的心理、行为以及思维差异等特征进行设计，未能做到因人而异、因时而变，加之大多数研学团队仍然以传统旅游"走马观花"的老套路对研学产品进行设计，未能将"游"与"研"有机统一，在设计中只关注产品的观光性和休闲性而忽略其研究性，因而无法满足游览者在研学过程中对知识的需求。

### （二）研学产品的内容同质化现象严重

"研学热"的兴起使各地教育、文旅等相关部门纷纷涌入研学产品开发的浪潮中，导致市场上的研学产品种类繁多、鱼龙混杂，加之我国研学产品的开发仍然处于起步阶段，缺乏成熟的市场体系和完善的市场机制，导致研学机构之间相互效仿，使当前的研学产品大同小异，同质化现象极其严重，无法通过产品的差异化获得竞争优势。从市场上看，研学机构虽然数量众多，但是大部分研学机构经营模式雷同，从经营方式、管理模式到目标对象上都毫无差异，使企业缺乏核心竞争力；从内容上看，部分研学机构之间相互照搬照抄，仍然存在着产品缺乏

创意、定位模糊、形式单一匮乏等问题，未能结合当地资源优势和目标人群的不同打造个性化、差异化的研学产品。

### （三）研学产品开发的深度不足且缺乏内涵

研学产品是沉浸式体验与研学游相结合的产物，是传统教育形式的拓展和延伸，最终目的是通过校馆联合提升中小学生自主性学习、体验性学习及开放性学习的能力。但是，博物馆研学并不是简单地把教学课堂搬进博物馆，而是一个自主发现问题、解决问题的深度体验活动。然而当前，部分博物馆或研学机构在打造深度研学体验方面还存在一些短板。目前市场上针对中小学生的研学产品虽然主题多样，但大多流于形式，缺乏实质性内涵，未能借助博物馆资源对其文化内涵进行深度挖掘，无法做到"寓教于游"。同时，这些研学产品的开发与课堂教学的结合度不够深入，研学产品的开发者对旅游知识了解，但对课堂教学的了解却不够充分，导致研学产品与课堂教学无法有效契合。

### （四）研学过程的体验性和研究性不足

博物馆研学活动是一种研究性教育活动，其本质特征是实践，需要学生通过自主学习、合作学习来达到研学的目的。但从近几年博物馆推出的研学活动来看，大多数博物馆在实践过程中大多只"旅"不"研"，表现为活动体验表面、研学时间短暂、研学课程虚设等，无法与博物馆资源进行有效互动，影响了学生参与研学活动的真实体验。同时，学生在进行博物馆研学活动之前未对相关知识进行了解，加之博物馆馆藏作品大多都陈列在展柜中，学生只能透过玻璃进行观察而无法深入接触，使得研学体验感大打折扣。此外，研学活动强调在研究中学、在学习中研究，但大多数学生在研学活动结束之后并不会自主进行知识拓展，因此并未真正达到研学的目的。

# 第三节　文旅融合背景下博物馆研学活动的创新发展

## 一、文旅融合背景下博物馆研学活动的创新发展的必要性

为了实现自身的稳定运作，许多博物馆开始站在宏观的角度，通过对文旅融合大背景的深入分析以及研究来调整自身的发展模式，研学活动的开展被提上日程。这一活动形式比较特殊，能够为博物馆提供更多的发展契机，真正彰显博物馆的育人作用以及优势。因此，有的学者在对文旅融合背景下博物馆研学活动的创新工作进行分析时明确提出，这一工作的落实具有明显的必要性以及优势，博物馆的研学活动离不开教育部门的重要指导，教育部门应与博物馆建立长效合作关系，有组织、有计划、有安排地开展形式多样的研学活动，真正实现旅行体验与研究性学习之间的有效结合，充分彰显寓教于乐的育人理念，积极体现旅游属性、教育属性以及文化属性，丰富教育教学内容以及形式，博物馆也能够获得更多的发展契机。

### （一）研学活动与博物馆联系紧密

作为社会公共体系中的重要组成部分，博物馆的重要性不言而喻。博物馆能够实现教育、研究、收藏的有效组合。在全面推进中小学研学旅行的过程中，国家出台了相应的规章制度，其中研学活动有助于社会主义核心价值观的全面落实，对学生文明旅游意识的培养有着重要的作用，学生可以在自主参与的过程中提升个人的综合素养。目前的博物馆发展既要有社会效益又要有经济效益，在充分彰显博物馆社会教育作用的同时提升研学项目品质，充分利用博物馆中的馆藏资源，为教育活动的开展以及研学活动的发展打下坚实基础。

### （二）政策支持非常稳固

国家给予了博物馆许多的政策支持以及帮助，明确强调了博物馆的育人作用及优势，鼓励充分发挥博物馆的价值，促进研学活动的有效开展，积极组织学生到博物馆学习和参观。以人性化服务项目的有效提供为基础，进一步研究以及开发研学旅行项目，保障教育功能的有效体现。另外，在对国家文物事业发展"十三五"规划进行分析时可以看出，国家对博物馆的研学活动提出了明确要求，博物馆需要站在宏观的角度积极承担相应的责任，促进中小学生教育活动的有效

开展。研学活动只有实现示范活动以及精品项目的有效落实，才能够充分彰显博物馆的重要教育价值。中小学研学活动的开展不容忽略，博物馆成了主要基地和场所，承担着课程研发以及校外实践的重要责任。这一点有助于博物馆文旅融合服务工作的全面创新以及优化升级，确保博物馆文旅融合的有效发展以及积极优化。

### （三）文献信息资源丰富多元

博物馆的馆藏资源非常丰富，能够为研学活动的开展打下扎实的基础，研学活动中的旅行课程内容比较多元，其中博物馆遗迹、藏品、馆规以及周边环境的分析及研究最为关键，在将组织、材料设计、课程知识单元以及知识点相结合的过程中能够真正打造全方位一体化的研学旅行课程体系，充分彰显博物馆的重要优势，保障该体系的逻辑性、吸引性以及层次性，积极体现较为鲜明的主题。各级博物馆的资源较为多样，其中文化遗产、自然景观、工业景观、农业景观、科普场所等资源的利用最为关键。实质的教育教学内容比较丰富，特征显著，实践性、关联性、趣味性、启发性非常明显，博物馆应全身心地参与其中。通过对博物馆类型的分析及研究可以了解具体的研学活动类型，如历史文化博物馆更加侧重于对历史文化研学课程的开发利用。不同类型博物馆的资源研发侧重点区别较为显著，这一点能够为旅游活动中研学活动的开展提供更多的课程支持以及帮助。

## 二、文旅融合背景下博物馆研学活动的创新发展策略

### （一）进行借鉴学习，开发研学路线

充分利用文化旅游资源，学习借鉴其他博物馆的优秀案例，开发不同主题的研学线路，拓展研学范围。广东省博物馆自 2017 年起共研发 11 个古驿道研学主题，推出"驿路同游"活动，研学游已形成常态化发展，活动主题不局限于文物历史层面，推出人文自然主题、少数民族文化主题研学，激发青少年的探索热情。河南省历史文化、红色旅游等资源较为丰富，博物馆可以借助本地资源，开发古都研学、宗教研学等主题活动，将省内红旗渠、大别山红色教育基地、焦裕禄纪念馆等红色基地进行串联，发挥省内红色旅游资源优势。此外，拓展研学范围，将研学路线拓展至全国各地，把历史底蕴深厚、自然景观秀丽的地区纳入研学路线，开阔学生视野。结合本地区与周边省份文化旅游资源，寻找契合点，规划旅游线路。例如，以宗教文化为主题，将本省龙门石窟、白马寺与山西省云冈石窟、龙泉寺、崇善寺等进行结合，开发研学线路，体验两地石窟寺庙不同的建筑风格、

宗教文化特色，在感受不同地区文化特色的同时，加深对所学知识的理解。

## （二）联合发展，缩小馆际差距

不同博物馆之间加强合作，形成区域性的研学活动，提高整体对文化旅游资源的利用水平。首先，进行跨省区合作。省内大型博物馆与省外举办研学活动较好的博物馆进行合作，共同开发研学课程，在合作过程中借鉴其他博物馆的发展经验。其次，加强地区内部博物馆之间的联合。省内一级馆带动二、三级博物馆发展，联合推出研学项目。二、三级博物馆，尤其是新评定的三级博物馆，在资金、设备、观众数量等方面与一级博物馆存在较大差距，依靠自身很难推出高质量的研学课程，部分博物馆由于自身条件有限并未举办过研学活动。一级博物馆主动与二、三级馆形成联盟，在课程开发、人才方面给予支持，共同利用研学场地，发挥行业龙头带动作用，引领地方博物馆携手共进。在研学活动发展中可以借鉴此种模式，将更多博物馆纳入其中，大型馆惠及小型馆，大馆带动小馆联合发展。二、三级博物馆积极主动，寻求文旅部门的支持，打造文博旅游精品路线。二、三级博物馆在资金、人才等方面存在短板，应寻求政府支持，积极承办政府推出的研学旅游活动，在此过程中提高自身水平，进而与政府共同打造研学路线。此外，与一级馆进行交流，派馆内员工到一级博物馆进行学习，学习研学活动形式与开展情况，寻求一级博物馆的支持与帮助。三级馆在寻求大馆带动的同时，同一级别的博物馆之间也要联合发展，尤其是同一地区的博物馆，以地域文化为基础，共同开发研学活动，充分释放工作活力，推出适合本级别博物馆的研学活动。河南省内曾推出古都名城亲子研学游，研学地点包括博物馆、古城址、遗址公园等，博物馆应该抓住政策机遇，积极主动地参与其中推出相应活动。借助政府部门的资金支持，将本地区博物馆、文化遗产地纳入研学线路。

## （三）加强交流合作，实现共赢发展

加强与文化旅游公司、研学机构的合作，学习借鉴活动形式。当下文旅融合不断发展，不乏能力高、质量好的研学公司、机构。"XX文化"是专注于文化游学、博物馆导览、青少年研学等服务的机构，开展的研学游课程内容质量较高，包含有考古文博、佛教艺术、古建美学等，邀请行业专家、高校教授担任课程讲师，具有专业的研学导师和高质量的研学课程。"XX教育"在上海、重庆、山西、河南等地建立合作基地，致力于青少年教育。在开发的研学线路中，将博物馆纳入其中，向青少年讲授历史文化知识。与高质量研学公司进行合作，可以学习其线路规划、课程设置，拓展博物馆研学设计的思路。

博物馆内部之间加强沟通，形成跨部门的合作机制，打破不同部门之间的界限。不同部门的人员成立研究小组，在推出新课程时进行研究讨论，共同负责研学活动的主题、内容以及路线的制定。不同的活动阶段发挥不同部门的专长，在课程研发阶段，陈列部对展览进行全面诠释，将学术语言转化为观众语言，深入挖掘藏品内涵；藏品部将藏品的学术知识加以概括，以自身藏品为核心提供课程开发思路。在课程实施阶段，邀请馆内专家定期参与课程讲解，形成长效机制，提高课程质量。此外，加强与学校的合作。开发适合不同年龄段学生的课程，双方成立专门的小组，共同负责研学活动的主题、内容、路线。博物馆提前了解学校的教学目标与教学大纲，邀请学校老师参与馆内研学活动的研讨会，设计出更具趣味性的课程。学校与博物馆共同制定课程评价机制，及时对学生学习状况进行评价反馈，促进博物馆与学校的良性互动发展。通过多方合作，提升自身资源利用能力，共同致力于利用文化旅游资源促进中小学生教育发展。

### （四）培养专业人才，打造专业团队

针对馆内需求引进、培养专业人才。在人才招聘时，引进具有历史学、教育学与旅游学背景的人才，在课程开发中发挥学科优势，考虑不同年龄阶段学生的学习特点，将文物藏品更好地融入课程。在考核过程中，将专业纳入考察重点，对教育专员定期进行考核，考核内容既要包括日常的讲解内容，也要涉及教育学、心理学以及管理学的相关内容。在人才培养方面，多与高校进行合作，培养后备力量，将博物馆作为高校学生的实习单位，一方面学生可以提前了解博物馆工作。另一方面，博物馆也可以提前考察对口专业学生的能力。加强馆内人员培训，在条件有限的小型博物馆要注重对讲解员有关教育学、博物馆学、旅游管理学知识的培训，开展相关培训课程。

此外，定期派人到国内的大型博物馆进行交流学习，对于不能外出学习的馆员，可邀请国内知名学者、博物馆界专家举办讲座授课，针对相关问题进行交流学习，学习其他博物馆的经验。完善奖惩机制，对学生与家长反馈较好的老师进行物质奖励，鼓励其不断创新；对反馈不好甚至有家长投诉的老师进行批评教育，督促提高自身业务水平。提高工资待遇，对于高学历、高水平的人才，按照贡献率进行精神与物质奖励，以此留住人才，为博物馆团队注入活力。

博物馆内部与外部力量相结合，共同致力于课程的研发。"研学旅行是一种新型教育课程，不能只依赖教师、相关承办机构、研学基地讲解员，还需要为研学旅行配备专业的研学导师。"聘请高校退休教师、旅游导师、研究院工作者等

专业人员共同开发课程，确定研学课程主题与内容，还可聘请专业人员定期到博物馆内指导授课。组建一支素质高、稳定性强的讲解员队伍，选择经验丰富，资历深厚的讲解员承担课程讲解工作，开发适合不同观众群体的科学、准确、生动的讲解词。形成以高水平人才为核心，以讲解员为辅助的团队合作模式，建设专业的研学团队。人才是博物馆利用文化旅游资源开展研学活动的根本动力，培养专业人才、打造专业团队为文旅融合背景下博物馆开展研学活动提供了重要力量。

### （五）加强课程创新，形成品牌效应

结合馆内资源对课程内容进行创新，开发具有本馆特色的研学课程。不同类型的博物馆根据研学路线、主题进行准确定位，将综合类、遗址类博物馆纳入古都类研学路线，民俗类纳入"非遗"类研学旅游路线，革命纪念类纳入红色旅游路线。以馆内藏品资源为基础，以陶瓷、青铜器、玉器等文物为特色的博物馆，可以围绕器物的制作、工艺、内涵等开设课程，开展手工制作活动。民俗类博物馆可以结合传统文化，开发饮食、服饰、宗教信仰等主题的课程，并配合相应的实践活动。将课程内容融入当地文化特色，及时更新课程内容，延长课程周期，制作系列化课程，推出自己的教育品牌，设计具有自身特色的课程，围绕先秦文化、汉文化、宋文化等为主题进行课程开发，将馆内特色文物融入课程中，形成难以复制模仿的课程内容。

对课程体验环节进行创新，促进形式多样化。目前博物馆内的实践形式有做手工、绘画，可以融入表演、话剧等形式。还可紧跟时代潮流，合理创新，结合学生自身特长开展古乐器表演、民族舞表演、历史剧场等与历史文物相关的主题活动，利用数字技术，将文物知识以游戏闯关的形式与学生进行互动，加入实地考察、外出游学类活动，室内室外结合。研学也可以结合本地饮食文化以及民俗文化，将地域文化融入活动的方方面面。

树立品牌意识，开发研学产品的同时建立研学品牌，以高质量的研学资源和产品为依托，促进博物馆与市场发展的良性循环。可以和公司、企事业单位联合设计品牌课程。围绕本地传统文化，结合自身资源，博物馆进行核心课程的设置，公司、企业负责招募学生，两者利用各自优势，打造精品研学品牌。此外，充分利用馆内基础设施等资源，开发特色研学课程。将馆内机构纳入研学课程中，形成具有自身特色的研学课程。文物保护修复地作为博物馆内部机构，是最具直观性的学习观摩场地，与其他机构相比，博物馆具有天然优势。

### 三、文旅融合背景下博物馆研学产品开发策略

#### （一）整合博物馆资源，创新研学产品开发模式

一般情况下，博物馆研学产品的服务对象是中小学生群体，这类群体的普遍特征是更具有探索精神，其希望从趣味性强的研学活动中汲取知识，这也是研学活动的教育本质所在。因此，为了设计出更符合中小学生群体特征的研学产品，博物馆首先要对当地的文旅资源进行深入考察，还要对中小学生群体的心理和行为特征进行深度调研，从而设计出更具有针对性的研学产品。其次，与其他产品不同，博物馆研学产品的开发对品质的要求较高，同时还要具有更深层次的文化内涵，因此在对博物馆研学产品进行开发时要对当地的博物馆资源进行充分整合和利用，以传播文化知识为着力点，站在教育的角度对产品进行审视，从而打造更高品质的研学产品。与此同时，博物馆还要对研学产品的开发模式进行探索，并结合当地的自然和文化资源，形成"研学＋营地""研学＋红色""研学＋农业""研学＋工业"等开发模式，满足研学产品的创新发展需求，从而实现博物馆研学产品的多元化发展。

#### （二）多方联合，拓展研学产品的宣传渠道

博物馆作为城市的文化载体，不仅担负着保存历史文化的责任和使命，还应主动担负起传播历史文化的重任，使博物馆"走出去"。因此，一方面，博物馆应变被动为主动，加强与学校、教育机构、旅行社等机构的联合，拓展研学产品的宣传渠道，实现从单一阵地到复合联动的转变，构建"博物馆＋"的研学运行模式。另一方面，博物馆还可从部门联动角度，联合图书馆、科技馆、展览馆等公共服务机构，实现资源共享，共同打造高质量的研学产品，使研学产品广泛融入社会生活的各个领域。除此之外，博物馆还可以利用微信、微博、抖音等社交媒体，使博物馆藏品能够接触到更广阔的人群。例如，杭州的良渚博物馆讲解员利用微博进行线上直播讲解，在线观看人数达 40 多万人，仅一个小时就获得 16 万的点赞量，这是博物馆在新媒体时代下对产品传播渠道的重新审视，使研学产品更好地面向社会、走近大众。

#### （三）深度挖掘文化内核，打造专题化研学课程

博物馆是见证华夏文明起源和发展的重要场所，能让人们回溯过去的同时走向未来。因此，博物馆应深度挖掘传统文化内核，使其价值得到更全面充分的展示。博物馆所藏的文物种类繁多，在研学产品的开发过程中可从不同的角度对其

进行专题化开发。从纵向来看，博物馆可对文物的历史、价值、文化以及制作工艺进行深入研究，开设人文历史专题讲座等相关课程；而从横向来看，博物馆则可将文物分成不同的种类进行相关课程的设计。例如，对于书画文物，博物馆可开设书法、绘画等相关课程，让学生充分参与其中；对于瓷器、金属、雕塑、刺绣等文物，可开设相关的手工艺课程，让学生亲手参与制作；而对于矿石文物，则可开设自然地理课程，让学生进行矿石的采集和辨别，使其对文物进行更深入细致的观察和了解。

### （四）利用新媒体技术增强研学产品的体验感

新兴的互联网技术和多媒体平台为博物馆研学产品的开发提供了新的契机，但目前很多博物馆研学产品仍以参观、讲座等传统方式为主，这些方式对大众的吸引力相对较弱。因此，博物馆需在文物数字化展示、场景搭建以及交互设计方面不断创新，从而增强研学活动的趣味性和体验感，实现研学产品多维度、多层面的发展。对于研学产品的开发，博物馆要始终以沉浸式体验为切入点，可借助VR、AR等虚拟现实技术，结合博物馆馆藏资源进行数字化展示，满足大众自主操作、移动看景的沉浸式研学体验。这些新媒体技术通过色彩、声音、图像等搭建起了文物与观众之间的桥梁，充分调动了大众的情感和思维，使大众能够置身于文物中，与文物进行对话，在学与玩中阅读历史、了解文物。

# 第七章　文物保护与传承的创新

# 第一节 博物馆文物保护与传承发展创新

博物馆文物保护与传承工作是极其重要的，对我国整体社会文明建设有积极影响。首先，帮助人们了解历史的发展情况，以史为鉴才能够让人们吸收历史经验，感受在长期历史发展过程中所形成的文化底蕴以及内涵，而通过文物则可以直观地展示某段历史的发展过程，有利于加强人们对于历史的认知。中华民族具有 5000 年的发展历史，人们对历史有详细认知后能够认识到中华民族具有的特质，即生生不息、源远流长，有利于促使人们形成文化自信，更好地感受中华民族文化所传递的内涵，对于加强民族凝聚力有积极影响。

其次，强化文化传播能力。通过文物保护与传承工作的开展，能够使人们和文物面对面接触，从而更加直观地做好文化传播工作，吸取文物所传递的文化价值，为文化传播提供重要的载体。在新时代，针对文化传承模式进行创新，文物可以以数字化的方式展示给人们，有利于模拟更加真实的情境，也能够方便人们在数字博物馆中观看文物，进一步提高博物馆的文化教育作用。

文物是古代先辈遗留下来的珍贵文化遗产，其中涉及多方面内容，如政治、军事、经济、艺术等方面，凝聚着较强的时代特点。文物对社会具有一定的积极作用，其是人们了解历史的依据。通过历史文献可以对历史场景进行还原，但在真实性方面容易受到社会背景、作者喜好等因素的影响，这就凸显出文物保护和管理的重要性，也体现出文物独一无二的时代特点。将文物和历史资料进行融合，真正实现"文物补史"的效果，在社会发展中发掘越来越多的文物，将文物放到博物馆中进行保护，致力于实现对民族文化的弘扬，更好地保护文化遗产。博物馆作为一个城市的文化名片，对城市的科技、教育发展发挥着重要作用，能够进一步对城市群众进行熏陶，彰显城市活力，深化城市文化发展。城市文化建设与博物馆的文物保护与管理之间关联紧密，后者具有一定的科研性、公益性。若一座城市中缺少博物馆，就相当于失去了文化灵魂。

## 一、文物保护的内涵与原则

### （一）文物保护的含义

文物保护是一门致力于保护与考古学相关的遗迹遗物的学科。在 21 世纪视野下，世界范围内的文物保护以道德原则为指导，这些原则来源于考古资料是理解和解释过去的主要一手资源（"primary resources for understanding and interpreting the past"）。

考古遗迹遍布于从过去到现在的世界各地的人类居住区。我们对于考古学的探索揭示了在广阔地域内所发现的各类人工制品，其中包括房屋后院的历史遗留物，包括在海底深处的沉船以及极端环境下存在的各类物品等。

虽然考古发掘工作能够让我们通过研究考古遗迹及其背景来了解过去，但探寻埋藏于土地或海底等环境下的文物必然会导致遗迹遗物发生迅速且不可逆转的恶性变化。文物保护工作便致力于努力稳定遗迹遗物的现状，最大程度地保存其所携带的资料信息，进而研究它们是如何被制造、如何被使用以及最终如何被处置的。文物保护工作者与其他考古相关专业从业者（如古生物学家、古植物学家、建筑师、艺术史学家等）的相互交流与合作，有助于人们更好地了解过去，认知历史同时迎接未来。

文物保护意味着，通过对物体及其所在环境采取一系列的措施，从而尽可能长时间地延长其存在的同时保护其所存在的价值。我们也可以说，保护考古文物即在最大程度上确保了考古物品的可持续性。因此用于此目的的方法和材料不应该影响这些遗迹遗物的性质，同时也不能影响这些信息承载物本身的性质，应充分尊重和保存物体的完整性。

众所周知，在现如今的科学背景下，考古实物资料与以往任何时候相比，为我们的生活与研究提供了更多的信息。例如关于从前我们无法确定的人类居住地、来源等问题，就现在而言某些遗迹可研究性与可操作性变得越来越强。这些考古遗迹遗物的文化特征，除了它们明显的表现形式和方便探寻的价值外，发生着其他改变，变得更具内涵。遗迹遗物不仅仅是实物资料原真性的表达，它们的结构、物理化学组成和在新教学背景下存在的潜在价值更加丰富了我们的知识与研究。

由于文物保护关注到公众所感兴趣的物质本身，因此这就表现出文物保护的两个重要特征，即：从古至今不可替代性的特征，以及由于时间的流逝而表现出的自身物理脆弱性。我们过去想要完成的是为某些人类作品（现代或过去）应用特定的处理方式，以使它们具有永久性。但是现在，保持其功能的持久性，包括使用功能、符号功能或其他功能等已经不再能概括文物保护一词的准确内涵。由于重修重建或大规模修复保护会出现一些必须牺牲或不可逆转变形的情况，因此文物保护操作与实践不再将目光聚焦在某文化遗产的完整性保护，而是通过对原真性的理解做出相应的修改与调整。

但我们不能完全阻止或扭转考古遗迹遗物将会产生的所有不可避免的变化，例如老化、稳定性能变差等问题。目前学术界普遍形成的观点是文物保护要进行的工作就是采取措施改变遗迹遗物发掘、放置、转移及保存条件，在最大程度上维持文物本身的完整性与原真性。这也就包括三部分的内容，第一部分通常称为考古发掘现场的预防性保护，第二部分主要包括实验室、博物馆等地后续的保护加固和稳定化处理等，第三部分表现为大遗址保护，即关注到遗址遗迹与城市大环境的保护与发展。文物保护既需要多学科多方法的交叉应用，同时也需要对传统教条心态提出挑战，因此我们所做出的任何干预都应该作为一个完整的案例来进行分析研究，这也就需要我们在研究之前尽可能完整地讨论有关此件遗物或此处遗迹的所有信息，例如其构成材料的性质，该文物本身所具有的信息，其能够传达的信息和价值，以及与之所相适应的定位背景和可能存在的发展演变情况等。在对考古遗迹遗物进行一系列技术操作之前，预防性保护过程是对考古文物及其自身特征进行的第一次预判性研究。

### （二）文物保护的原则

文物保护并不仅仅是对文物实物本体的物质保护，我们同样需要关注到文物载体背后所携带的历史、文化、艺术、科学等方面的信息和价值。关于文物价值的评判，在文物保护学术界一直具有争议，不同学者对文物所携带的历史、艺术、科学等价值有着不同的见解。随着研究交流的不断深入，目前在世界范围内，各国已经达成需要普遍遵循的国际性原则。

这种国际性原则可以概括性称作"不改变文物原状"原则，其内涵是指对文物所开展的全部保护与修复过程都需要以翔实的研究依据为支撑，在最大程度上防止出现对文物进行结构与装饰上的改动。

不改变文物原状原则，不能完全理解为保持文物最原始的状态，而应该是使文物处于一种健康的状态，在不影响文物长期保存的情况下，不对文物进行多余的干预。不改变文物原状保护工作的重点立足于对文物携带的信息及其富含的价值进行提取和呈现。经过长期的实践与探索，人们遵循的原状保护包括如下内涵：

保护文物原始形状和颜色，保留其原有结构的同时保存与制造该物体过程相关的生产制作材料及工艺等资料记载物。

文物保护在过去多侧重于具体的技术性操作以及对保护修复工作的经验总结，又由于对学科基础理论的研究和对方法论的探讨不足，以至于现如今更快实现该学科现代化科学研究水平的进程受到阻碍。

目前文物保护行业所遇到的瓶颈主要表现在三个方面：首先，文物保护理念超前于现有技术手段，有时存在过于理想的解决方案；其次，传统技术与现代化进程存在矛盾，"打包制"的思维方式变成固定模式；最后，当下大潮流大趋势所流行的保护技术具有局限性，或多或少制约着人们对文物保护观念进行更新。

## 二、博物馆文物保护与传承原则

首先，坚持安全第一的原则。文物保护与传承工作的重点在于可以对文物寿命进行延长，使文物的流传时间有所增加，因此必须要避免给文物造成再次的损伤。在文物修复时应当对修复材料和修复方式进行调整，不能使用难度高、过于冒险的修复手段，尽量挑选具有环保性特点的材料，避免给文物造成污染。在文物修复时应制定规范化的修复流程，提高修复的科学性以及合理性，对修复时间进行控制，保证文物的安全。

其次，坚持与时俱进的原则。在新时代环境下信息技术是影响文物传承保护工作的主要因素，博物馆应当形成与时俱进的意识，能够认识到文物保护传承工作所出现的变化，将新型技术引入到日常工作中，形成三维立体化的修复模式，对文物资料进行搜集。在具体的工作中应形成科学化的工作意识，利用信息技术的优势了解不同文物所具备的不同特点，分析其对保存环境的湿度要求、温度要求等，以此来提高文物保护传承的效率。

最后，坚持动态弹性原则。文物保护工作并不是一成不变的，需要形成动态弹性的工作模式，结合专业的文物知识验证文物保护流程，对文物保护的策略进行持续调整，保证文物保护工作可以适应现阶段文物保护需求。同时在文物传承过程中需要根据不同的时间、文化传承要求、精神文明体系建设等出现的变化对传承策略实施优化，充分展示文物的内在底蕴。

## 三、现代博物馆文物保护与管理现状分析

文物作为历史的见证，若得不到正确的保护与管理，就会出现一定程度的损伤。

现如今博物馆的文物保护与管理中仍然存在一些不足，主要表现在以下几方面。

第一，缺乏健全的文物保护法律制度。结合博物馆发展情况来看，文物保护法律制度仍然不健全，没有一个完善且系统的规章制度，不能为博物馆文物保护工作的顺利开展提供保障，这也是造成文物保护与管理工作难以开展到位的主要原因之一。同时，管理过程十分混乱，缺乏职责关系的清晰划分，导致一些文物保护措施效果不强，没有得到法规约束，造成文物保护工作不能顺利开展。

第二，文物保护制度不完善。博物馆不仅要为文物提供稳定的收藏环境，也要建立更加完善的保护和管理机制，如此才能更加顺利地进行文物的保护与管理。文物出库制度的不完善导致发生文物丢失的情况，使得博物馆无法对文物进行妥善保存。针对这一情况，文物的交换、借用有必要经过有关部门审批。针对文物修复这一问题，工作人员要重视修复方案的全面性，否则会使文物出现颜色、形状、纹饰不统一的问题。一旦发现文物损坏，需要第一时间上报，才能保证第一时间采用合理方法对其进行修补。

第三，缺乏文物保护的细节方法。针对文物保护与管理，缺乏结合文物特点制定的保护措施，如"没有考虑文物特点选择文物柜材质，避免文物受到损害""陈列文物没有做好水患问题处理"。从博物馆发生事故的次数来看，现代博物馆库房中容易发生水患，这种事件发生的概率要高于火灾，由此体现出博物馆缺乏细节上的管理。同时，博物馆在发展中因为受到资金的约束，不仅不能建立完善的数字化、信息化系统管理平台，更无法实现博物馆文物保护效果的提升。

第四，文物保护工作人员占据着十分重要的地位，工作人员自身的综合能力会直接影响博物馆文物保存与管理的效果，博物馆需要对管理人员提出更高的要求。如今，博物馆引入多种数字技术对文物进行保护与管理，而管理人员对技术掌握不熟练会造成主体地位缺失。在实际的文物保护与管理中，一方面，一些工作人员工作态度不端正，缺乏一定的责任心，没有做好全面的职责划分，甚至会出现缺岗、空岗情况，对文物保护工作的开展带来直接影响。另一方面，信息技术的引入要求工作人员迅速掌握使用方法，而博物馆中的工作人员年龄普遍较大，学习能力较弱，进一步导致信息设备不能发挥其真正价值，更加难以体现博物馆在文物保护与管理中的真正价值。

### 四、博物馆文物保护与传承策略

我国是文明古国，文明是民族得以延续的重要基础，而文物则是展示文明的重要物质。博物馆文物保护与传承工作是极其关键的，是现阶段博物馆所需要关注的重点工作内容，在新时代环境下文物保护与传承的工作理念出现了变化，需要对工作策略进行适当调整。

加强文物保护与传承宣传教育。在文物保护与传承工作中不能单单只是依靠博物馆，需要做到动员其他群体，可以及时将所发现的历史文物上交给博物馆，丰富历史文物资源。博物馆可以利用互联网做好宣传工作，能够加强群众对于文物保护工作的认知和了解，提升重视程度。在新媒体平台发布博物馆现阶段的文物保护与传承工作现状和取得的成效，调动群众参观博物馆的积极性。在新媒体平台上同时组织相关针对性的话题，如针对某一文物进行公开讨论，让群众可以发表自己的意见，为文物传承活动的开展以及保护工作的开展提供新建议。博物馆需要重视对新媒体平台上的官方账号进行定期运营，加强和群众之间的互动，使群众能够感受到自身在文物传承和保护工作中的重要性，从而完成对文化的宣传工作。例如，中央电视台已经拍摄了《我在故宫修文物》这一纪录片，展示了文物修复的相关场景，和群众的生活极其贴近，能够有效激发观众的共鸣。

构建信息化文物保护和传承体系。文物开发是提高文物利用价值的重要方式，能够充分发挥文物的优势和功能作用，完成文化传播，拓展文物的使用途径，加快文化产业的发展速度，为经济发展提供新的增长点。数字化技术可以对文物的信息以及数据进行保存和记录，可以让人们对文物有更加具象化的了解，避免发生文物信息在社会发展过程中丢失的现象，有利于形成持续保护机制。因此博物馆应当重视对数字化技术进行合理应用，建立信息化的文物保护机制，拓展文物保护传承渠道。

利用数字化技术修复文物。数字化技术具有智能化和自动化的特点，能够对文物的情况进行评估，分析其是否存在潜在的隐患问题，从而及时对其进行修复和处理，为保护工作的开展提供重要的数据支持。部分文物存在破损的现象，利用数字化技术可以结合扫描出的资料进行修复，将文物补全，使文物以完整的形态展示给人们。例如当前在博物馆内已经研发出了数字化平台，融入了三维渲染引擎技术以及 GIS 技术，可以针对部分文物进行数字化的矫正，改变文物的现有形态。数字化文物修复能够对文物的不同碎片进行移动和拼接，不需要考虑是否会出现损害文物的现象，提升了修复质量和修复效率。在北京孔庙和国子监博物馆中利用该种方式针对石质文物进行了有效保护，通过扫描仪器获取进士题名碑的其他信息，在不接触的情况下获取扫描资料，以此对进士题名碑进行了修复和完善。在完成修复后可以打造数字线上博物馆，在线上平台进行文物展示，可以防止在现场文物展示过程中出现破坏文物的现象，有利于提高保护效果，也防止在运输过程中给文物造成损伤。同时人们也可以随时登录线上数字博物馆了解文物，使文化传播变得更加及时，打破文物在观看过程中存在的时间、空间限制，发挥数字技术的优势。

合理利用 AR、VR 技术模拟真实情景。在文物开发过程中可以利用情景再现的方式展示文物实景，能够让人们和文物有近距离接触的机会，让游客在参观文物时拥有更好的体验感以及参与感。VR 技术是最为常用的一种信息化技术，以此为基础可以形成互动投影、复原三维动画、复原真实场景的文物开发模式，利用 AR 技术、VR 技术可以让游客和文物进行线上交互，让游客形成沉浸式的体验。博物馆可以对不同时期文物遗址原貌进行还原，游客可以通过触摸屏幕的方式看到不同时期的文物变化情况，触摸一次屏幕遗址就会向前演变。除此之外还可以在屏幕上方配备相应的文物解说，让人们对于文物有更加清晰的了解，同时也能够为博物馆吸引更多的游客。VR 技术能够营造更加真实的情景，让游客可以同时拥有视觉体验、听觉体验以及触觉体验。例如，故宫博物院利用 VR 技术拍摄了《紫禁城·天子的宫殿》，属于裸眼 3D 数字电影，可以让人们更加真实地了解紫禁城内各个宫殿的特点。

设置多样化文物传承活动。在文物传承活动中应当重视对活动形式进行创新，改变以往只是对文物进行保护的单一工作理念，应对文物进行活化应用，以此来提高文物的活力和应用价值。通过文物传承活动可以使人们在了解文物的基础上，感受其所展示的历史风貌以及人文气象，强化文物的传承作用。例如，在发现秦兵马俑 45 周年的纪念日，秦始皇兵马俑博物院推出了文博展览活动，将"平天下——秦的统一"作为活动主题，展示了秦始皇统一六国的这一具有极高历史价值的壮举，除此之外，还组织了"学写秦小篆"的活动，可以让人们了解秦朝的文字，具有文化教育的意义，有利于促使人们形成文化自信，强化对传统文化的认同感。同时在活动中人们也可以形成情感共鸣，拥有不同的情感体验，充分发挥文物所具备的精神价值。

完善法律制度，增加资金投入。首先，对文物保护法规体系进行优化，进一步满足文物事业发展需求，为文物保护提供一定支持。在这个方面，大足石刻走在了前列。2017 年施行、2022 年修订的《重庆市大足石刻保护条例》为当地的文物保护工作提供了强有力的法律保障，但该条例更多是针对大足石刻这种不可移动文物的保护，对博物馆内大量可移动文物还缺乏一定的保护规范。

其次，建立文物保护制度，特别是针对文物提取这一过程，需要遵循文物保护制度的有关内容，针对文物名称、年代、归还日期进行记录，需要有关管理人员签字审批，才能顺利完成提取，交接时双方要当面清点，做好详细的检查，保证文物完整无误。

最后，加大资金投入。现代博物馆中陈列的珍贵历史性文物，在保护方面存在一定难度，可以从增加资金投入这一方面提升文物保护效果。例如，一些地方文物保护工作没有对经济发展起到明显的促进作用，导致政府没有深刻意识到文物具备的文化性，缺乏对文物的重视，直接影响后续文物保护与管理工作的顺利开展。实际文物保护与管理对社会有巨大的贡献，一方面可以成为促进社会精神文明建设的主要动力，另一方面也是促进旅游经济发展的有效方法。因此，要增加资金投入，更好地为文物保护工作提供支持，只有这样才能有效促进经济发展，实现精神文明建设的目标。

打造专业化人才队伍。专业的人才队伍建设是新时代背景下博物馆文物保护工作的关键环节，博物馆要致力于强化人才队伍建设，要提高博物馆文物保护工作的准入制度，确保招聘的公开、公正，可以通过竞争上岗的方式选择最优秀的人才，博物馆在用人的时候要更加看重能力，如此才能保证文物保护工作人员的专业素质。从事文物保护的工作人员不仅要具备基础的理论知识，还要具备专业实践能力，博物馆要在认识到人才建设的重要性的基础上，采取有效措施提高人才的水平，比如，通过专家讲座、培训或者开展文物保护知识有奖竞赛等活动，提高工作人员对文物保护工作的认知以及工作的能力。在实际的工作中博物馆要对人才的结构进行优化，可以将工作年限长和工作年限短的工作人员安排在一起，促其彼此取长补短，还要定期评估工作人员的工作情况，通过有效的机制充分地发挥人才的长处。要给员工提供深造的机会，鼓励员工大胆创新，促使员工主动将现代化的信息技术应用在博物馆的文物保护中，不断地提高文物保护工作的效率和质量。博物馆要通过上述的措施打造专业人才队伍，通过专业的人才队伍来支撑博物馆文物保护工作的进步。

## 第二节 考古发掘现场的文物保护方法

考古现场文物保护是指在考古发掘现场对遗迹遗物进行保护的过程，是从室内保护向考古发掘现场的延伸，既能更好地保护出土文物使其保持原状，同时也能更加清楚地了解文物的埋藏环境，调查可能存在的各种病害，使文物在第一时间得到科学有效的保护。

在考古现场文物保护中，我们可以对所埋藏文物进行科学探测，掌握文物的材质特征和分布情况，了解文物的埋藏环境及埋藏方式；对埋藏环境中的空气、土壤、温湿度等影响因素进行测定，全面记录与文物保存情况相关的外部环境因素；对环境敏感类文物进行现场稳定性处理，控制文物材质因埋藏环境变化而产生的各种不利变化；系统分析文物裂变机理，科学筛选保护方案，实现对遗迹遗物最大限度的提取保护。

值得指出的是，在考古现场文物保护中，有一个非常重要的环节，那就是对考古发掘现场进行全面的信息提取。在这一环节中除了需要对文物实体本身的色彩、结构、纹饰等信息进行提取记录外，我们还应关注到遗物周围的残留物，例如附着于遗物表面或周围的土壤信息等，这对于我们分析埋藏环境及其周围环境的水文地理信息十分重要。同时，保存这部分土壤在某种程度上可以维持文物埋藏的小环境，对文物本体提供更为有效的前期保护。

### 一、考古发掘文物保护现状

#### （一）考古发掘文物的特征

我们应该达成一个共识，即考古发掘文物应该是一种具有先进性的科学技术，文物出土后第一时间应该实施科学的保护和运输，且对于考古发掘文物并非简单意义上把文物从地下拿出来，从实际的角度来看，从考古到发掘到最终呈现在博物馆里，应该是一个全过程、全方位的文物保护。文物的考古保护应该是充满理论支撑的，同时又具备很强大的科学技术方法论支持。应该说，考古发掘文物应该是具有特殊性的，笔者总结为以下三个方面。

不可再生性。许多考古出土文物都是人类文化的传承和发展，是古代人民的智慧结晶，现代人类通过文物和遥远的先辈"隔空交流"，应该说，文物是国家

197

的无价之宝。从这个角度来看，考古出土文物不具有一致性，每一件文物都具有其自身的文化内涵和意义，文物考古发掘的意义之一就在于后人通过文物来了解古代甚至更远古的历史和那时的人们生活图景，所以文物具有独一性，同时也具有不可再生性。文物是历史的产物，是人类历史发展的见证，正是因为如此，才决定了文物不能再生产，不能再制作，也无法重新建造，因为历史的社会条件的局限性和技术水平有限，其工艺是后世所无法复刻的，即便有意为之，也无法完全复制一个一模一样的文物，所以这也注定文物具有不可复制性，每一件文物都具有其自身在某一历史时期的作用和地位。

不可复原性。客观上来讲，不论人类如何精密地去保护文物，不可否认，考古发掘以及人类的其他行为，都会多多少少对文物产生了一定的破坏，这种破坏虽说不是有意的，但也一定程度地影响了文物的真实性和历史价值。从历史文化的研究价值来看，文物的完整保留是非常重要的，一旦被破坏，也会严重影响历史文化的研究进程。当前随着高科技技术的广泛运用和普及，在文物修复方面已经得到了巨大的提升，不少考古专家或技术人员已经能够较为完美地复制一些古代文物，甚至古建筑，但必须承认，修复文物也具有一定的局限性，修复技术和所处的社会经济发展状况紧密相连，也和人类当时的思维创造有关，文物的修复只能无限接近原貌，但永远也无法复原。

不可替代性。正如前文所述，每个文物都是独一无二的，世上不存在完全相同的两个文物，每个文物都代表着其所处的时代的生活习俗、文化风貌、社会经济水平、工艺技术等历史信息，文物是历史文化内涵和精神的承载，考古专家通过独一无二的文物来研究历史、文化、军事、政治、经济、科技等，其价值凝结了上千年人类劳动智慧的结晶和历史发展的脉络与步伐，在以上方面其具有不可替代性。另外，虽然部分文物遭到破坏后可以修复，但一些出土文物因为其本身工艺复杂、时间久远、破坏严重等原因无法修复，即便修复也不能完全还原，其历史价值和研究价值也会大打折扣，这也同样体现了文物的不可替代性。以河北省满城县（今保定市满城区）出土文物金缕玉衣为例，其艺术价值极高，代表了汉代最高水准的制造工艺，这是其他时代的织物所不可替代的。在此笔者要强调的是，正是因为文物的不可替代性，所以在认识和评价文物时，不能要求一次性做到。所以也不能以当下某一时期的认知水平来作为是否保护某文物的判断标准，如果因为认知水平的局限导致对某一文物做出不予以保护的决定，可能会造成不可弥补的损失。

### （二）考古现场造成文物损害的因素

人类的发展过程中产生了许多艺术、历史、文化、科技相关的珍贵文物，上千年来，不管人类处于历史长河的何处，从未停止过对文物的发掘和研究，而其中考古现场的发掘是寻找、发现、研究文物的必经之路和必要流程。正如前文所述，考古发掘都会对文物造成一定程度损伤或损害，文物的损害有天然的因素，也有人为方面的因素，造成损害的因素主要有以下几点。

文物发掘后受温度和湿度变化的影响。文物在被考古发掘前长年累月封闭在地下空间，封闭的地下空间让文物表面的物质在出土的一瞬间特别容易受到空气中湿度和温度的影响，如某些青铜器等金属文物甚至会出现变质开裂等情况，对文物破坏性极强。而一些纺织物也会随着湿度变化导致水解，最终慢慢粉化。漫长的历史变化已经让文物变得极为脆弱，如果文物考古将其突然暴露在土壤之外，很可能因为湿度、温度的急剧变化进一步造成不可逆的损害或损失。如某年代的金属器具在出土后因无法适应周遭环境极具变化性的温度和湿度，很快出现了表面氧化变质和颜色改变等情况，对该文物的破坏性极强。

空气中物质对文物的侵蚀。在土壤中的文物一定程度来讲是无法接触到空气的，特别是年代久远的文物，不仅接触不到空气，土壤中的微生物也微乎其微，空气和土壤中的物质对文物本身的破坏极小。但当文物不经保护突然出土后，因为突然暴露在空气中，特别容易受到空气中的微生物的影响，导致其和文物表面的物质发生反应，最终出现腐蚀、变色、腐朽等问题，极其影响文物的美观和完整。特别是一些木质的文物，往往出土的一瞬间会出现文物表面氧化、发霉等问题，对考古研究产生不利的影响。实际情况是，文物年代越是久远，其表面的有机物质越多，所受到的昆虫啃噬、细菌真菌滋生的问题就会更多，所以破坏更加严重。可以说，微生物侵蚀问题对文物影响特别大，所以近些年微生物防治也成为考古挖掘工作最重要的议题。

光照破坏文物表层。如前文所述，文物长年累月地被埋藏在地下，几乎接触不到光照，常年处于黑暗中，文物表层受到的负面影响极小。但当出土后突然暴露在空气、阳光中，紫外线、红外线会对文物表面产生破坏，直接导致文物表面受损。另外，如果长期暴露在光照下，文物还会产生氧化反应，导致腐蚀加剧，一些文物表面如果本身是色彩斑斓的彩绘，受到光照影响后，甚至会发黑或褪色。另外，空气中的氧气也会使文物氧化，氧化对一些彩绘和表面染色的文物会造成不可逆的损害。

受到酸性物质的腐蚀。随着人类社会的发展，特别是工业革命后，人类社会空气质量越来越差，空气中金属物质等酸性物质存在较多，这也在一定程度上影响着文物的发掘和出土。特别是硫等酸性物质和文物表面接触后，会直接影响文物的完整性和艺术美，最终造成严重的损害。事实上，酸性物质的腐蚀是上述所有破坏因素中威力最大的，对文物的破坏也是最严重的，特别对于一些纺织类、金属类、纸质类的文物，更是毁灭性破坏。

### （三）考古发掘现场文物保护存在的问题

资金投入不足。鉴于考古工作自身的特殊性，需要大量的资金投入。随着考古工作的深入发展，国家相关部门都对考古工作给予了高度重视和资金支持。但是实际工作中，由于考古工作的不可预测性，使得考古发掘过程需要大量的人力、物力以及财力的支持。其中，财力是根本，它是获取人力和物力的基础。然而在实际工作中，往往还会出现资金投入不足的现象，这是由考古工作的不确定性决定的。一旦资金匮乏，就会导致文物挖掘工作不能如期推进，延长了文物发掘时间，给文物保护工作增加了难度。从这个层面上看，由于缺少资金，在人力和物力方面不能给予充足的支持，使得文物保护效力严重缺失，对文物造成不利影响。

技术相对落后。虽然科技发展给文物保护提供了很多途径，但在实际工作中依然存在技术落后的现象。这一现象的发生使得文物保护力度不够，保护效果欠佳。技术落后主要体现在两方面，其一人才缺失，其二技术水平不够。在考古工作中，工作人员的专业性决定文物保护工作能否顺利完成。由于考古人才缺失，使得在考古发掘现场的全体工作人员之中，只有为数不多的考古专家，对各项考古发掘工作进行积极指引。这一现象增加了现场工作的风险，不利于文物保护工作的顺利开展。鉴于专业人员较少，使得工作人员的整体技术水平不够。一方面是工作人员自身的能力素质不够，另一方面是工作人员的保护意识不够强烈。可见，技术相对落后是考古发掘现场文物保护工作中普遍存在的问题，这一问题的出现阻碍文物保护工作的有效开展。

环境的严重影响。要发掘的文物一直深埋于地下，随着时间的推移，它已经适应地下环境。一旦暴露出来，就会受到地面环境的影响，遭受破坏。地面环境对文物产生的影响主要是温湿度、空气以及光照等方面。温湿度的变化会对文物的表面结构造成破坏，严重影响文物的外观。空气会导致文物表面发生化学反应，使文物失去原有面貌。光照会对文物产生腐蚀影响，使得文物的内部结构遭到破坏。然而，这些环境因素是文物挖掘过程中必须要接触的，也是无法避免的。这就导致文物保护工作的重要性尤为显著。另外，由于外部环境变幻莫测，也会对文物造成不利影响。这方方面面的环境影响，都在不同程度上增加了文物保护工作的难度。环境因素的普遍存在成为考古发掘现场文物保护的一大难题，是工作人员必须要克服的问题。

## 二、考古发掘文物的保护方法

### （一）整体提取技术

#### 1. 文物整体提取技术的应用环境

事实上，在考古发掘的现场往往需要根据实际的周围土壤等环境状况和文物的保存情况来选择使用哪种提取技术更合适。整体提取技术的操作过程比较复杂烦琐，所以在一般的文物出土保护中不会使用整体提取技术，只在特定的环境中使用。虽然在考古发掘现场使用整体提取技术可以有效保护文物，但也只能在特定的土壤环境中和特殊的文物现存状态下使用。如果在文物出土时不考虑实际情况，使用不合适的提取方法，往往会对文物造成直接或间接的侵蚀或损坏。所以，在考古发掘文物过程中，要根据实际情况来选择合适的提取方法。根据实际的情况，整体提取法一般用于以下三种环境中。

文物在出土前已经受到严重损坏。在文物的实际发掘与现场提取工作中，考古学家们经常会遇到文物遭受过严重损坏，已经破碎成众多小碎块的情况，并且各个细小碎块在短时间内无法进行拼接复原，也无法快速整理出各个碎块之间的相互关系。在这种情况下就要考虑使用整体提取技术，对这些已经破碎的文物进行提取。只有使用整体提取技术，将文物与周围土壤一起迁移出土，才能避免在发掘与提取过程中对文物造成无法逆转的二次伤害。整体提取技术能最大限度地保持文物各个碎片之间的原有的空间关联，将文物碎片与周围的土壤等环境作为一个整体，从考古现场安全转移到周围环境相对稳定的符合要求的特定区域。然后再对周围多余的土壤进行清理，拼接恢复暴露出的文物碎片，进一步明确各个文物碎片之间原有的关联性。应用此技术，只要在文物提取中划定的整体足够大，就可以将所有的文物碎片一并提取出来，并且碎片所在位置与文物主体的关系有助于开展恢复文物原貌的相关工作。1980 年 12 月，惊艳世界的秦始皇兵马俑出土了两架大型彩绘铜车马。由于装有两架马车的木制棺椁在地下腐烂坍塌，导致铜车马在被发掘时已经支离破碎。使用整体提取技术将文物提取之后，经过清理清点，一共发现 3000 余块文物碎片。经过长达 3 年的修复，才有如今的震撼全世界考古学家的"青铜之冠"。

文物自身属于易碎品。在实际的文物发掘工作中,考古学家们经常会发掘易碎性质的文物。这些文物可以分为两种,一种是文物本身的材质即为易碎材质,如玻璃制品、陶瓷制品等;另一种是文物生产时间过长,在漫长的岁月里,制造文物的材料发生化学变化,使原本不易碎的文物变成了易碎文物,如腐朽的铁器。无论哪种情况,只要在发掘提取文物时,文物处于易碎的状态,都需要使用整体提取技术进行提取,以此来保护文物不在提取过程中破碎。将易碎文物和周围的土壤或其他包裹物作为一个整体进行提取,使文物的状态与提取前保持一致,直到转移到安全的环境中,有效避免了文物在提取中被不小心破坏的风险。瓷器是典型的易碎文物。2010 年 9 月,在山东菏泽的沉船中发掘出带有青花龙纹的瓷器,正是弥足珍贵的元青花。瓷器中的元青花由于数量稀少,同时又是易碎品,提取工作非常困难。考古队员们并没有马上提取,而是经过一周的慢慢发掘,采用整体提取技术,将 3 件元青花瓷器提取出来,其中有 1 件元青花是完好无损的。

文物易受光、氧气等侵蚀。在考古发掘文物过程中,考古学家们还经常会遇到文物在地下封存千年,一旦遇到阳光、氧气等因素,文物便失去原有色彩的情况,甚至发生碳化。这种情况下,需要采用整体提取技术先将文物和周围的土壤作为一个整体进行提取,转移到稳定的外部环境中,如暗室、氮气室等,然后清理多余的土壤,露出文物全貌,使文物在发掘过程中不接触阳光和氧气,保持原有的颜色状态。

最典型的例子就是秦始皇兵马俑,由于古墓中的各种文物见到阳光容易受到侵蚀,因此时至今日,依旧没有全面发掘秦始皇兵马俑。古墓中氧气稀薄,在这种环境下封存的文物不容易被腐蚀。

文物周围的环境具有历史研究价值。除上述三种情况之外,还需要注意文物周围的环境是文物不可分割的一部分,文物与环境二者之间有密切的关联性。同时,文物周围的环境同样具有历史研究价值,需要采用整体提取技术将文物与其周围环境一并提取出来。这样既提取了文物,又保证了周围环境的完整性,有助于历史学家对其中的关系进行更深一步的研究。在琉璃河遗址的 M1901 墓中,考古队曾经从泥坑里发掘出大量青铜车马器,它们之间的相对位置也具有很大的历史研究价值。于是,考古队员一致同意使用整体提取技术中的套箱提取。经过5 天的努力,最后在没有破坏周围其他文物的情况下被整体提取,保持了各个车马器之间的相对位置,推动了后续的历史研究进程。

2. 考古发掘现场整体提取技术的应用

（1）基本提取法的应用

清理文物周围的泥土。考古人员以文物为中心，从文物边缘向外延伸 5 厘米，划出开挖的边界线，然后垂直向下挖，开挖的深度应根据文物的高度来确定，底部土体可适当多保留一些，以得到一个承载文物的土质台基。如果考古挖掘现场的土壤强度较好，也可以改变土质台基的形状，如上宽下窄的倒立梯形，能大幅度减少后续文物与土体分离的工作量。需要注意的是，梯形斜边与台基水平面之间的夹角要大于 60 度，从而避免出现上部土体坍塌损坏文物的情况发生。

文物周边的加固。对土质台基进行临时加固，可以有效避免文物整体提取时土壤散落的问题，这也是保护文物的一种必要措施。常用的加固方式有三种，具体的处理方法各有差异。

纱布绷带加固。对于体积较小、重量不大的土质台基，可选择纱布绷带加固。按照自上而下的顺序，从土质台基的上部开始包裹，用力缠绕，直到土质台基的 6 个面全部被纱布绷带包裹。

石膏绷带加固。对于体积较大、重量较小的土质台基，纱布绷带起到的加固效果十分有限，这种情况下可以换用石膏绷带进行加固，裹缠方法与纱布绷带相似。考虑到石膏可能会对露出的文物造成污染，因此需要提前使用聚乙烯薄膜覆盖文物，起到隔离作用，然后再使用石膏绷带进行缠绕、加固。

树脂绷带加固。将热熔状态的树脂材料均匀涂刷在土质台基的外部，树脂硬化后，可以对土体产生加固的作用。同时，树脂材料无毒、无污染，不会对文物造成破坏。

文物的底切处理。文物的底切处理是文物整体提取工作中的关键，其效果不仅直接决定了后续文物与土体分离的工作量，而且对文物的完整性有一定的影响。事实上，在考古发掘现场的文物提取工作中，如果底切处理不规范，就会导致土质台基在提取过程中掉落，进而造成文物破损的情况发生。因此，考古人员在整体提取文物时要重点做好底切处理工作。可以挑选一块一侧带刃的金属板，从水平方向切割土质台基的底部，让土质台基与原土体分离，同时还要注意该区域土体的强度，如果强度不够，或是文物尺寸较大，在底切处理后还需要提供刚性支撑，防止在提取过程中因为自重太大而发生应力变形的情况。

文物的刚性支撑。选择 4 块体积相同的木方，分别放置在土质台基的四个角上。注意木方要距离土质台基边缘 3—5 厘米，以保证受力均匀，形成刚性支撑，然后再完成整体提取。

（2）石膏提取法的应用

去除文物周围的泥土。考古人员以文物的外边缘为界限，向外延伸 5 厘米后向斜下方开挖，超过文物底部 5 厘米后停止开挖，形成一个倒梯形的土质台基，这样可以避免台基倒塌导致文物受损的情况发生。

文物周边的加固。选择两块高度约为 5 厘米的木块，垫在土质台基底部边缘向内 3 厘米处。木块撑起的缝隙用于灌注石膏，起到隔离和保护文物的作用，为下一步进行整体提取创造有利条件。根据土质台基的尺寸，另外选择几块大小合适的木板，固定在土质台基的外侧，形成一个简易的框架。在梯形土质台基的顶部使用石膏绷带进行覆盖，这样可以避免浇筑石膏后石膏与文物直接接触。

灌注石膏。准备好足够分量的熟石膏，按照自上而下的顺序，从梯形两侧的木板边缘处进行浇筑，使石膏填满土质台基与木板之间的全部空隙。在进行此项操作时，考古人员应注意观察土质台基的边、角等部位，如果发现有个别区域未填满石膏，还需要使用细铁丝进行疏通，排出空气，让梯形土体被完整地包裹起来。等石膏开始固化后，选择一个平整的木板或金属板，放置在梯形土体的顶部，并用力向下按压，进一步提高石膏的密度，反复按压 3—5 次，直至石膏完成固化。

底切处理与翻转。在石膏完全固化后，就可以开始进行梯形土体的底切处理。将梯形土体翻转 180°，即有文物的一面朝下，土质台基的底部朝上，此时两侧的木板和金属板可以起到支撑和保护文物的作用。考古人员用金属铲子沿着木质框架的内部，将石膏与木质框架分离，待完全分离后，就会得到被石膏包裹的文物，从而完成对文物的整体提取。

（3）套箱提取法的应用

套箱提取技术是在基本提取技术的基础上进行改进，并逐渐发展起来的。该技术的精髓在于台基制作完毕之后，采用木头制成的箱子对台基进行加固，箱子之间用铁钉固定或外围缠绕纱布固定。使用的工具通常为有棱角的箱型，故称之为套箱提取技术。有的考古现场只需要对台基进行套箱，也有的考古现场需要对台基和文物同时套箱，可根据现场的实际情况来进行选择。无论套大箱还是套小箱，操作的关键都是保证箱子内侧的土壤等物质与箱子内壁之间没有缝隙，二者紧紧地贴合在一起。套箱之后在进行对台基底座的切割工作时，可以直接将台基底面的土壤移除，使其处于悬空状态。

最后再将文物与台基平移到支撑板上，或将支撑板铺展到台基下方，将文物、台基、支撑板一同提取。相比基本提取技术，使用套箱提取技术增加了台基底座的坚固程度，使文物在提取和转移过程中更安全、稳固，即使受到小震荡，也不会对文物造成损害。

通常来讲，文物发掘现场的土壤比较坚硬，文物本身体积比较大，周围无其他大型阻挡物时，如古墓中的棺椁，通常会采用这种方法进行提取。四川成都五根松墓群中 M94 号墓中的"摇钱树"，就是采用了套箱提取技术。此文物发掘于墓穴的耳室之中，树枝和树叶与树干底座的摆放位置极为特殊，为了不破坏它们之间的关联性，考古队员们决定使用套箱提取技术。先使套箱倒过来，缓慢、细致地清理底座的土壤；再将下方无关联的其他文物提取出来；最后将露出来的树枝和树叶与树干底座作为整体，进行套箱提取。

（4）聚氨酯泡沫提取法的应用

随着新技术、新材料的日益成熟，考古发掘现场文物保护中的整体提取法也得到了创新发展，聚氨酯泡沫提取法就是近年来兴起的一种新型文物提取技术。在提取过程中会使用两种基本材料：一种是"白料"，主要成分是聚醚多元醇；另一种是"黑料"，主要成分为异氰酸酯。

在应用该提取法前需要将两种材料按照 1:1 的比例充分拌匀，一段时间后两种材料会发生化学反应并生成大量聚氨酯泡沫，从而将文物包裹起来。待泡沫固化后，考古人员只需要取出聚氨酯泡沫，就可以实现文物的整体提取。聚氨酯泡沫提取法的操作步骤与上文介绍的前两种方法类似，大致可分为 4 步：第一步仍然是清理文物周边的泥土，操作方法同上；第二步是简单加固文物，方便材料发泡，加固方法与石膏提取法中的加固处理基本相同，不同点在于本方法需要增加木质框架与土质台基之间的缝隙宽度，通常要达到 15 厘米左右，预留出足够的发泡空间，保证泡沫能够完全包裹住文物；第三步是进行双层隔离，内层为聚乙烯薄膜，外层为铝箔，确认密封良好后，将准备好的材料混合后倒入预留的缝隙中，要注意合理控制材料的用量，在 25℃的环境中只需要 10 分钟即可完成发泡固化；第四步是由考古人员用金属铲沿着木质框架的内侧，分离木质框架和聚氨酯泡沫，在完全分离后整体提取文物。

（二）综合物探文物勘测法

1. 综合物探的方法及其优点

综合物探法的原理：综合物探法指的是在文物考古勘探保护过程中综合利用地理勘测技术、水文勘测技术、电磁信号技术和电子信息技术，专门针对地下文物、水文、岩土等内容进行物理勘测的技术。综合物探法目前主要有高密度电法、地震映像法、探地雷达法、瑞利波法及其他电磁波方法。大体而言，综合物探法是广泛地使用电子信息技术，通过物理科学领域的声波震动捕捉，以不同的声波、电磁波等发出不同频率波长，而对地下岩土、地理空间构造、水文结构进行各类辐射波的回探和密度测度。通过信号接收器接收相关信号或辐射频率，从而在电子仪器设备上生成不同的图案和数据，进而对某一区域内的地下构造结构、地质变化、水文分布状况进行总体性的扫描建模。通过这些反馈，能够很好地对地下文物的分布状态、分布结构和地下空间的分布方位等文保内容进行综合性的确定，从而大大提高地下文物勘探保护的效率。

高密度电法理论基础：高密度电法是综合物探法应用中相对较多的一种方法，也是在文物勘探中较早应用的一种方法。高密度电法是以电磁波在不同的介质中实施的电波反馈形成不同密度的波长反射来构造图像的一种地下文物勘探保护技术。它原本发源于电阻率地质勘探法，最早应用于地质构造、石油矿藏寻找中，后来逐渐被考古人员运用到地下文物的考古发掘勘探中。一般而言，由于地下文物埋藏受地下水文状况、土质状况、岩土结构的影响，而有不同的地质构造密度，通过高密度电法这种阵列式的电线排布，可以同时将所有的电极插入到所探测文物潜在区域内，利用三相电控制电极，从而使电流导入地下，通过信号反馈，电磁波对不同的地下空间土质结构有不同的电阻率反馈信号，因此可以对地下文物及文物存放的空间结构例如地宫、墓室等进行地质电阻信号的捕捉，并将信号捕捉反馈到显示屏上。可以自动收集整个区域内的地下构造土质分层密度数据，形成不同的土质电阻密度数据分层信号。这些分层信号经过不断累积，可以在微机显示屏上显示出地下墓室或棺椁空间构造的具体分布结构，包括整个地下文物存放位置及其横切面的电阻分层分布状态，以此来判断一定区域内地下是否有文物及文物分布的地理空间位置。

高密度电法具有很多优点。由于其是依据电极导线进行广泛的连接，因此它可以无限地在特定区域内进行延伸扩张，只要导电线路够长，就可以一次性对某一区域进行整体的地下空间结构电阻频率测定。这样就大大扩展了地下文物勘探过程中一次性完成工作的效能，提高了地下文物勘探的综合效率。由于高密度电法在综合物探法应用中还能够实施单电极正连接反馈，所以它能够避免由于电极错误而引起的各种信号故障干扰，能够对野外地下文物的勘探数据做到精确、无差错扫描。高密度电法是一种阵列式的电极排列扫描成像模式，所以它能够尽可能地按照不同的土质结构和地下地质断面分层，将很小的地质断面构造数据反射出来，因此，这种电极排列方式，能够有效地对不同的地下文物埋藏地质切面进行丰富的地下探物信号反馈和测度，具有高密度化的特征和高成像化的性质。在应用过程中，由于高密度电法仪具有成本低、效率高、解释清晰、图像成型丰富等优势，所以勘探地下文物效果显著，也得到了较为广泛的应用。

地震映像法理论基础：地震映像法在综合物探法应用中相对较广，它主要用于中层地质结构或水下地质结构的物理空间勘探。由于地震映像法采用的是以模拟地震波的形式来探测地震波发出信号与接收信号之间的位置偏移及偏移距离，所以地震映像法是一种同向偏移技术，它以地震映像偏移器为应用节点，使用小幅度近距离的偏移测量位点为信号发射源头，在地质表面或水下空间中对一定的地质结构进行连续化的扫描，同时接收地震波信号的连续化反馈，通过地质雷达信号深入地下空间构造，进行信号波长位移距离的偏移测量，来确定地下文物空间结构的变化。例如在刘贺墓地下勘探过程中，由于其棺椁在水下浸泡，所以使用了地震映像法来对刘贺墓的地宫进行勘测，达到了很好的成像效果。

地震映像法应用在综合物探文物保护中具有许多优点。由于地震映像法发射波的频率较高，所以采集数据相对快速，接收信号的密度较大，得出数据的时间大幅缩短。由于地震映像法中所采用的是短距离单炮点位激发，所以在数据处理，波长反馈、矫正和波纹吸收以及其他反射波扰动时，仍能够正常地、稳健地接收地震波数据和测度点距距离，所以能够避免由于其他信号干扰而对地下墓室空间测量出现错误。同时，由于地震波浅层内部的反射性波纹具有短距离反向衍射和反射移变的特点，所以能够充分地保留地下文物勘探空间结构的空间特征构造和力学变化趋势，对图像的观测和扫描能够大大提高其分辨率。

探地雷达法理论基础：探地雷达法是利用电磁理论，使用雷达波的传导来对地下文物及岩土构造进行探测的。它使用的是麦克斯韦方程。通过获得电磁波在不同介质下的传播波长信号来得到不同的波长矢量反馈。由于在任何场域中都存在着电磁应激反应，因此探地雷达法就是利用地质构造中电场的矢量位移而记录电磁波信号反馈波长变化的。这一原理通过逆向分解麦克斯韦方程，对变化的磁场进行激发干扰，从而得到不同地质结构下的电磁波波长，使用探地雷达仪器设备将这些电磁波波长信号通过接收器接收，能够产生链式反应，在探地雷达显示屏中显示出电磁波不同的波长及传导时间时不同的电流导电信号变化趋势，这些变化趋势反映的就是综合物探方法下的地下文物空间结构构造。

探地雷达法应用在综合物探文物保护中具有许多优点。探地雷达法的应用能够对地下较深处的文物进行勘探，对地下复杂的地质变化情况，特别是有水文变化情况的地质构造空间模拟信号进行信号反馈处理。使用探地雷达法能够最大限度地保持综合物探方法中反馈的雷达电磁波信号的稳健性和清晰性。它可以使地下埋藏的文物及埋藏文物的空间结构能够以更加稳健的电磁波信号传输上来，经过探地雷达接收器的接收而转化为电磁波信号，最终绘成显示信号图，从而对整个地下文物坐落的空间布局、结构变化等都有全新的构图示意。陕西咸阳骊山秦始皇陵勘探项目中，当地的文物勘探人员经常使用的就是探地雷达法。通过探地雷达接收仪器向秦始皇陵地下发射雷达探测信号，通过不同的信号波反馈波长变化及电磁波干扰变动，自动生成秦始皇陵地下保存空间的结构、构造和地质岩层、土层变化趋势，当地的文物勘测人员使用探地雷达法，对秦始皇陵中的不同地貌结构和地质变化及地下水文结构进行了综合性的判定，从而大致上确定了秦始皇陵地宫的位置及其内部结构层次分布，有效地推进了秦始皇陵的勘探保护工作。

2. 综合物探文物勘测方法的选择

选择正确的综合物探文物勘测方法至关重要。在文物勘测中，高密度电法勘测适用于地下文物深度较浅的地质构造勘测。一般在大于 2 米小于 10 米的地下文物空间勘测中，使用高密度电法来进行地下文物空间构造、结构分布、内部空间画像的勘测。而对于地下深度大于 10 米小于 20 米的空间深度，实施地下文物勘测时则使用地震映像法。使用这一方法勘测，可以在中等深度上对地下文物空间的地质构造、水文状况及岩土层截面的探测取得良好的效果。特别是由于地震映像法所发射的波长距离较为适中，所以在深度适中的地下文物勘测中较多采用这一类方法。而对于大于 20 米的地下文物勘测则广泛地应用探地雷达法。由于探地雷达波长较长，穿透性较强，所以对于地下深层次的埋藏的文物空间岩土构造反馈的波长吸收率较高，也能够更加清晰地得到这类地下文物空间的空间结构。

综合物探法在文物保护勘测中还要注意数据面的截取。在选择数据面截取时，由于不同的波长和采用不同的综合物探法所得到的波的阶段面稳健性不同，一般均是在高密度反射波、地震映像波和探地雷达波反馈时间超过 60 秒时，才对稳健的勘测波截面进行数据截取。对于高密度电法产生的高密度电波，其在文物保护勘测截面截取中，应当注意截取的波长及横切面应当适当延伸拉长。

### 四、考古现场的文物保护措施

#### （一）制定相应的文物保护管理机制

我国考古事业的发展随着社会经济文化的推进不断完善，但不可否认，不少考古团队因缺乏一定的明文规定和管理措施，导致考古现场可能出现管理混乱的现象，最终对考古出土文物的保护造成负面影响，所以笔者认为，在考古发掘的现场，为了最大限度地保护文物，首先应该对考古现场的专业人员进行明确，在整个考古发掘的过程中，都应该竭尽所能保护文物的完整性和工艺性，不可对文物造成改变，这是考古的首要前提。另外，要从规则制定、科学管理等方面对文物的发掘进行管理，杜绝不规范、不科学的操作，最大可能地减少对文物的破坏。特别要注意的是，在制定相关管理机制时，要强化一线考古人员的责任心和责任感，让其担负好文物保护的责任。最后，要加强对考古工作人员的相关专业培训，增加其考古现场会运用到的技能技术和知识，使得其在考古现场能够根据不同的场景和特殊情况，选择最优的解决方案和保护措施，进而促使整个文物保护提升一个层次。

#### （二）严格控制文物出土地周遭环境

如前文所述，文物出土时变化的温度、湿度、光照等都会一定程度地破坏文物的完整度和真实性，所以在考古发掘文物的现场最应该格外注意的一个方面即严格控制文物出土时周遭的环境。一般来讲，在进行考古发掘前，应该专门对发掘现场环境进行细致的考察，了解周遭的环境、土质特征、建筑结构、当地的天气气候变化等，进而在多方论证下提出挖掘方案，保证文物不会因环境影响而受到破坏，这样也有效保护了文物的价值。

首先，要加强温度湿度控制。地下文物较为缺水，出土后要避免因大量失水而产生质的变化。具体来讲，对于水饱和较高的木头、竹子等文物，要采用清水浸泡的方法，保证文物具备原来的湿度。对于一些对湿度要求较低的文物或器皿，就要选择密闭性处理，确保本身所含有的湿度不会随空气蒸发掉，从而不会被破坏。另外，针对如青铜器等需要干燥环境的文物，就要用到硅胶干燥剂等无毒、无味、无污染的干燥剂让文物的湿度保持稳定，其性质才能不被破坏。

其次，要针对微生物虫害进行预防保护。考古发掘出土文物的一瞬间很可能会破坏文物的地下平衡状态，加速文物表面的微生物变性，出现腐烂、裂痕等情况，特别如绢丝等织物文物，其有机质较为丰富，极易引起微生物、细菌等加速生长，最终对文物造成严重的破坏，所以在出土的当下，必须要通过熏蒸剂控制住文物表面的微生物、害虫等，熏蒸剂有着很强的渗透性，且又能很快地挥发和扩散，特别适合用于文物的保护，能够有效保护文物的完整性和艺术美感，不会产生残留，对文物本身的伤害可以说是微乎其微，目前在考古现场运用较为广泛。

最后，还要注意减少光照、空气等对文物带来的破坏，可以利用黑色塑料袋来避免文物受光照和与空气接触。为什么使用黑色塑料袋呢，实验证明，黑色塑料袋受到光照不会产生刺激性的变化，且具有良好的遮光功能，对紫外线的遮挡也很有效，所以黑色塑料袋在考古现场也运用广泛。另外从经济成本的角度来看，黑色塑料袋成本较低，也比较容易获得，且易于推广。除此之外，为了避免文物接触空气后的风化，一般情况也会使用空气制氮机对考古文物进行快速保护，尽快使文物与空气隔绝，文物会处于一个低温密闭的状态，这对于书画、纺织品等文物是必不可少的保护措施，能够最大限度地让文物保持原状。

### （三）文物采集处理要最大化保证其完整性

即便对文物已经做出了最大可能的保护措施，但不可避免某些文物出土后依然会受到不同程度的损害，这时就不得不转运到实验室或博物馆进而修复。无论文物何时何地如何转运，都必须要尽最大可能保证文物的完整性，这就需要做好考古现场文物的采集处理工作。

文物长埋地下，导致其本身就比较脆弱，所以在采集文物时一定要始终秉承轻拿轻放原则，同时要借助专业的考古采集工具来对土层进行处理，最大可能保证文物的原状。比如山西雁北地区的北魏青铜器在出土前已经埋地下长达千年，类似于这样的文物采集时一定要选择专业的考古团队，且格外注重技术性。另外，文物采集的过程中要随时随地做好应对突发事件的准备，一旦突然发生因客观原因造成的损害，要第一时间对现场实施保护，准确储存现场资料，为后期修复工作的开展提供必要影像资料，如山西大同出土的一批陶乐俑，就曾在出土后转运至博物馆的路途中出现了突发状况，专业的考古团队及时应对了突发情况，进而才有了今天在博物馆展出的陶乐俑，让大众可以尽情感受北魏时期的历史文化底蕴。

# 第三节 文物保护技术应用创新

## 一、VR 技术的应用

VR 技术即虚拟现实技术，是通过连接装置，将人的感觉器官与计算机连接起来，利用计算机技术制作模拟画面，使人产生沉浸式体验的感觉。VR 技术一经问世就受到了很多人的关注。VR 技术对于抽象事物具体化有非常重要的意义。比如被损毁的历史遗迹等，可以通过 VR 技术复原，并且让人可以沉浸式体验较为真实的场景。现代 VR 技术还结合了人体多种感官模拟技术，为使用者营造集视觉、听觉、触觉、嗅觉于一体的超真实虚拟现实体验。在博物馆的文物保护工作中，VR 技术也有用武之地，利用 VR 技术，构建博物馆文物保护数字化新模式，用新技术实现文物保护的新发展。

### （一）VR 技术在博物馆文物保护中的作用

VR 技术作为新时代新技术的典型代表之一，在技术层面越来越趋于成熟的同时，在应用层面也有了长足的发展，无论是社会生产，还是大众娱乐，抑或是文物保护、数字展览等，都应用了 VR 技术。由于 VR 技术独特的属性和应用方式，在博物馆文物保护中，能够发挥多个方面的作用。

#### 1. 通过 VR 技术减少文物与外界接触

VR 技术应用到博物馆中，可以有效地减少文物与外界接触。在以往博物馆的文物展览过程中，为了充分展示文物的细节，让游客更直观细致地参观文物，很多时候都会将文物置于明亮的灯光照射环境下或者与游客距离较近的地方，这就增大了文物损坏的风险。很多文物由于被埋藏在地下已达上千年，理化性质已经发生了改变，在展出中一旦环境参数控制不当，就会对文物造成不可挽回的破坏。游客的行为也会对文物产生威胁，一直以来都有新闻报道发生游客损坏文物的事件。VR 技术则可以通过构建模型、放大模型，将文物放大，从而实现更全方位的细节展示，并且可以实现展出与文物本体的脱离，游客利用 VR 影像细致参观文物，文物本体则放在安全的距离和设备内，让游客与 VR 中的影像对照，增强了游客参观细致度的同时，也能够更好保护文物，降低文物损坏的风险。同时，利用 VR 技术还能够实现文物的全程无接触展览，因为文物本体和展览可以独立开来，也就不需要每次展出前后都采用人工摆放的方式，可以将文物固定在特定地点，根据文物的位置调整 VR 的展示形式，也能够避免文物在搬运和摆放过程中被破坏。

2. 通过 VR 技术创造文物展览场景

VR 技术对于博物馆文物保护与展览的另一重要作用是创造文物展览的场景，提升文物展览效果。在传统的文物展览中，大部分文物都是以孤立形式展出的，无法复原文物在历史上的真实使用场景。但是 VR 技术可以实现这一目标，利用 VR 技术可以将文物的历史形象与使用场景真实生动地构建出来，游客在参观文物的时候，配合这种场景，便能够理解文物在历史上的本来用途，了解古人与文物之间的关系，进而了解文物背后的历史底蕴。同时，利用 VR 技术构建的文物展览场景，还可以将多种不同的文物放置在同一场景中，构建出完整的古人生活画卷，让参观者了解文物之间的关联性，对古代历史、生活方式等也有更深入的认知。

3. 通过 VR 技术丰富文物展览体验

VR 技术还能够丰富游客在参观文物过程中的体验。以往的博物馆文物展览，游客的参观体验以看为主，并且看的细致程度、视觉感受受到博物馆环境的影响，也存在许多不足。而利用 VR 技术，可以为游客打造沉浸式参观体验，让游客在参观文物时，不仅可以看到，还可以听到、嗅到等，为游客带来多的感官体验。VR 技术是立体且直观的展现方式，通过三维的呈现方式把文物相关背景呈现在游客眼前，带给游客前所未有的新奇体验，让游客能够摆脱时间和空间的限制，体验古人的生活，丰富自己的精神感受。

**（二）VR 技术在博物馆文物保护中的具体应用形式**

从当前博物馆的文物展出业务和文物保护业务实际出发，VR 技术在博物馆文物保护中的应用形式是多元的，既包括文物展出阶段的保护，也包括文物修复中的保护等。VR 技术搭建的数字化展出体系能够有效提升博物馆工作质量，增强展览效果和修复效果。

1. 在线展示与异地参观

当前 VR 技术在博物馆文物展出环节中的主要应用形式就是在线展示，搭建在线数字化博物馆，为全国各地的民众提供异地参观的机会。传统在线展示模式为图片和音频、视频展示，不够生动与立体，VR 技术应用其中之后，能够打造沉浸式的线上数字化展馆。通过 VR 设备的信息采集与场景创造功能，在线复原整个博物馆的内部情况，游客可以在博物馆内"走动"参观，与线下参观高度一致。随着 VR 技术的进一步发展，当前国内还出现了虚拟场景结合博物馆实景的在线展览模式，即依托博物馆实景，为文物创设虚拟场景，当游客游览到特定文物的时候，可以选择与浏览文物相关的虚拟场景，进一步优化游客的线上参观体验。线上参观打破了时间与空间限制，异地游客随时可以通过互联网参观博物馆，异地参观的效率被大幅提升。

### 2. 文物古建数字化修复

VR 技术在博物馆的文物古建修复中也有着广泛的应用。在传统时期的文物古建修复工作中，面临的最大难题就是文物古建没有完整的参照物，修复只能够凭借修复者的经验和平面图形开展，很容易出现细节修复错误，或者修复出来的成品与文物本来面貌存在极大差异的情况。而利用 VR 技术，可以在修复工作开始前搭建文物古建的模型，并且将其中的细节放大，通过参照一系列的模型，能够最大限度保障文物古建修复的准确性，优化文物古建的修复效果。利用 VR 技术进行文物古建修复，能够对文物的制作过程进行一定程度的还原，对于解析古代生产技术和古建修建流程都有帮助，这也是传承中华传统文化，学习古代手工艺和建筑工艺的有效途径。

### 3. 虚拟文物展示

在博物馆文物收藏和展示中，会遇到很多文物本应成套但却残缺不全的情况，比如十二生肖铜首，在线下的实物展出中，因为文物不全，会严重影响文物的展出效果，对文物之美和文物内涵的呈现产生阻碍。利用 VR 技术则可以将残缺不全的文物以虚拟的形式复原出来，补齐整套文物，将一整套文物的效果全面呈现出来，让参观者深刻感受中华文化的博大精深、感受文物背后深藏的历史底蕴。

### （三）VR 技术在博物馆文物保护中的应用策略

加强 VR 技术普及推广。针对 VR 技术普及程度不足所导致的一系列问题，在后续的博物馆建设中加强对 VR 技术的普及推广和宣传培训。一是加强博物馆内部的 VR 技术普及推广，针对馆内的工作人员，开展 VR 技术普及教育，充分展示 VR 技术在博物馆文物保护工作当中的重要性，培养博物馆内部人员的 VR 意识，让内部人员对 VR 技术的应用和建设足够重视，从而主动建设博物馆的 VR 系统。二是加强博物馆对外的 VR 技术宣传教育。通过线上线下结合的模式，对前往博物馆参观的游客进行 VR 技术的推介，让游客从思想上愿意接受 VR 技术，对 VR 技术支持下的博物馆展览产生参观的兴趣，变游客的不敢尝试、不敢体验为主动选择，将 VR 技术推广开来，同时加强对游客使用 VR 设备讲解说明，避免设备损坏。

提升博物馆数字化建设水平。一是加强博物馆数字化基础设施建设，包括硬件设备和软件系统的建设。通过购入专业设备和专业软件，搭建 VR 技术硬件平台和软件支撑系统，保障 VR 技术支持下数字博物馆能够在技术层面畅通无阻。同时，在软硬件设施方面，还需要建设博物馆内部的管理组织，负责日常的维护与更新。二是加强博物馆数字化制度建设，通过制度规定，将数字化工作渗透到博物馆工作的各个环节，增强工作人员的数字化意识。通过制度对 VR 技术的使用、维护、更新、淘汰等进行规定，保障 VR 技术在合理范畴内得到最大化利用，提升博物馆数字化水平。

加大专业人才培养力度。针对专业人才匮乏的问题，加大专业人才的培养力度。一是改革国内高校的人才培养体系，在博物馆相关专业中开设 VR 技术有关的课程，从高校阶段培养人才基本的 VR 技术能力和数字化意识。二是加大博物馆内部人员中的 VR 专业人才培养力度，从博物馆内部选拔人才进行培训，优势在于能够缩短人才培养周期，提升人才的实用性。博物馆给予物质支持，建立长效的 VR 技术人才培养机制，为博物馆源源不断输送 VR 技术人才。

## 二、激光技术的应用

### （一）激光技术在文物保护中的应用价值

#### 1. 三维激光扫描技术

20 世纪 90 年代，三维激光扫描技术出现，这种技术可以帮助人们获得复杂几何物体的影像，同时还可以用于测量数据。与其他测绘技术相比，此项技术有很多优点，如密度高、速度快等，在提取文物信息、调查文物病害等方面得到广泛应用。激光扫描仪通过放射激光脉冲测量距离，借助相关软件创建三维模型并将相关参数转化成数据信息，工作人员再对信息进行存储。2019 年，法国巴黎圣母院遭受火灾，此前用三维激光扫描仪采集过的巴黎圣母院的藏品数据为后续修复提供了极大的帮助。三维激光扫描技术也可以识别文物病害，将三维模型与原本物体进行对比，就能顺利将三维病害图绘制出来。三维激光扫描技术在保护移动文物方面也具有一定功效，此技术在兵马俑的上色展示上得到了充分应用。2002 年，国家拟定了故宫修缮计划，结合现代测绘技术与传统的古建筑测量方法，利用三维激光扫描技术的优势，完成了故宫整体建筑的资料获取，进而对故宫进行了大规模的修复。

欧洲、美国、日本等发达地区和国家都很重视对三维扫描技术的研发，他们的三维技术产品具有很高的精准度。意大利帕多瓦市中心周围的中世纪城墙遗迹就是利用地面三维激光扫描系统对某处古门和周边城墙进行三维数据获取然后修复还原的。除此之外，三维激光扫描技术还能够与 GIS 相互结合，建立文物保护管理系统，有利于提高管理系统质量，创建现代化管理方案。

2. 激光清洗技术

激光清洗技术比其他清洗技术更有优势，能够做到精准定位，具有良好的清洗效果，不仅能够清洗无机污染物，也能够清洗有机污染物，而且在清洗期间，不会污染文物。激光清洗技术还能够去除文物表面存在的污迹，如烟熏、油漆等。此项技术还能够用于清洗砂岩表面的污染物。曾经有研究机构利用激光对山西大同云冈石窟表面的烟熏物质和墨迹进行清洗，这是初次清洗大型实质文物。采用激光湿式清洗方式，能够将文物表面的黄色污染物去除，说明激光清洗技术有一定的清洁功效。激光清洗技术，也可以用于去除青铜文物表面存在的有害物质，通过液膜法，采用激光垂直照射的方式进行清洗，可不断优化液膜材质和厚度，提升清洗工作的安全性。目前，激光清洗技术已被大量应用于历史建筑外立面修复工作中。在壁画文物保护过程中应用激光清洗技术，需要通过测量光谱、酸碱度值以及温度等基础内容，检查激光辐射是否会影响壁画表面。在保护书画类文物方面，也可应用激光清洗技术。利用激光清洗，即使是宣纸表面的霉菌，也可以成功去除，并且不会损伤宣纸表面。

3. 激光拉曼光谱分析

激光拉曼光谱技术具有极高的分辨率，不会对文物造成损伤，具有抗干扰能力强、操作便捷等优势，数据可以直观体现，在获得物质分子结构方面得到广泛应用。采用激光拉曼光谱技术，能够分析古代壁画颜料的化学组成，了解壁画存在的锈蚀因素，部分学者应用此项技术，分析出仰韶文化彩陶的彩绘物质。2022年，有学者采用显微激光拉曼光谱仪对八路军太行纪念馆馆藏的铁质文物锈蚀部分进行检测，成功分析出锈蚀的成分。

4. 激光剥蚀技术

激光的特点是具有高能量，可以与其他分析仪器联合应用。由于文物不能重新复制，需要重视保护文物，保持文物原本面貌。激光剥蚀技术在这方面显示出优势。应用激光剥蚀技术能够观测到元素微区，此种处理方式灵敏度较高，分析速度快。2018年卢芳琴等利用该技术对三个不同地方的青砖进行检测分析，获得了各样品的特征光谱，表明该技术可以在对文物损伤很小的情况下，快速对文物进行定性和定量分析。如今,此种方法通常被应用于测试古代玻璃制品等文物。

5. 激光焊接技术

激光焊接技术是指光子轰击被焊接的金属表面,在金属表面会形成金属蒸气,采用此种焊接技术,能提升光束能量密度。工作人员需要使物体受热,焊接之后使物体冷却,促使焊接目标完成。和其他方式相比,采用激光焊接技术不会对文物形状产生严重影响。在保护青铜器文物方面,人们经常用到激光焊接的方式,尤其是对于器壁较薄的青铜器,可以实施局部修复和焊接。此项技术是在传统修复方式不断进化完善的基础上产生的。有学者通过应用此项技术,成功修复了九连墩出土的破损双音编钟。在测试过程中,研究人员发现激光焊接技术不仅能够将文物的面貌以及形态完全复原,也能够完全恢复其音色和音调,对修复古代金属乐器具有一定效果。此项技术属于新的工艺流程和技术路线,最终发现焊接效果良好,可以推广应用。

## (二)激光技术存在的不足

激光清洗技术存在的不足。应用激光清洗技术时,工作人员需要合理设定激光能量阈值,因而需要做很多实验积累数据,耗费时间较多。文物成分种类繁多,如今还未建立合适的清洗阈值区间,在确立过程中,需要多了解激光器的功能和波长对清洗效果的影响。尽量让激光器能够适应文物修复需求,做好参数调控的准备。如果低于最佳值,会导致清洗效果不佳。如果设置值较高,则会损害文物。由于文物属于不可再生资源,因此一旦发生损害,就会造成无法弥补的损失。与传统化学以及手工清洗方式相比较,激光清洗设备费用提高,这也是激光清洗技术没有普及的因素之一。

激光三维扫描技术存在的不足。采用激光三维扫描技术,实际精度和标本精度会存在差异。例如在测量圆弧形轮廓的物品时,精度容易下降,扫描结果会受到影响,文物数据不具有完整性。工作人员即使采集到了目标纹理数据,也不能保证其是真实的。如果文物属于非透明状态,激光在发射之后,不会穿透文物内部,工作人员无法得到实体材质,无法了解文物温度和成分信息。

其他激光技术存在的不足。将其他检测手段与激光剥蚀技术联合应用,还存在专业数据匮乏的问题,在测试阶段容易出现分馏效应,导致检测结果与实际结果不符。因此,开发软件以及校正数据方面等还有待研究。激光焊接技术虽然属于修复方法,但是也会导致文物出现局部高温。此项技术通常限于修复青铜器等,应用面比较窄。

# 参考文献

[1] 伍洲. 博物馆革命文物数字化保护利用探索与实践——以广东省博物馆为例 [J]. 科学教育与博物馆, 2023,9(03):86—93.

[2] 王珏. 试论文物摄影在博物馆的应用——以考古摄影为核心 [J]. 故宫博物院院刊, 2023,(06):102—111+143.

[3] 龚苒. 业财融合背景下的博物馆文物文化资产管理措施 [J]. 财会学习, 2023,(17):16—18.

[4] 李利. 遵义市博物馆馆藏酒具文物内涵: 器物之美, 文化之韵 [J]. 文化产业, 2023,(16):84—86.

[5] 李艳红, 李佳珉, 季鑫焱, 曹永康. 成都杜甫草堂博物馆藏石碑文物病害特征及机理研究 [J]. 四川文物, 2023,(03):106—120.

[6] 熊艳. 浅析博物馆馆藏文物资产管理的问题与对策 [J]. 国有资产管理, 2023,(06):30—35.

[7] 吴开明, 沈佳彬, 柯达威, 章陈忠. 增材制造技术在文物保护中的应用 [J]. 科技与创新, 2023,(10):154—156+159.

[8] 陈莞尔. 基于文物活化理念的无锡鸿山遗址博物馆文创产品设计研究 [J]. 美术教育研究, 2023,(10):97—99.

[9] 陈佳毅. 文物文化资产管理及其会计核算研究——以博物馆为例 [J]. 财经界, 2023,(15):114—116.

[10] 蒲红树, 王秀峰. 超声波技术在文物保护领域中的应用研究进展 [J]. 文物保护与考古科学, 2023,35(02):164—172.

[11] 王志强, 舒伯阳, 杨博智. 沉浸式体验旅游驱动博物馆创新发展路径研究——以青岛啤酒博物馆《觉醒的酿造师》为例 [J]. 文化创新比较研究, 2023,7(10):131—138.

[12] 严建强. 探索·创新·坚守——浙江大学文博系博物馆学科的发展历程 [J]. 文博学刊, 2023,(01):54—59.

[13] 岳一甲, 翟昊奇. 以文化传承为目标的文创产品创新发展——以博物馆文创为例 [J]. 艺海, 2023,(03):75—78.

[14] 刘欣. 整体提取技术在考古发掘现场文物保护中的应用 [J]. 文化产业,2023,(07):130—132.

[15] 陈冬梅,马亮亮,张献明. 无损光谱技术在文物保护中的应用进展 [J]. 光谱学与光谱分析,2023,43(02):334—341.

[16] 徐振江. 浅论国有博物馆陈列展览的创新发展——以德州市国有博物馆为例 [J]. 文物鉴定与鉴赏,2023,(02):80—83.

[17] 仇婧,李晓凤. 守正创新 融合发展——探析博物馆的知识产权 [J]. 文物鉴定与鉴赏,2022,(24):38—44.

[18] 曹慧,段晴仪,周梅. 关于国内博物馆文创的现状及创新发展的思考 [J]. 今古文创,2023,(01):112—114.

[19] 江贞. 预防性保护技术在藏品文物库房中的应用方略——以安源路矿工人运动纪念馆为例 [J]. 文物鉴定与鉴赏,2022,(23):29—32.

[20] 王全玉. X 射线成像技术在文物保护与制作工艺研究中的应用 [J]. 文物保护与考古科学,2022,34(06):10—16.

[21] 褚晓波. 把握历史主动 坚持改革创新 奋力推进博物馆科研高质量发展 [J]. 文物天地,2022,(12):4—10.

[22] 曹小娟. 现代分析检测技术在纸质文物保护研究中的应用 [J]. 纸和造纸,2022,41(06):25—30.

[23] 罗冠群. 文物保护修复中的生物技术以及应用进展 [J]. 文物鉴定与鉴赏,2022,(21):35—38.

[24] 郝振国. 知识服务在博物馆创新发展中的整合价值及其实践逻辑 [J]. 文物春秋,2022,(05):55—63+96.

[25] 刘小乐,赵娜. 探析文博事业的创新暨博物馆的多元化发展 [J]. 文化产业,2022,(28):108—110.